로컬이
미래다

지역의 시민을 키우는
풀뿌리 지역교육

LOCAL-FUTURE

로컬이 미래다

추창훈 지음

에듀니티

차례

이 책은 세 가지를 드물게 결합한다. 첫째, 대담한 비전이다. 향후 10년, 20년 넘게 교육과 지역이 꾸준히 가야 할 길을 보여준다. 둘째, 잔잔한 선동이다. 독자의 마음을 덥혀 어떻게든 그 길을 향해 꿈틀거리게 만든다. 셋째, 유용한 지침이다. 용기를 내서 길을 나설 분들에게 지금까지 실천 결과로 입증된 교훈을 일러준다. 이는 삶을 위한 교육, 지역을 살리는 교육, 마을과 함께하는 교육을 꿈꾸고 모색해온 모든 사람에게 큰 영감과 확신을 줄 것이다. 이 책을 읽는 내내 저자에게 큰 고마움을 느꼈다.

저자는 지역과 교육, 삶을 통합적으로 재구조화하자고 주장한다. 거창하다. 그러나 그의 열쇠 말은 학교교육과정의 지역화와 학교 수업의 마을연계다. 해볼 만하다. 지금의 국가 중심 학교교육과정과 학교 수업에서는 지역과 마을은 학습 대상이 아니다. 우리 마을과 우리 지역에서 어떤 일이 일어나도 학교는 관심이 없다. 우리 마을의 모내기철도, 우리 지역의 포도수확철도 학교에선 남의 일이고, 우리 마을의 초고령사회 진입도, 우리 지역의 공공병원 폐쇄도 학교에선 남의 일이다. 이것이 '국민'을 키우는 국가 중심 학교교육의 폐단이다.

이를 극복하려면 저자의 말과 같이 교육의 목적과 성격을 '지역시민'을 키우는 지역 중심 교육으로 바꿔야 한다. 그래야 교육과 지역이 동시에 살아난다. '국가공통교육과정'은 과감하게 줄이고 빈자리를 '지역특화교육과정'으로 채워야 한다. 궁극적으로 학교의 교육목표 수립과 교육과정 운영은 학교자치에 맡겨야 한다. 교육과정을 지역화해야만 교사가 지역·마을 연계 수업을 할 수 있고 지역·마을이 학교 교육을 지원하며 돌봄과 공동체성을 회복할 수 있다. 이래야만 마을과 학교, 교사와 주민, 지자체와 교육청의 협력이 새로운 차원으로 발전한다.

교육과 지역의 결합만으로는 충분하진 않다. 지역교육공동체와 학교마을공동체가 지속가능하려면 청년에게 일자리를 줄 수 있는 건강하고 따뜻한 경제생태계가 지역에 구축돼야 한다. 저자가 지역의 청년지원 정책과 사회적 경제에 눈을 돌리는 이유다. 지역의 사회경제적 필요는 가급적 지역주민의 협동과 연대를 통한 사회적 경제 부문에서 충족되는 게 바람직하다. 지역교육·학교마을공동체 프로젝트는 주민을 최대한 지역의 교육과 경제, 문화의 주체로 묶어세우려는 사회민주주의 심화프로젝트라고 할 수 있다.

누가 이 책을 읽어야 하나? 첫째, 지역학교의 선생님들과 관리자들이다. 구구절절 공감하며 학교교육의 중요성에 새롭게 눈뜰 것이다. 둘째, 방과후학교, 돌봄서비스, 체험프로그램을 제공하는 학교마을공동체와 사회적 경제 활동가들이다. 학생교육에 본인들의 역할이 얼마나 큰지를 깨닫고 자부심을 느낄 것이다. 셋째, 지자체와 교육청 공무원들, 특히 기초의원과 광역의원들이다. 학교와 교육을 살리는 일이 지역과 마을을 살리는 일이라는 점을 깊이 인식하고 적극적으로 지원할 것이다.

끝으로, 나는 이 책을 진보교육감시대 첫 10년의 정책 흐름 및 다음 10년의 정책 방향에 대한 흥미진진한 보고서로 읽었다. 진보교육감시대는 이제부터 교육과정의 지역화를 향해 과감하게 진군해야 한다. 마침 교육부는 2025교육과정을 2022년 중에 확정해야 한다. 이 책 덕분에 교육과정 지역화가 2025교육과정의 기본 원칙에 포함되기를 기대한다. 타이밍이 좋다.

곽노현_전 서울시교육감, (사)징검다리교육공동체 이사장

『로컬이 미래다』는 삶으로 쓴 책이다. 이 책에는 미래 사회를 향한 저자의 고민과 삶과 몸부림이 담겨 있으며, 지역의 생생한 힘을 느낄 수 있다. 지역 소멸을 모두가 걱정하지만, 저자는 절망하지 않는다. 지역 회복의 가능성을 입증할 수 있기 때문이다. 커다란 바다의 조류처럼, 거시적인 문제의식을 견지하면서도 저자는 실천의 파도를 즐기며 지역과 마을, 교육, 미래, 혁신을 주제로 자유자재로 서핑을 한다. 혁신, 미래, 자치, 지역 등의 화두가 이 책에서는 온전히 통합되어 있다.

그동안 우리나라에서는 학력고사, 수학능력시험, 고시 등에서 승리하면 부와 명예, 권력을 획득할 확률이 높았다. 획일적인 교육과정과 표준화된 평가시스템이 그것을 인정해주는 체제로 작동하였다. 이러한 교육 시스템은 우리 사회가 마을과 지역에 주목할 여유를 주지 않았다. 마을은 변방의 가치였고, 중앙의 명문대 진출이 잠재적인 교육목표로 자리매김하였다. 이러한 지역 인재의 일방적 유출 구조는 지방의 위기와 악순환으로 이어졌다.

저자는 지방의 위기를 극복할 수 있는 길을 지역교육 실천사례를 통해서 차분히 제시하고 있다. 이 책이 더욱 반가운 이유는 교육지원청과 학교 차원에서 마을과 지역이 나아갈 길을 제안하고 있다는 점이다. 우리나라 교원은 국가직이며, 순환근무제의 영향으로 지역과 마을에 쉽게 뿌리내리기 어려운 구조적 속성을 지니고 있다. 하지만 지역과 마을은 교육과정을 풍부하게 만드는 수단이자 목표가 될 수 있다. 무엇보다 교사들이 아이들의 삶에 주목할수록 학교가 지역으로 나아가야 하고, 지역이 학교로 들어와야 할 당위와 필요를 절감하게 된다. 분절과 고립을 넘어 생태계의 시각에서 학교 문법을 재구성해야 하는 이유가 여기에 있다.

학교, 교육지원청, 시민사회, 지자체의 교육 하모니가 어떻게 지역과 마을을 살리고 아이들을 살릴 수 있는지 그 실마리를 이 책에서 확인할 수 있다. 교육을 살리면 아이들이 살고, 아이들이 살면 마을이 산다. 마을이 살면 학교가 산다. 지역 소멸의 악순환을 끊고, 지역 회복의 선순환 구조를 누가, 어떻게 만들 것인가? 이 어려운 숙제를 풀어가는 저자의 발자국에 그 힌트가 있다.

김성천_한국교원대학교 교수

혁신교육의 일환으로 마을교육공동체가 지난 몇 년 동안 활발하게 진행되었지만 지금은 약간 숨을 고르고 있는 상황이다. 최근 지역과 학교를 다녀보면 혁신학교, 혁신교육지구, 마을교육공동체에 대한 성과와 시행착오가 점차 두드러지고 있다. 이런 정체기는 한계라기보다는 반드시 거쳐야 할 필연적 과정이다. 그 과정에는 처음의 열정보다는 진전을 위한 냉정이 작용할 것이다.

마을교육공동체를 향한 혁신교육의 움직임이 처음에는 미래교육의 지향점이라 여겨왔는데, 학교나 지역 현장에서 하나의 프로그램으로 변모된 모습도 감지된다. 이 책의 시작점은 바로 사업화 혹은 프로그램화되어가는 현재의 혁신교육과 마을교육공동체에 대한 문제의식이다. 저자는 지속 가능한 교육 혁신을 위하여 지금의 혁신교육과 마을교육공동체가 무엇을 극복하고, 어디를 지향해야 하는지를 제안하고 있다.

앞선 저서인 『로컬에듀』에서 저자는 전라북도 완주에서 실천되고 있는 지역사회 기반 교육공동체 실천을 의미와 가치를 더해 소개했다. 그 반향은 마을교육공동체의 초기 방향성과 지표를 설정하는 데 큰 도움을 주었다. 저자의 이번 저서인 『로컬이 미래다』에서는 『로컬에듀』의 연장선상에서 앞으로 교육 혁신을 위한 변화를 어떻게 현실화시켜야 하는지 그 구체적인 방안을 제시하고 있다.

지역교육공동체는 하나의 생태계와 같아서 모든 것이 연결되어 있고, 상호작용을 통해 성장하고, 그 성장의 결과가 지역으로 다시 환원되는 선순환적인 구조가 작동되어야 한다. 삶과 배움의 터전인 지역과 학교가 서로 분절될 수 없으며, 배움의 결과는 지역의 시민의식으로 남아서 지역공동체의 공진화를 도모해야 한다. 이것이 저자가 제안하는 학교와 지역이 연결되고, 삶과 배움이 일치하는 지역교육공동체인 것이다.

마을교육공동체가 프로그램의 성격을 벗어나려면 사업적 목표 달성에 연연하지 않고, 변화의 주체를 만드는 데 집중해야 한다. 결국은 '사람'이다. 잘 되는 공동체와 그렇지 않은 공동체들 사이에는 분명한 차이가 있다. 어떤 프로그램을 운영하느냐는 중요하지 않다, 하지만 누가 운영하느냐에 따라 분명한 차이가 만들어진다. 지역교육공동체를 위한 진정한 교육자치는 상층 단위의 공적 협력도 필요하지만, 지역사회의 주체적인 자치가 관건이다. 지역 사람들을 교육의 주체로 만드는 것이 마을교육공동체이다. 이러한 관점에서 저자는 '시민교육자치'를 제안하고 있다.

주민과 시민은 다르다. 주민은 그 지역에 사는 사람들이고, 시민은 그 지역의 현안을 함께 고민하고, 행동하고, 책임을 공유하는 사람들이다. 저자가 지향하는 지역교육공동체의 궁극적인 목표는 '국민'이 아니라 '지역의 시민'을 키우는 것이다. 그리고 시민으로서 우리는 지역교육 자치를 위한 참여와 책임을 공유하여야 한다. 저자의 언급처럼 "교육, 지역, 삶의 문제가 복잡하게 얽혀 있는 실타래"를 푸는 것은 결국 '우리'가 되어야 한다.

마을교육공동체가 숨 고르기를 통해 새로운 좌표를 모색하고 있는 현시점에서 저자는 『로컬에듀』 이후 『로컬이 미래다』를 통해 우리에게 다시 의미 있는 메시지를 전하고 있다. "교육 혁신이 세상을 바꿀 수 있을까?" 저자가 던지는 질문에 이제는 지역교육공동체가 답을 할 때이다.

김용련_한국외국어대학교 교수

지역성에 기반한 고유의 콘텐츠로 로컬 가치와 문화를 창출하는 로컬 크리에이터가 지역발전의 새로운 동력으로 주목받고 있다. 지역에 더 많은 로컬크리에이터가 필요하다면 이들을 어떻게 육성하고 지원해야 하는지를 논의해야 한다.

　　지역 창업가 양성 논의에서 중요한 주제가 학교의 역할이다. 현재 초중고 12년 동안의 정규 교과과정에서 지역교육은 전무하다고 말해도 과언이 아니다. 초등학교 3, 4학년 때 담임교사의 재량으로 실시하는 사회과 보조 교육이 전부다.

　　로컬 미디어, 지역 학교, 지역 경제단체가 지역의 경제 자원을 제대로 교육하지 않기 때문에, 지역의 청년 창업가는 지역에 대한 깊은 지식 없이 창업을 하는 현실이다. 일부 창업가는 제한적 정보 문제를 타개하기 위해 로컬 매거진을 운영하고, 이를 통해 지역 자원을 발굴한다.

　　전국적으로 표준화된 교과과정을 지역 중심 교육으로 단기간에 개정하기 어렵다면, 전국의 학교가 벤치마킹해야 할 모델이 저자가 개발한 마을교육과정이다. 완주 마을교육과정은 마을의 전문가와 기업이 도예, 목공, 원예, 요리 등 실제 마을경제와 생활을 움직이는 기술을 직접 학생들에게 교육하는 프로그램이다. 학교가 다양한 기관의 마을교육과정을 운영함으로써 학교가 마을을 만나고 마을경제를 지원하며 마을에 남을 인재를 육성하게 된다. 저자가 강조하듯이, 학교는 이제 지역사회로 나와야 한다. 학교가 학생에게 지역과 격리된 지식을 전달하는 것으로 만족해서는 지역 경제와 국가 경제를 살릴 수 없다.

모종린_연세대학교 교수, 『골목길 자본론』 저자

교육의 소멸은 지역의 소멸을 앞당긴다. 지역이 소멸하면 교육은 말할 것도 없이 소멸한다. 교육을 살려야 지역이 살고, 지역이 살아야 교육이 산다. 양자는 공동운명이다. 저자는 이 책에서, 교육이 지역을 어떻게 담을 수 있는지, 지역은 교육을 어떻게 품어야 하는지 그 방향을 제시한다. 그것은 혁신교육의 미래이기도 하다. 그는 그 답을 발로 찾아냈다.

박일관_군산교육지원청교육장, 「혁신학교2.0」 저자

내가 저자를 처음 만난 것은 2014년 전라북도 완주교육지원청에서였다. 그는 당시 장학사로서 완주교육지원청 관내 학교의 혁신 업무를 담당하고 있었다. 그는 내게 완주교육지원청의 학교혁신 사업과 관련해서 어떤 정책을 어떻게 추진하면 좋을지 물었고 나는 이 책에 일부 소개되어 있는 '따뜻한 학교' '열손가락 학교' '실천연구회' '질적교육연구회' 등의 방안을 제안했다. '따뜻한 학교'는 학교 현장의 교사들이 학생의 일상에 관심을 가지고 인간적인 유대를 맺는 데 도움이 되는 일을 각 학교에서 한 가지씩 설정하여 일상적으로 실천하도록 한다. '열손가락 학교'는 완주교육지원청 관내의 학교에 특히 많은 학습부진의 문제를 해결하기 위해서 관련 교사들이 모여서 연구하고 토론하는 모임이다. '실천연구회'는 각 학교마다 당면하고 있는 문제를 스스로 설정하고, 그 문제의 해결 방안을 스스로 연구하여 실천한다. '질적교육연구회'는 장차 완주교육지원청뿐만 아니라 전라북도, 더 나아가서 대한민국의 미래교육을 위한 새로운 학교의 모델을 구상한다.

이러한 사업들은 공통적으로 교육청이 각 학교에 사업들을 부과하고 이행하도록 요구하는 기존의 방식을 탈피해, 학교 현장의 문제를 교사들이 스스로 파악하고 그에 대한 대안을 찾아 실천함으로써 각 학교의 자생력과 교사들의 전문성을 향상하는 것을 목적으로 한다. 또한, 각각의 지역과 학교 그리고 무엇보다도 학생의 특성에 기반한 새로운 교육의 방안을 스스로 모색하여 실천하는 길이 될 수 있다.

추창훈 장학사는 나의 이러한 문제의식과 제안에 동감하고 동의해주었다. 그리고 과감하게 그러한 제안들을 받아들여서 2015년부터 완주교육지원청의 혁신학교 사업 가운데 일부로서 추진했다. 그런데 이러한 정책들은 하나같이 기존 학교의 교사들의 역량으로는 실현할 수 없는 일들이었다. 교사가 학생들을 하나하나 이해하고, 학생이 겪는 문제의 특성과 원인을 파악하고, 그 문제에 적합한 대안을 모색하여 실천하고, 그러한 과정과 결과를 살피고 정리하여 동료 교사와 함께 토론하는 등의 과정을 거쳐야 했다. 즉 연구자로서의 교사의 역량을 요구했다. 그래서 나는 거의 매주 각각의 사업에 참여하는 교사들과 만나서 그러한 연구와 토론의 방법을 안내했다.

이와 함께 나는 '지역교육연구소'를 만들 것을 제안했다. 그 연구소를 중심으로 한편으로는 각 학교가 지역의 특성을 고려하여 각 학교 나름의 교육과정을 편성하여 운영할 수 있도록 지원하고, 다른 한편으로는 각 학교의 성과를 모아서 완주지역 고유의 교육의 이론과 실천을 구축하게 되기를 바랐다. 특히 위와 같은 연구와 토론이 교사들 사이에 안정적으로 운영되어서 장차 몇 년 뒤에는 완주교육지원청의 지역적 특성을 기반으로 하는 새로운 학교의 모델이 만들어질 수 있기를 바랐다.

그러던 차에 2016년에 추창훈 장학사는 완주 지역의 학교와 마을이 공동으로 학생의 교육에 참여할 수 있도록 '완주 학교-마을 교육과정'에 관한 연구를 수행해주기를 요청했다. 나는 위와 같은 생각을 그 연구보고서에 담았다. 그 연구보고서의 핵심은 정부가 각 지역의 학교에 하듯이 하나의 교육과정이나 교과서를 만들어서 학생들에게 가르치도록 요구하는 것이 아니라, 각 학교에서 교사들이 지역과 학생의 특성을 고려하여 교육과정을 편성하고 운영할 수 있는 역량을 길러주는 것이었다. 즉 물고기를 잡아서 주는 것이 아니라, 물고기를 잡는 법을 알려주는 것이었다. 그렇게 하기 위해서는 교사가 어떤 역량을 길러야 하는지, 학교의 조직과 운영이 어떻게 달라져야 하는지, 교육청은 어떤 역할을 해야 하는지, 무엇보다도 '지역교육연구소'가 어떤 역할을 수행해야 하는지 등을 정리하여 제시했다. 나는 그것을 '풀뿌리 교육'이라고 이름 지었다.

그런데 내가 제안한 이러한 사업들은 여러 가지 요인들에 의해서 해가 바뀔수록 참여 교사가 점점 줄어들고, 2018년이 되어서는 유명무실해지게 되었다. 무엇보다도 교사들에게 이러한 접근은 너무 생소하고 시간과 노력이 많이 요구되는 일이었고, 학교에 부과되는 각종 정책과 사업들은 교사들로 하여금 한가하게 학생들을 연구하고 토론하도록 가만두지 않았다.

다행히도 추창훈 장학사가 2018년부터 완주교육지원청 관내의 소양중학교에 교감으로 부임하여서 완주교육지원청에서 추진했던 사업들을 학교 현장에서 꾸준히 실천해오고 있다. 특히 소양중학교를 학구로 두고 있는 소양초등학교, 소양서초등학교, 송광초등학교, 동양초등학교의 교사들과 지역사회의 주민들과 함께 전라북도 완주군 소양면 지역을 기반으로 하는 풀뿌리 교육의 체제를 구축하기 위해서 학교 내외에서 여러 시도들을 해왔다. 그리고 그러한 시도들은 새로운 모델이 되어서 다른 지역에도 파급되고 있다. 그중 하나가 전라남도 순천의 풀뿌리교육협력지원센터다.

나는 추창훈 교감이 현재 소양중학교를 중심으로 소양 지역에서 전개하고 있는 풀뿌리 교육을 실현하기 위한 노력이 은행나무를 심고 가꾸는 일과 같은 일이 되기를 바란다. 그 나무가 백 년을 넘어서 천 년 이상 길게 땅에 뿌리를 내리고 살아가기를 바란다. 그렇지만, 다른 지역의 교사 또는 교육 실천가들은 추창훈 교감이 소양 지역에서 하고 있는 그 일을 고추나 오이 심듯이 따라서 하지 않게 되기를 바란다. 물고기를 사 가지 말고 물고기 잡는 법을 익히기를 바란다. 그것이 진정으로 학교를 혁신하는 일이고, 지역교육을 실현하는 일이며, 미래교육을 만들어가는 일이 될 것이다.

서근원_대구가톨릭대학교 교수

저자는 『로컬이 미래다』에서 교육 패러다임을 '국가 중심 교육'에서 '지역 중심 교육'으로 전환하고, '국민을 키우는 교육'에서 '지역의 시민을 키우는 교육'으로 목표를 새롭게 설정할 것을 제안하고 있다. 이러한 제안을 하면서 마을과 지역, 주민들의 역할과 삶의 변화 모습을 생생하게 그려내고 있다.

이 책에서 역설하는 저자의 실천적 제안은 관념이 아닌 현실의 실천에 바탕을 두었기에 더욱 값지다. 이 책에서는 이론적 실천과 실천적 이론의 통섭을 보게 된다. 저자와 같은 학교마을공동체 운동의 실천이 쌓이고 또 쌓이면 한국사회의 거대한 학교마을공동체 운동 이론이 탄생될 것이며, 나아가 세계사적 의미를 획득할 것이다. 이는 학교 교육의 개혁을 위해 '지역사회의 조직화'를 강조하는 '제4의 교육개혁'의 물결을 강조한 앤디 하그리브스의 주장과도 일치한다. 학교마을공동체 운동의 실천적 실험을 하고 있는 저자의 원고에 추천의 글을 쓰게 되어 영광이다.

심성보_부산교육대학교 명예교수, 마을교육공동체포럼 상임대표

'한 아이를 키우는 데 온 마을의 정성이 깃들어야 한다'는 말이 있다. 농촌소멸 위기의 시대, 공동체가 상실되어 가는 시대에 교육현장의 주체인 교육자, 지역, 마을, 학교가 어떻게 공생하며, 지역의 미래를 바꿔 갈 지에 대한 깊은 성찰과 고민을 던져주는 고마운 책이다.

안대성_전 완주로컬푸드협동조합 이사장

지역의 시민을 키우는 교육으로

우리나라 아이들은 대부분 서울의 유명 대학에 들어가기를 원한다. 그리고 서울에서 좋은 직업을 가지고 살기를 바란다. 하지만 현실은 그리 녹록하지 않다. 서울의 유명 대학에 들어가기도 힘들지만, 서울에서 좋은 직업을 가지고, 서울 사람으로 살아가는 것은 더더욱 어렵다. 이 '서울로 가는' 대열에 합류하지 못하거나 합류하지 못할 것을 진작부터 예감하고 있는 상당수의 아이는 학교에 몸만 가 있다.

이렇게 아이들은 지역을 떠나기를 원하지만, 많은 아이가 실제 발붙이며 살아가는 곳은 지역이다. 지역은 거주 여건과 삶의 질에서 수많은 어려움과 문제를 안고 있다. 심지어 우리나라 기초지자체의 약 40%는 절대인구 감소로 소멸 위험에 봉착해 있다. 지역은 인구가 줄어드니 의료, 교통, 복지, 문화 등 기본 서비스가 함께 부족해지면서 삶의 질도 나날이 악화되어 간다. 일자리의 질과 양은 너무 심각하게 낮은 수준이라 논외로 하겠다.

지역을 떠나든 그렇지 않든 오늘날의 삶은 어디서나 위기다. 아이들이 학교에서 혁신교육을 받고, 마을에서 함께 키워도 세상에 나오는 순간 기울어진 운동장이 그들을 기다린다. 자본주의 사회·경제 구조에서는, 어떤 부모를 만났느냐에 따라, 그리고 그 부모의 학벌과 재산, 직업 등 사회·경제적 배경에 따라 아이의 삶이 확연히 달라진다. 이러한 세상에서는 아이들이 학교에서, 교과서에서 배운 대로 살기 힘들다. 모두가 자신이 하고 싶은 일을 하며 행복하게 살기에는 아무래도 버겁다.

우리 사회가 아이들을 좀더 잘 키우고, 아이들이 좀더 행복하게 살아가기를 원한다면 교육, 지역, 삶의 문제를 모두 풀어야 한다. 그러려면 지금까지와는 결이 다른 접근이 필요하다. 학교와 마을, 교사와 학부모, 교육지원청과 지자체 등 이 문제의 당사자들이 자신의 문제 해결에만 급급하지 않고, 상대의 문제에 관심을 가지고 적극적으로 협력하는 것이다. 그리하여 교육, 지역, 삶의 문제를 통합적으로 접근하여 대안을 모색하고, 각자의 자리에서 실천하는 것이 필요하다. 나아가 질 좋은 일자리와 따뜻한 경제 시스템 도입 등 아이들이 지역에서 살아갈 수 있는 기본적인 조건을 조금씩이라도 갖춰가야 한다. 그래야 아이들이 지역에서 잘 배우고, 잘 살아갈 수 있으며, 동시에 지역도 살 수 있다.

이는 매우 어려운 일이지만 완주에서 진행한 '로컬에듀' 교육운동과 이 글에서 제안하고 있는 '풀뿌리 지역교육'이 그 실마리가 될 수 있다. 대학입시제도, 고교학점제와 같은 굵직한 교육정책의 변화와 혁신과 미래 교육 등 거대 담론도 중요하다. 그러나 그에 못지않게 중요한 것은 학교 수업과 마을의 삶과 같은 일상의 변화다. 빗물이 모여 냇물이 되고, 냇물이 모여 도도한 강물이 되듯이 교육과 지역, 삶의 진정한 변화는 오늘, 내 주변의 변화에서 비롯된다. 우리가 하루하루 잘 살지 못하는데, 미래를 말할 수는 없다. 아이들이 마을과 지역의 시민으로 성장하지 못하는데, 국가의 구성원과 세계 시민으로 온전히 성장하기를 기대하는 것은 욕심이다.

실제 완주군 전체 또는 완주군의 고산면과 소양면 등 일부 마을에서는 학교와 마을의 변화가 앞서거니 뒤서거니 일어나고 있다. 교육의 변화를 넘어 주민들의 삶까지 조금씩 바뀌는 중이다. 이곳에서는 한 가정에서 한 아이를 키우는 것이 아니라, 여러 가정에서 여러 아이를 함께 키우며, 함께 살아간다.

교육과 지역, 삶이 모두 바뀌어야 한다. 그래야 지속 가능한 지역을 만들 수 있고, 나아가 우리 인간 유전자의 깊은 곳에 숨겨져 있는, 잃어버린 공동체성을 회복할 수 있을 것이다.

이 책은 완주에서의 실천 과정 일부와 함께 교육과 지역, 삶의 변화를 위한 몇 가지 제안을 담고 있다. 그것이 우리 앞에 직면한 교육과 지역, 나아가 삶의 문제를 해결하는 데에 어떤 역할을 할 수 있을지 알 수 없다. 우리 사회는 너무 복잡하고 현실적인 문제를 무수히 안고 있기 때문이다.

그러나 누군가는, 어느 시점에선가는 교육, 지역, 삶의 문제가 복잡하게 얽혀 있는 실타래를 풀어야 한다. 이들이 모두 연결되어 있음에도 불구하고, 지금처럼 각자 자신들 앞에 닥친 문제만을 풀어가고 있는, 오랜 관행의 벽에 균열을 내는 망치질을 해야 한다. 그 벽에 조그마한 생채기라도 생겨야 다른 사람이, 또는 다음 세대에서 그 단단한 벽을 허물 수 있다. 지금도 끊임없이 되풀이되고 있는 교육, 지역, 삶의 악순환을 멈출 수 있다.

나는 지난 2017년에 『로컬에듀』를 출간하였다. 그 책은 감사하게도 많은 사람의 관심과 사랑을 받았다. 덕분에 전국의 수많은 선생님과 장학사를 비롯하여 학부모와 마을교육활동가들과 교류하면서 나도 많이 배우고 성장했다. 생각하면 생각할수록 고맙고, 행복한 만남이었다.

그런데 그 과정에서 내 생각과 경험이 짧아서 빈약하게 기술한 부분이 있다는 것을 자주 느꼈다. 완주와 같은 한 지역의 실천 사례도 의미 있지만, 우리나라의 전반적인 교육과 지역, 삶의 변화에 대한 비전과 방향도 제시했어야 했다. 그래서 지난 몇 년 동안 학습, 토론, 실천을 병행하면서 보완할 부분을 틈틈이 기록해왔다.

『로컬에듀』는 완주 교육의 변화 과정을 시간의 흐름에 따라 구체적으로, 객관적으로 기록한 책이다. 반면에 이 책, 『로컬이 미래다』에서는 교육 패러다임을 '국가 중심 교육'에서 '지역 중심 교육'으로 전환할 것을 제안하였다. '국민을 키우는 교육'에서 '지역의 시민을 키우는 교육'으로 목표를 새롭게 설정할 것을 주장하며 그 의미와 가치, 필요성, 방법에 대한 내 생각과 경험을 자세히 풀어썼다. 또한, 전작에서는 주로 학교와 교육지원청, 교사의 역할에 초점을 두었다면, 여기에서는 마을과 지역, 주민들의 역할과 삶의 변화 모습을 균형 있게 언급하고자 노력했다.

마침 현 정부에서도 '혁신'과 '미래'를 교육 의제로 삼고 있다. 그리고 교육 거버넌스의 개편을 위해 국가교육위원회 설치, 학교자치와 미래형 교육자치 협력지구 사업을 추진하면서 지역에 주목하고 있다. 매우 시의적절한 방향이다. 이 책이 그 일에도 도움이 되었으면 좋겠다.

아울러 아이들을 좀더 잘 키우고자 지금 이 순간에도 나름의 방식으로 실천하고 있는 전국의 학교와 마을, 교사와 학부모, 교육지원청과 지자체 등에 조금이나마 용기와 영감을 주었으면 하는 바람이다. 이 책이 세상을 이롭게 하는 데에 다소나마 역할을 할 수 있다면 큰 기쁨이 될 것이다.

2020년 여름
추창훈

1장

혁신교육은
세상을
바꿀 수 있을까

코로나19,
마을과 지역을 소환하다

코로나19로 세상이 그림처럼 정지하다

—

　코로나19 바이러스의 유행으로 전 세계가 감당하기 어려운 재난을 겪고 있다. 그 피해는 우리의 모든 예상과 경험치를 넘어섰다. 사상자나 경제적 피해 규모는 이미 제2차 세계대전을 넘어섰다고 한다. 2020년 1월, 바이러스가 발생한 지 불과 5개월 만에 전 세계에서 700만 명이 감염됐고, 40만 명이 사망했다.[1] 이 글을 쓰고 있는 지금도 사망자는 계속 늘고 있다.

　21세기 문명국가에서는 있을 수 없는 일이 벌어졌다. 전 세계 수많은

---

1 「전 세계 코로나19 확진자 700만 명, 사망 40만 명 육박」, 〈연합뉴스〉, 2020. 6. 7.

나라에서 사상 초유의 통행 제한 명령이 떨어졌고, 필수적인 직장 근무 외에는 사람들과의 외출과 접촉을 불허했다. 의식주에 꼭 필요한 활동을 제외하고는 최소 몇 주 동안 집에서 시간을 보내야 했다. 가족과 외식을 하고, 친구들과 어울려 차를 마시고, 낯선 곳으로 여행을 가는 등 인류가 자연스럽게 누리던 것들이 그림처럼 정지됐다.

다른 질병보다 시간이 조금 더 걸리겠지만, 코로나19도 언젠가는 백신이 개발되고, 치료제가 나오면서 진정될 것이다. 하지만 코로나19가 통제 가능한 범위에 들어오더라도 인류는 코로나19 이전의 평화로운 세계로 돌아가는 것이 불가능할 것이라는 말도 들린다. 전문가들은 사스(2003), 신종플루(2009), 메르스(2015) 등 6년 주기로 발생하던 감염병이 3년 주기로 단축될 것이라고 예측하고 있다. 또한 코로나19보다 더 치사율이 높고, 더 전염력이 강한 바이러스가 나타날 수 있다고 경고하고 있다.

학교에 위기와 기회가 동시에 찾아오다

학교도 코로나19의 영향력에서 비켜나 있을 수 없었다. 학교는 수십 명의 학생이 온종일 작은 교실에 밀집돼 있기 때문에 어쩌면 가장 위험한 공간이었다. 결국, 우리나라 학교는 사상 처음으로 3월 개학을 하지 못했고, 네 차례에 걸친 개학 연기 끝에 원격교육 체제로 접어들었다. 등교하지 않고 개학하여 수업을 진행하는, 유례를 찾아보기 힘든 일이 일어났다.

많은 사람이 온라인 개학을 우려했다. 학교에는 원격수업을 담당할 사람도, 경험도, 역량도, 장비도 부족하다는 것이 그 이유였다. 그러나 초중등교육법에 따라 학교는 수업일수와 수업시수를 확보해야 했다. 모든 학생을 유급시킬 수는 없는 데다 빠듯한 대학수학능력시험 일정도 선택의 폭을 좁게 만들었다.

인터넷 접속 장애 등 일부 기술적인 문제가 발생했지만, 많은 사람의 걱정과 달리 학교는 나름 잘 준비하여 선전했다. 원격수업이 시작된 지단 9일 만에 우리나라 교사들이 제작하여 공공 플랫폼에 올린 콘텐츠가무려 230만 건에 이른 것으로 나타났다. 교사 1인당 평균 4.6건을 만들어낸 것이다. 이들 콘텐츠는 하루에 약 9,900만 회 다운로드되었고, 페이지 조회 수는 국내 포털 사이트의 평균 조회 수보다 약 천만 뷰 정도더 많았다고 한다.[2]

코로나19로 전 세계의 많은 나라에서 원격교육을 진행하고 있다. 하지만 우리나라처럼 전국의 모든 학교와 학생을 대상으로 수업, 출결, 평가 등 정규 학사 일정에 준하는 수준의 대규모 원격수업을 운영하는 나라는 찾아보기 힘들다고 한다. 물론 우리나라는 인터넷 사용 환경이이미 세계 최고 수준으로 갖춰져 있었으며, IT전문 엔지니어의 기술력과 노력으로 수백만 명이 동시에 접속해도 감당할 수 있는 온라인 플랫폼 서버를 구축하는 등 유리한 환경이 마련되어 있기도 했다. 그러나원격수업이 안정적으로 운영될 수 있었던 것은 무엇보다도 현장 교사들의 부단한 노력과 열정 덕분이었다.

그런데 다른 한편으로는 아이들이 굳이 학교에 오지 않더라도 온라인

---

2 「놀라운 한국교사들, 원격수업 2주 만에 콘텐츠 230만 건 축적」, 〈에듀프레스〉, 2020.4.23.

에서 학습이 부분적으로는 가능하다는 것이 증명됐다. 아이들이 평소 같으면 학교 정규 수업에 한창일 시간에 놀이터에서 놀아도, 마음껏 낮잠을 자도 각자 온라인에서 주어진 학습활동이나 과제만 성실히 수행하면 됐다. 학생 스스로 학습시간이나 속도도 조절할 수도 있었다. 사실 이런 방식이면 굳이 교사가 학교에 출근할 이유가 없다. 교사나 학생이나 적어도 십여 년 후에나 올 상황을 미리 경험해버렸다. 학교와 가정에, 교사와 학생에게 '준비되지 않은 미래'가 갑자기 다가왔다.

다행스럽게도 코로나19가 다소 진정 국면에 접어들면서 학교에선 등교 수업을 재개했다. 규모가 큰 학교에서는 학생 밀집도를 최소화하기 위해 원격수업과 대면 수업을 동시에 진행하고 있다. 학교 규모와 사정에 따라 격일제, 오전과 오후 등교 수업 등 다양한 형태로 수업을 운영하는 중이다. 그러다 보니 학교는 여전히 불안정하고, 교사의 피로도 역시 점차 가중되고 있다. 학생 역시 학습격차가 커지는 등 교육 양극화가 갈수록 심화되고 있다.

학교와 교사는 코로나19에 비교적 잘 대처했지만, 그랬기 때문에 역설적으로 학교의 존재 이유와 교사의 역할에 질문을 던지게 되었다. 이제 학교와 교사는 무엇을 해야 할까? 코로나19에 따른 원격수업을 잠깐의 사고나 해프닝으로 규정하고, 아무 일 없었던 것처럼 예전의 모습으로 돌아가야 할까? 학교에서 교사가 대면 수업을 하지 않아도 아이들이 잘 배울 수 있다면, 만약 이러한 수업을 사교육업체에서도 담당할 수 있다면, 학교와 교사는 왜 존재해야 할까?

위기는 곧 기회다. 코로나19는 학교교육에 위기였지만, 동시에 기회를 가져다줬다. 새로운 시대에 학교가 무엇을 해야 하는지, 교사는 어떤 역할을 해야 하는지 돌아볼 기회가 부여됐다. 이제 코로나19 이후의 학교교육을 진지하게 성찰하고, 대안을 마련해야 한다. 만약 그러지 못한다면 '학교 무용론'이 대두될 수 있다.

사실 온라인교육은 새삼스러운 일이 아니다. 이미 무크(MOOC)[3]에서는 전 세계의 대학생 수백만 명이 각자 관심 있는 분야를 찾아서 스스로 배운다. 언어, 음악, 공학, 기계, 주택 등 모든 분야를 망라한다. 특히 4차 산업혁명과 관련된 강좌는 매우 큰 인기를 끌고 있다. 2012년에 개설한 글로벌 온라인교육 플랫폼 '코세라'(Coursera)에는 전 세계 100여 개 대학이 참가하고 있으며, 450여 개의 과목이 개설되어 있고, 전 세계의 수강생은 500만 명에 이른다.

우리나라에서도 풍부한 자본과 에듀테크[4]로 무장한 사교육업체들이 인터넷 강의를 운영하고 있다. EBS 방송에서도 아이들의 수준과 흥미, 발달단계에 적합한 프로그램을 실시간으로 송출한다. 중고등학생 대부분은 이미 다수의 원격수업을 듣고 있다. 특히 대학입시를 앞둔 고등학생 중에서 사교육업체에서 진행하는 인터넷 강의를 듣지 않는 학생을 찾아보기 힘들다.

냉정하게 말하면 학교는 자본과 기술력을 갖추고, 첨단 기기와 프로그램으로 원격수업을 진행하는 사교육업체에 맞서기 어렵다. 일반적인 교사는 첨단 기자재와 수많은 스텝의 도움을 받는, 현란한 언변과 강의

---

3 '대규모 공개 온라인 수업'(Massive Open Online Course)의 약자. 수강 인원에 제한 없이(Massive), 모든 사람이 수강 가능하며(Open), 온라인 기반으로(Online) 미리 정의된 학습 목표를 위해 구성된 강좌(Course)를 말한다.

4 AI, 지능형 LMS 등 최신 ICT 기술에 교육을 접목해 실시간으로 개인 맞춤형 교육을 제공하는 차세대 학습법.

기법을 갖춘 인터넷 전문 강사와의 경쟁에서 우위를 점하기 힘들다. 온라인에서 학생의 흥미와 시선을 붙잡아 두는 것은 여간 어려운 일이 아니다. 상당수의 학교와 교실에서 진행되는 원격수업이 기존 콘텐츠의 활용과 연결에 그치고 있는 것을 인정해야 한다.

코로나19가 확산되면 모든 학교 수업이 다시 원격수업으로 전환될 수 있다. 따라서 학교는 조속한 시일 내에 사교육업체는 담당할 수 없는, 학교만의 고유한 온라인교육 영역을 확보해야 한다. 만약 지금까지와 같이 지식과 정보 전달 중심의 수업을 운영한다면, 그리고 기존 콘텐츠의 연결에 그친다면 학교와 교사의 설 자리는 갈수록 좁아질 것이다. 학부모를 비롯한 많은 사람의 비난과 도전에 직면할 것이다.

밀레니얼 시대에 들어서면서 교육과 학습의 개념이 달라지고 있다. 교사가 가르치고, 학생이 배우는 전통적인 교육방식은 이제는 유효하지 않다. 획일적인 지식과 정보 전달 중심의 수업은 진즉에 수명을 다했다. 학교와 교사는 학생이 스스로 배우고, 배운 지식을 스스로 재구성하여 경험치를 넓혀가는, '학습자 중심' 교육 시스템을 구축해야 한다.

우리나라 학생 대부분은 2000년대 중반 이후에 태어난 Z세대이다. 이들은 태어날 때부터 디지털 환경에 자연스럽게 노출된 세대이다. 인터넷과 스마트폰을 자유자재로 이용할 수 있다. 또한, 학생마다 가정환경, 성장 과정, 관심과 흥미, 소질과 적성, 배경 지식이 모두 다르다. 이렇게 각각 다른 학생의 필요와 요구를 교실에서 모두 충족시킬 수는 없다. 더구나 이들은 사상 초유의 비대면 수업까지 경험했다. 이들의 시선과 관심을, 기존의 방식으로 수업하는 교실에 붙잡아 두기는 여간 어려운 일이 아닐 것이다.

따라서 학교교육과 수업의 변화는 불가피하다. 교사는 시대의 요구와 학생들의 특성을 수업에 적극적으로 반영해야 한다. 교사가 계획한 수업목표에 따라 모든 학생에게 동일한 방법으로 가르치고, 동일한 과정을 수행하게 해서는 안 된다. 학교 수업의 전체적인 틀을 '모두에게 지식을 전달하는 수업'에서 '개인의 성장을 지원하는 맞춤형 수업'으로 전환해야 한다. 이제 아이들 한 명 한 명의 필요와 요구를 묻고, 그에 적합한 수업을 구상해야 할 때이다.

아울러 교사는 학생이 교실에서 벗어나 온라인이나 그 밖의 교육 환경에서도 마음껏 상상력을 발휘해 새로운 목표에 도전하고, 학습의 기쁨을 경험할 수 있도록 수업을 설계해야 한다. 그 과정에서 학생은 자신의 관심과 흥미에 따라 배우고 싶은 주제, 방법, 속도를 스스로 결정하고 조절하는 능력을 키울 수 있다. 이러한 수업에서 학생은 자유롭고, 도전적이며, 창의적으로 배울 수 있다.

교사는 학생의 학습 과정을 옆에서 지켜보면서 조언하고, 지원해야 한다. 그러려면 교사의 역할을 지식과 정보 '전달자'에서 학생의 타고난 재능과 소질을 발견하도록 돕는 '촉진자'로 재설정할 필요가 있다. 교사의 교과 지도 역량 및 수업 전문성의 일대 전환이 필요한 이유가 여기에 있다.

학부모들이 자녀를 서울로, 대도시로 보내고자 하는 이유는 지역의 교육 환경이 열악하기 때문이다. 그런데 원격수업은 지역의 한계와 장벽을 극복할 수 있다는 가능성을 보여줬다. 온라인교육은 학교와 교실의 시간적, 공간적, 내용적 한계를 뛰어넘을 수 있다. 교실 수업에서는 도저히 시도하지 못하는 부분도 온라인을 활용하면 가능하다. 인터넷과 유튜브에는 교사의 수업을 도와주고, 학생의 학습을 촉진할 수 있는 자료가 지천이다. 가능하면 일부 교과나 단원이라도 성취기준에 따라 교육과정을 재구성하여 온라인교육을 적절히 병행해야 한다. 교실 수업에서 기초·기본 개념을 습득하고, 온라인에서 더 깊이 있게 배우고, 시야를 더욱 넓힐 수 있도록 수업을 디자인할 필요가 있다. 이러한 '온라인교육'과 '학습자 중심 교육 시스템'은 학교 교육과정을 보다 풍성하게 만들고, 학생의 눈높이와 요구에 적합한 수업으로 거듭나게 할 것이다.

코로나19, 마을과 지역을 소환하다

—

코로나19로 우리 사회는 사람과 물자의 이동을 최대한 자제하게 되었으며, 사회적 거리 두기가 일반화되었다. 특히 생활의 무게 중심이 국경을 넘나드는 글로벌보다는 국가 중심으로 바뀌었다. 국가 내에서도 멀리 이동하지 않고 자신이 사는 마을과 지역 중심으로 생활하게 된 것이다. 사람들은 자연스럽게 지구 반대편의 국가나 다른 지역보다도 내가 사는 마을과 지역에서 일어나는 일에 더욱 관심을 두게 되었다. 매일 실시간으로 중계되는 우리 지역의 코로나19 환자 수와 감염 원인, 감염 경로는 초미의 관심사였다. 마을과 지역의 안전, 방역, 행정체계, 사람들 사이의 신뢰와 연대가 얼마나 중요하고, 자신의 삶에 얼마나 직접적으로 영향을 미치는지 실감할 수 있었다. 코로나19가 마을과 지역을 다시금 소환한 것이다.

사실 이미 오래전부터 세계화와 시장경제에 맞설 수 있는 대안으로 지역화가 화두였다. 많은 학자가 결국 마을과 지역, 공동체가 우리를 자유롭게 할 것이라고 말했다. 낮지만 진중한 목소리로, 우리에게 시간이 얼마 남지 않았다고 경고하는 그들의 메시지에 귀 기울여야 한다.

『오래된 미래』의 저자 헬레나 노르베리 호지는 오늘날 글로벌 경제의 출현과 날로 증대되는 과학기술의 영향으로 자연과 인간, 인간과 인간 사이의 관계가 단절되었을 뿐만 아니라 자연과 문화의 다양성이 파괴되었다고 했다. 또한, 그 과정에서 우리 자신의 존재 자체를 위태롭게 만들었다고 경고했다.[5] 미국의 사회 경제학자 제레미 리프킨도 세계화의 폐해를 지적하면서 지역화의 가치를 강조하고 있다.

1990년대 세계화 운동을 주도했던 뉴욕타임스 칼럼니스트 토머스 프리드먼은 세계화 시대를 회고한 책 『늦어서 고마워』(21세기북스, 2017)에서 미국이 지역공동체 사회로 돌아가야 한다고 주장했다. 『정의란 무엇인가』로 유명한 철학자 마이클 샌델도 『민주주의의 불만』(동녘, 2012)에서 지역공동체가 민주주의를 위기에서 구할 수 있다고 말했다.[6]

올해 전 세계를 휩쓸고 있는 코로나19 팬데믹은 지난 20년간 급격히 확산한 세계화에 물음표를 던지고 있다. 코로나19가 확산되면서 국가 간 자유로운 무역과 글로벌 경제를 강조하던 분위기는 일시에 사라져버리고, 세계 각국은 문을 걸어 잠그며 자국민 보호에 앞장섰다. 각 나라의 지자체 역시 조금이라도 더 안전한 지역을 만들고자 국가의 이익보다 지역의 이익을 먼저 챙기기 시작했다. 세계화에서 지역화로의, 국가에서 마을과 지역으로의 거대한 전환이 시작된 것이다.

코로나19가 우리 사회에 가져온 주목할 만한 뉴노멀(new normal)[7]은,

---

5   헬레나 노르베리 호지, 『오래된 미래』, 양희승 옮김, 중앙books, 2007, 321쪽.

6   「전염병이 무서울 때 우리는 동네로 돌아온다」, 〈조선일보〉, 2020.3.13.

7   2007~2008년의 세계경제 위기, 2008~2012년까지의 세계경제 침체 기간 동안 만들어진 새로운 경제적 기준을 뜻하는 경제 용어. 시대 변화에 따라 새롭게 부상하는 기준이나 표준이라는 포괄적인 의미

정부가 사회적 거리 두기를 강력하게 시행하면서 비대면 활동이 증가하고 있다는 것이다. 재택근무와 화상회의, 온라인 개학과 원격수업, 온라인 주문시스템이 적극적으로 도입되는 추세다. 코로나19로 경제가 타격받고 수많은 사람이 일자리를 잃었지만, 이러한 비대면 영역은 유례없는 호황을 누리고 있다.

또한, 국가 단위 경제 활동보다는 소규모 마을과 지역사회 중심의 경제 활동이 증가하고 있다. 마을과 지역의 공간, 관계, 생활의 가치가 새롭게 부각되었다. 낯선 사람이 모이는 대규모 행사는 취소되고, 소수의 지인들 모임으로 바뀌고 있다. 물건을 살 때도 사람이 많이 모이는 낯선 곳이 아니라, 동네의 잘 아는 집으로 가는 경우가 많다.

한 카드사가 회원 10만 명을 표본으로 선정하여 소비 형태를 조사한 결과, 고강도 사회적 거리 두기의 영향으로 '집 근처에서 모든 것을 해결하는 소비'가 늘어났다고 한다. '사회적 거리 두기' 기간 동안 전체 오프라인 결제 건수는 전년 대비 6.9% 감소했다. 반면 집 주소로부터 반경 500m 내에 있는 가맹점에서의 결제는 8.0% 증가했다. 이는 코로나19로 촉발된 사회적 거리 두기의 영향으로 소비 활동이 집에서 이동수단의 도움 없이 걸어갈 수 있는 범위로 좁혀졌다는 의미로 해석된다.[8] 위기가 장기화하면 우리의 생활 무대는 신뢰 자본이 아직 살아 있는 마을과 지역 중심으로 더욱 많이 옮겨질 것이다.

페이스북은 향후 5~10년 이내에 전 직원 4만 5천 명 중 절반 이상이 원격근무를 하게 될 것이라고 밝혔다. 마크 저커버그 최고경영자는 "원

로 쓰임.

8   「사회적 거리두기에 동네 머물며 '홈 어라운드 소비' 늘었다」, 〈이데일리〉, 2020. 4. 20.

격근무는 대도시로 이주할 생각이 없는, 새로운 인재를 많이 발굴하는 데에 큰 도움이 될 것"이라고 말했다.[9]

이제 사람들이 붐비는 대도시에 살면서 직장을 다니는 시대는 서서히 사라질 것이다. 자신이 태어나 자란 마을과 지역을 떠나는 것이 공부의 목표였던 학생과, 대도시로 자녀와 아이들을 보내는 것이 삶의 희망이었던 어른들 이야기는 다 옛말이 될지도 모른다. 대신 안전한 곳, 자신이 원하는 곳, 살고 싶은 곳에서 살면서 자유롭게 일하는 시대가 올 것이다. 그곳에서 자신과 결이 맞는 사람들과 살아가며 자신의 꿈을 펼치는 사람들이 많아질 것이다. 마을과 지역 즉 로컬이 대도시보다 기회와 가능성이 더 커질 수 있다.

교육 패러다임의 전환이 필요하다

—

우리 사회에서 마을과 지역을 바라보는 관점이 조금씩 바뀌는 중이다. 상당수 사람이 실제로 지역에서 대안적 삶을 살고 있다. 그들은 자본주의 시장경제 대신 함께 살아가면서 연대하고, 이익을 나누는 협동조합과 사회적 경제를 실천하며 산다. 로컬크리에이터를 비롯하여 수많은 청년도 지역에서 자신의 꿈과 희망을 펼친다. 그들에게 마을과 지역은 희망과 창조의 공간이다. 그들의 손길이 닿은 마을과 지역은 잃어버린 생명력을 조금씩 회복하고 있다.

시대의 변화에 따라 교육 분야에서도 마을과 지역에 대한 새로운 접

---

9   「페이스북 '코로나19 이후에도 원격근무 영구 허용… 10년 내 50%'」, 〈뉴시스〉, 2020. 5. 22.

근이 필요하다. 사실 혁신교육과 마을교육공동체에서는 마을과 지역을 이미 강조하고 있다. 학교 교육과정 운영에 마을이 참여하고, 이 과정에서 교사와 마을활동가가 협업하여 다양한 시도를 하는 중이다. 이 낯선 활동에 참여하는 학교와 마을교육공동체의 수만 보더라도 우리 교육의 주류로 손색이 없다. 혁신교육과 마을교육공동체는 우리 교육의 변화와 아이들의 성장에 상당히 기여할 것이다.

그러나 혁신교육과 마을교육공동체는 지역의 삶과, 그것을 지원하는 교육에 다다르고 있지는 않다. 지금 전국의 학교와 마을 그리고 지역에서 시도되고 있는 활동은 주로 학교교육의 제한적 변화와 그 지원에 그치고 있다. 그것만으로는 지금의 입시 중심 교육체제와 서울 편입 대열, 지역의 위기, 아이들의 삶을 바꾸기는 아무래도 역부족이다. 의도하지는 않았지만, 결과적으로는 현재의 체제를 유지하는 데에 일조하고 있는지 모른다.

이제 혁신교육을 포함하여 우리나라 교육의 전반적인 패러다임 전환을 모색할 때이다. 특히 학생들 삶의 지역화를 고민하고, 지역의 삶을 지원하는 교육을 시도해야 한다. 그리고 마을과 지역에서의 삶에 대한 전망과 비전을 새롭게 설정해야 한다. 그것이 가능하도록 학교교육과정과 수업, 마을교육의 재검토와 변화가 필요하다.

그러려면 학교와 마을이 전면적으로 협업하고, 연대해야 한다. 이런 학교와 마을이 많아지면 많아질수록 지역이 달라진다. 그렇게 되면 비로소 지역에서 태어난 아이가 교육 때문에 떠나지 않고, 지역에서 배울 수 있다. 분명 그 아이는 지역에서 자신이 하고 싶은 일을 하며 모두가 함께 행복하게 살아가는, 선순환의 교육생태계와 지속 가능한 지역을 만드는 데 기여할 것이다.

이 책에서는 우리 아이들의 성장과 행복을 위해, 지역과 삶의 근본적인 변화를 위해 '풀뿌리 지역교육'[10]이 무엇이고, 왜 필요한지, 구체적인 모습은 어떠해야 하는지, 어떤 맥락에서 주목되고, 실천되어야 하는지 말하려고 한다. 그리고 전라북도 완주군을 비롯하여 전국에서 일어나고 있는 대안적 경제 운동을 알아보고, 공동체적 삶의 영역에서 새롭게 살아가는 사람들을 보면서 이 시대에 정말 의미 있는 삶의 모습이 무엇인지 살펴보고자 한다.

이 책을 읽어가면서 교육과 지역, 삶을 새롭게 만들어가는 꿈을 꾸었으면 좋겠다. 그리고 각자의 자리에서, 가능한 수준에서 실천해보자. 그 길에서 아이의 행복한 삶과, 아이들 곁에서 그것을 바라보는 부모와 어른의 따뜻한 미소를 만날 수 있을 것이다.

---

10 '풀뿌리 지역교육'이라는 용어는 내가 완주교육지원청에서 장학사로 근무할 당시 방과후학교를 마을에 위탁 운영한 '지역별 풀뿌리교육지원센터'에 착안해서 사용한 용어이다. 이 센터는 완주교육지원청이 서근원 대구가톨릭대학교 교수에게 용역 발주한 '완주지역교육과정'을 '풀뿌리 교육과정 편성 운영 자료'로 명명한 것에 착안하여 당시 혁신교육특구 과제로 설정되었다. 이 자료는 나중에 단행본으로 출간되기도 하였다. 또한, 교육부에서는 2018년에 혁신교육지구 심화 사업의 일환으로 풀뿌리 교육자치 협력지구 사업을 진행한 적도 있다.

교육, 지역, 삶의 선순환을
어떻게 만들 수 있을까

교사는 바쁘고, 아이들은 아프다
—

교사의 주요 직무는 학교에서 수업과 생활교육을 담당하는 것이다. 그런데 실상은 행정업무에 더 많은 시간과 에너지를 쏟는다. 각종 공문서와 자료집계, 방과후학교와 돌봄, 수많은 매뉴얼과 지침은 교실로 향하는 교사의 발목을 잡고 있다. 해마다 학교에 약 1만 5천건의 공문이 간다. 무려 250쪽에 달하는 학교생활기록부 기재요령은 마침표와 띄어쓰기, 숫자를 표기하는 방법까지 제시한다. 오죽하면 학교가 교육기관인지 행정기관인지 알 수 없다는 이야기도 들린다.

이러한 상황에서 교사가 수업에 집중하고, 아이들 한 명, 한 명을 자세히 살펴 그들의 말에 귀 기울이는 것은 여간 어려운 일이 아니다. 교사가 자신의 본질적인 역할에 충실할 수 없고, 아이들과 교감할 수 없는데 교육활동이 제대로 이루어지기를 기대하기는 어렵다.

혁신교육이 광범위하게 전개되면서 예전과는 사뭇 달라졌지만, 여전히 많은 중고등학교에서는 지식과 경쟁 중심 교육이 주를 이루고 있다. 우리나라는 대학입시와 대학 서열이 보통교육을 좌우하고 있기 때문이다. 많은 고등학교가 아이들을 한 명이라도 더 서울의 유명 대학에 진학시키려 애쓴다. 학부모 역시 자신의 자녀가 좋은 대학에 들어가기를 간절히 기대한다. 학교의 노력과 가정의 기대에 부응하려면 아이들 역시 한눈팔 시간이 없다. 그들은 청소년기에 꼭 필요한 취미 생활이나 여가를 즐기기 어렵다. 적절한 수면과 휴식을 취할 수도 없다. 아침 일찍 집에서 나와 저녁 늦게까지 집과 학교 그리고 학원을 다람쥐 쳇바퀴 돌 듯 오간다.

산업화와 핵가족화가 진행되면서 아이를 둘러싼 돌봄 환경이 많이 약화되었다. 가정의 돌봄과 지원 체계가 무너지면서 아픈 아이가 학교에 오는 비율도 늘었다. 학교에 와서도 기초학력과 배경 지식이 부족해 제대로 배울 수 없는 아이가 많다. 이 아이들은 수업을 받으면 받을수록 학습 부진이 더욱 심화된다. 느린 학습자를 위한 학교 시스템은 아직 충분히 갖추어지지 않았다. 교사는 중간 정도의 성적을 거두고 있는 아이들에게 초점을 맞추어 수업을 진행한다. 교과서의 언어는 너무나 어렵고, 아이들의 삶과 관련이 없는 내용이 많다. 교사가 계획하고, 전개하는 수업에 따라가지 못하는 아이들은 일찌감치 학업을 포기한다. 그들 중 상당수는 학교에서 잠을 자거나 도망간다. 그 아이들은 어른이 되어서도 그늘 속에서 살아가는 경우가 많다.

마을은 쇠락하고, 지방은 소멸하고 있다

—

　　마을도 농촌과 원도심을 중심으로 날이 갈수록 쇠락해져 간다. 상당수의 농어촌 마을에는 아기 울음소리가 거의 들리지 않는다. 대부분의 농촌은 일 년에 두 번 명절날만 분주하다. 원도심에는 빈집이 나날이 늘어가고, 사람의 왕래도 별로 없다. 특히 청년들은 찾아보기 힘들 정도다. 변변한 일자리가 많지 않기 때문이다. 도시에 비해 교통, 의료, 복지, 문화 등 기본적인 정주 여건도 턱없이 부족하다.

　　교육 환경도 도시보다 상대적으로 떨어진다. 특히 1982년부터 추진한 소규모학교 통폐합 정책으로 전국의 학교 중 약 5,600개가 사라졌다. 2010년 이후에도 해마다 약 50개 내외씩 작은 학교가 통폐합되어 지난 10년 동안 519개의 학교가 문을 닫았다.[11] 그러다 보니 청년도 아이 키우는 학부모도 살던 마을을 떠나 인근 도시로 언제든지 떠날 기회를 노리고 있다.

　　지역은 저출산·고령화로 인한 인구절벽, 대도시와 수도권으로의 인구유출로 위기를 넘어 소멸 위험마저 느끼고 있다. 2019년 11월에 발표한 한국고용능력개발원의 연구에 따르면 20~39세의 젊은 여성 인구가 65세 이상 노년층 인구의 절반에도 미치지 못하는 지자체가 97곳이나 된다. 전국의 지자체가 228곳이니 약 40%에 이르는 셈이다. 산술적으로만 따지면 이들 지자체는 약 30년 후 인구 제로가 될 수도 있다.

　　정부도 이러한 사실을 잘 알고 있다. 그래서 약 10여 년 전부터 행정수

11　2019년 국회 여영국 의원실 자료.

도와 혁신도시를 건설하는 등 수도권 중심의 국정 운영 방식에서 벗어나 지역균형 발전을 시도하고 있다. 마을 만들기, 원도심 개발, 도시 재생 등을 적극적으로 추진했으나 사정은 그다지 나아지지 않았다. 2019년 12월에 수도권의 인구가 사상 처음으로 전체 인구의 절반을 넘었다. 국토의 11.8%인 서울, 경기, 인천 등 수도권의 인구가 나머지 14개 광역시·도의 인구 모두를 합친 것보다 많아진 것이다.

각자도생과 무한경쟁, 사는 것은 더욱 어렵다
—

우리나라 부모들의 교육열은 세계에서도 단연 돋보인다. 이러한 부모들의 열망과 학벌 중심 사회구조에 따라 아이들은 더 좋은 중고등학교에서 배우고, 더 좋은 대학교에 들어가서, 더 좋은 직업을 갖고, 더 좋은 삶을 살아가고자 한다. 그러려면 사교육을 받을 수밖에 없다. 누가 얼마나 더 빨리, 더 많이 사교육을 받느냐에 따라 아이들의 성적이 달라진다. 특히 수능시험은 사교육을 받은 아이들에게 절대적으로 유리하다는 통계도 있다.

사교육비 지출 규모도 해마다 늘고 있다. 영유아 사교육비 시장이 한 해에 3조 6천억이라고 한다. 교육부가 발표한 '초중고 사교육비 조사' 결과에 따르면 2019년 사교육 지출과 관련된 모든 수치가 크게 올랐다. 특히 학생 1인당 월평균 사교육비(321,000원)와 사교육 참여율(74.8%)은 2007년 조사 시작 이래 최고치다. 연간 사교육비 총액 역시 21조 원대로 늘었다.

그런데 이러한 사교육에 힘입어 아무리 좋은 중고등학교에 들어가도, 좋은 대학교를 나와 좋은 직업을 가져도 행복하지 않다. 좋은 직업을 가져도 낙오되지 않으려면, 더 높은 직급에 오르려면 끊임없이 다른 사람과 경쟁해서 승리해야 하기 때문이다. 이 무한경쟁의 열차는 절대로 멈추지 않는다. 내가 내려야만 끝이 난다.

이 과정을 옆에서 지켜보면서 정신적으로, 물질적으로 지원해야 하는 학부모도 행복하지 않기는 마찬가지다. 자녀를 낳는 순간 홀로 육아와 양육, 교육을 감당해야 한다. 교육에 특별한 소신을 지닌 사람도 자신의 자녀를 학원에 보내지 않기는 쉽지 않다. 남들 다 달릴 때 나만 서 있는 심정이기 때문이다.

많은 학부모가 자녀의 성적과 대학입시 등에 골몰하고, 사교육에 전력을 다하느라 자신들의 삶은 돌아보거나 준비할 여유가 없다. 그래서 우리나라 노인 중 상당수가 절대 빈곤에 시달리고 있다고 한다. 평범한 사람들 대부분은 어느 순간엔가 자신도 그 대열에 낄지 모른다는 불안감을 안고 살아간다.

젊은이들이 살아가는 것 역시 만만치 않다. 자본주의 제도는 양극화, 부익부 빈익빈, 부의 대물림 등 사회·경제적 불평등이 갈수록 심화되는 구조이기 때문이다. 그들은 연애, 결혼, 출산 포기에 이어 취업과 인간관계마저 포기한다는 말도 들린다. 특히 청년들 중심으로 우리 사회가 공정하지 않다고 생각하는 사람들이 늘고 있다.

교육, 지역, 삶의 문제를 함께 풀어보면 어떨까?
—

앞에서 살펴본 것처럼 교육과 지역, 삶이 모두 어려움을 겪고 있다. 이 어려움을 풀기 위해 지금까지 각 분야에서 이론가와 실천가들이 해법을 제시하고, 그것을 실천해왔다. 그러나 사정은 그다지 나아지지 않았다.

혁신교육으로 학교에서 아무리 아이들이 잘 배우더라도 아이들의 행복한 삶을 보장할 수는 없다. 지자체가 인구를 늘리기 위해 펼치는 수많은 정책과 행정 행위는 근본적으로 문제를 해결하기보다는 임시방편인 경우가 많다. 자본주의 체제의 사회경제 구조에서 필연적으로 발생하는 불평등과 소득 격차는 날이 갈수록 악화하고 있다.

그 이유는 무엇일까? 문제가 복잡하고, 어렵기도 하지만 어쩌면 자신의 눈앞에 닥친 문제만 풀려고 했기 때문은 아니었을까? 이 모든 문제가 다 연결되어 있음에도 자기 눈앞의 문제만을 해결하려 한 것은 아니었을까? 만약 그렇다면 이제는 지금까지와는 사뭇 다른 새로운 접근 방법이 필요하지 않을까 싶다. 그것은 교육, 지역, 삶의 문제를 통합적으로 바라보고, 함께 풀어가는 것이다. 학교와 마을, 교사와 학부모, 교육(지원)청과 지자체, 지방정부와 중앙정부가 전면적으로 협업하는 것이다. 이제부터 그 방법을 본격적으로 논의해보기로 하자.

혁신교육의
태동과 발전

새로운 시대에는 새로운 교육이 필요하다

—

　　세상이 빠르게 변하고 있다. 특히 과학기술 발달은 속도와 범위, 내용에 이르기까지 도무지 예측 불가능할 정도이다. 2016년 스위스에서 열린 세계경제포럼(WEF)은 「일자리의 미래」 보고서에서 "인공지능, 로봇기술, 생명과학 등이 주도하는 4차 산업혁명이 닥쳐 상당수 기존 직업이 사라질 것"이라고 전망했다. 특히 이 보고서에서는 당시 초등학교에 입학하는 전 세계 7세 어린이의 65%는 지금 존재하지 않는 직업에서 일하게 될 것으로 예측했다. 그리고 미래에는 지금과 같은 평생직장의 개념은 사라지고, 적어도 네다섯 개의 직업을 가질 것이라고 전망했다.

4차 산업혁명이 과잉 담론이라는 비판도 있지만, 인공지능과 빅데이터·자율주행·로봇기술 등의 비약적 발전으로 우리 사회가 급격한 변화의 소용돌이 속으로 휩쓸려 들어갈 것은 분명하다. 이러한 세상에서 아이들이 살아갈 미래에는 직업 환경도 매우 달라질 것이다.

그에 따라 학생이 배우고 익혀야 할 지식과 기술, 역량 등이 달라졌다. 특히 기본적인 교과 지식·기술·정보는 물론이요, 새롭게 생각하고, 연결 짓고, 다른 사람과 협업하는 능력이 더욱 필요할 것으로 보인다. 특히 인간과 로봇이 공존하기 위해, 그리고 과학기술을 무분별하게 사용하지 않기 위해서는 인간에 대한 이해, 타인과의 공감 능력, 관계 능력, 환경·생태 감수성 등 따뜻한 인문학적 소양이 중요하다.

그러나 우리 교육은 아직도 산업주의 패러다임에 상당히 머물러 있음을 부인할 수 없다. 많은 학교에서는 여전히 산업체에 숙련된 기술자를 대량으로 공급하는, 굴뚝 산업 시대 교육방법을 고수하고 있다. 경쟁과 효율의 기제가 교실 속에 여전히 살아 있고, 표준화된 지식의 습득과 평가가 주된 학습의 내용임을 인정할 수밖에 없다. 다양한 삶을 살아가는 사회에 맞게 학교도 다양한 형태로 분화하여 아이의 이해와 요구에 맞게 이루어져야 했음에도 그러지 못했다.

그래서 사람들은 지금까지의 지식과 정보 전달 중심의 교육과는 사뭇 결이 다른 '새로운 교육'이 필요하다고 말한다. 약 10여 년 전부터 이러한 교육 현실을 근본적으로 개선하고, 학생이 미래 사회에서 살아갈 힘을 기를 수 있도록 돕는 새로운 교육이 다양한 형태로 펼쳐지고 있다. 사람들은 이를 가리켜 혁신학교, 마을교육공동체 혹은 미래교육이라고 부르는데, 통칭하여 혁신교육이라 회자된다.

혁신교육은 교과 성적과 입시 중심, 서열과 경쟁 중심이라는 우리 교육의 한계와 모순을 극복하고, 학생의 참된 성장과 발달을 촉진하기 위한 대안적 교육운동인 동시에 교육정책이었다. 제도권에서 지난 2009년에 경기도에서 처음 펼쳐진 혁신교육은 크게 혁신학교, 혁신교육지구, 마을교육공동체의 세 가지 형태로 전개되고 있다. 이들은 개념과 내용은 다소 다르지만, 어느 것 하나 소홀히 다룰 수 없을 정도로 중요하다. 비록 순차적으로 진행되었지만 지금도 여전히, 그리고 모두 유효하다. 그리고 불과 10여 년 사이에 양적, 질적으로 괄목할 만한 성장을 하고 있다.

표1 혁신교육의 주요 흐름 및 특징

구분	작은학교	혁신학교	혁신교육지구	마을교육 공동체
시기	2000년대 초반	2009년	2011년	2015년
주체	헌신적인 일부 교사	진보교육감/시도 교육청 자발적인 교사	교육지원청과 지자체 등 행정기관	교육, 일반 공무원과 학부모와 지역주민
내용	학교에 대한 성찰 교육의 본질 회복 시도	민주적인 학교 운영, 성장을 지원하는 수업	기초지자체 단위 혁신교육 추진	학교와 마을의 협업, 교육의 장을 '학교 밖'으로 넓힘
의의	혁신교육의 씨앗	제도권 내에서 최초 혁신교육 시도	지자체가 '학교의 교육과정'을 지원	마을 등 민간이 교육 주체로 참여

작은학교, 혁신교육의 씨앗

혁신교육은 2009년에 경기도에서 시작한 혁신학교에서 비롯되었다는 평가가 지배적이다. 물론 혁신학교가 어느 날 갑자기 하늘에서 뚝 떨어진 것은 아니다. 이미 1980년대 전교조의 교육민주화 운동과 참교육 운동, 1990년대 후반과 2000년대 초반의 대안교육과 작은학교 운동과 같이 학교교육의 한계를 극복하려는 시도가 이전에도 여럿 있었다. 이들 대부분은 학교교육에 문제의식을 가진 교사나 민간의 활동가 등이 실천한 사례다. 이 교육운동은 우리 교육의 변화를 현장에서 자발적으로 시도했다는 면에서 매우 중요한 의미가 있다. 실제 경기도 남한산초는 혁신학교의 모델이 될 정도였다. 그러나 정부나 교육청으로부터 행정, 재정과 인사 등의 지원을 받지 못하고 작은학교 단위로 추진되다 보니 많은 어려움을 겪었다. 또한, 몇몇 학교의 변화를 견인하기는 했지만, 그 변화가 다른 학교로 확산되기는 힘들었다.

그런데 남한산초 사례와 같은 교육운동이 의미 있는 변화로 인식되기 시작하면서 진보교육감이 당선된 시·도교육청이 일부 학교에 행정적, 재정적, 인사적 지원을 했고, 그렇게 혁신학교가 시작되었다.

혁신학교, 제도권 교육의 변화를 꾀하다

지금까지는 학교에서는 교장을 비롯한 한두 명의 관리자[12]가

---

12   단위 학교의 교장, 교감을 관행적으로 관리자라 한다. 학교 시설과 자원을 관리할 수는 있지만, 구성원은 관리의 대상이 아니라는 점에서 적절한 용어는 아니다. 다만 이를 대체할 마땅한 용어를 찾지 못해 편의상 여기에서도 교장, 교감을 관리자로 칭한다. 다만 나는 강연 등에서는 주로 리더라 부르고 있다.

독점적인 권한을 행사하는 경우가 대부분이었다. 그들은 학교 운영의 모든 것을 결정하고 지시하며 그 지시가 잘 이행되는지 관리·감독했다. 나머지 교직원은 이 결정과 지시를 충실히 따르기만 하면 되었다. 이 과정에서 교직원 대부분은 자기 생각과 의견을 표현할 수 없었고, 그다지 중요하지도 않았다.

반면에 혁신학교는 교장, 교감 등 관리자 한두 명에게 독점적인 권한이 부여되지 않았다. 많은 혁신학교에서는 학교의 여러 구성원이 집단 지성을 발휘해 교육과정 운영에 참여했다. 관리자를 포함한 다양한 교육 주체들이 모여 협의하고, 토론하고, 합의하는 과정을 중요하게 여겼다. 합의 내용을 함께 실천하고, 그 결과에 공동으로 책임졌다. 비로소 학교에 민주주의 원리가 작동하게 되었다.

민주적인 의사 결정과 학교 운영이 혁신학교의 시스템이라면 내용적으로는 수업방식의 변화를 꼽을 수 있다. 혁신학교 운동 이전 시기의 수업은 대체로 교사가 일방적으로 전달하는 방식으로 이루어졌다. 학생은 교사의 설명을 잘 듣고, 교과서의 내용을 빠짐없이 외우고 시험문제를 잘 풀면 되었다. 교실에서 수업의 주체는 교사였고, 학생은 객체였다. 학생들은 배우는 목적과 의미도 잘 알지 못한 채 무조건 받아 적고 외웠다. 이는 모두 대학입시를 염두에 두었기 때문이다. 이런 교실에서 질문하고, 비판하고, 조사하고, 탐구하는 장면은 쉽게 볼 수 없었다.

반면, 혁신학교 교사들은 학생의 배움과 성장을 촉진하는 다양한 수업방식을 앞다투어 교실에 들여왔다. 아이들이 살아가는 데 필요한 힘과 역량, 가치와 태도 등을 길러주도록 교사 중심에서 학생 중심으로, 지식과 정보 전달 중심에서 역량 중심으로, 가르침 중심에서 배움 중심으로 수업을 바꾸어나갔다. 학생들은 수업 내내 교사의 설명을 받아 적고 암기하는 것에서 벗어나 수업의 전 과정에 적극적으로 참여하여 활동하고, 깊이 탐구하여 문제를 해결하는 과정을 경험할 수 있었다. 자신의 삶의 문제를 스스로 해결할 수 있는 힘을 키우는 다양한 공부 방법을 실습과 체험으로 익혔다. 그들은 비로소 '공부다운 공부'를 한 것이다.

그런데 혁신학교는 대체로 소규모 학교, 초·중학교, 교육환경이 열악한 농산어촌 학교를 중심으로 운영되었다. 그러다 보니 그 대척점에 있는 중규모 이상의 학교와 고등학교, 대도시에 위치한 학교는 혁신학교에서 상대적으로 비켜나 있다. 그들은 혁신학교를 강 건너 불구경하듯 보거나 잠깐 스쳐 지나가는 바람 또는 변방의 작은 울림 정도로 생각하였다. 보수 진영에서는 혁신학교가 학력을 저하시키고, 일부 진보교육감의 실험에 학생들이 희생되고 있다고 비판하기도 했다.

혁신학교는 일종의 실험학교요, 모델학교이다. 혁신학교가 먼저 일정 부분 의미 있는 변화를 경험했음에도 불구하고 학교가 가진 역량과 자원의 부족, 시스템과 구조적 한계로 이러한 변화가 이웃 학교로, 또는 모든 학교로 파급되어 확산하기는 쉽지 않았다. 일부 긍정적인 영향을 미치기는 했으나 그 속도가 너무 더뎠다.

혁신교육지구, 지자체가 교육과정을 지원하다
—

혁신학교의 어려움과 한계를 극복하고, 지역 단위의 새로운 교육환경을 만들기 위해 혁신교육지구[13]가 운영되고 있다. 혁신교육지구는 교육(지원)청과 지자체가 협약을 체결하고 일정한 예산을 확보하여 지역 단위 혁신교육 정책을 추진하는 것을 목적으로 한다. 아울러 시, 도에 따라 조금씩 다르기는 하지만 조례를 제정하거나 행정, 인사, 시설과 공간 등을 다양한 방식으로 지원하기도 한다.

혁신교육지구는 지난 2011년도에 경기도에서 의정부, 시흥 등 6개 기초지자체가 참여하면서 처음 도입되었다. 지금은 전북, 서울, 인천 등을 비롯한 전국 대부분의 시, 도에서 약 167개 기초지자체가 참여한다. 전국에 228개의 기초지자체가 있으니 약 3분의 2에 육박한다. 그야말로 교육의 주류로 새롭게 부상하고 있다.

우리나라는 일반자치와 교육자치가 분리되어 있어서 별도의 예산을 가지고, 각자의 방식으로 집행하는 경우가 많았다. 서로 역할이 분리돼 있었기 때문에 피차 간섭하지 않는 것이 일종의 불문율처럼 되어 있다. 특히 지자체에서는 전적으로 교육은 교육청 담당이고, 자신들의 업무는 아니라고 생각해왔다.

많은 지자체가 교육경비에 예산을 지원하고 있다. 그런데 내용을 들여다보면 학교 교육과정을 실질적으로 지원하기보다는 소수 인재를 대상으로 하는 수월성 교육이나 방과후, 체험활동 등과 같은 프로그램 지원이 대부분이다. 지자체 담당자가 기획한 사업에 참여하는 학교에 예산을 지원하거나, 학생이나 학부모를 대상으로 개별 프로그램을 직접

---

13   혁신교육지구는 경기도에서 맨 처음 사용된 용어지만 지금은 지역에 따라 교육협력지구(전북), 서울형 혁신교육지구(서울), 교육혁신지구(인천), 행복교육지구(충남, 충북, 강원), 다행복교육지구(부산) 등으로 다양하게 명명하고 있다.

운영하는 방식이었다. 이 예산도 학교 교육과정 편성이 완료되어 교육과정을 운영하는 학기 중에 지원되기 일쑤다. 이러한 예산은 학교 교육활동에 도움을 주기보다 오히려 부담을 주는 면이 많았다. 학년 초에 이미 편성한 교육과정을 바꾸기도 하고, 학생을 동원하기도 했다. 이러한 지원도 일정 부분 의미는 있으나 학교 교육과정, 수업과는 별도로 운영되는 경우가 많다.

이러한 문제의식이 꾸준히 제기되면서 방향을 선회하는 지자체가 생겨나기 시작했다. 일부 혁신교육지구에서 지자체가 학교 교육과정과 수업을 지원하기 시작한 것이다. 완주의 사례를 살펴보자.

완주의 혁신교육지구에서는 '완주군과 함께 만드는 따뜻한 학교' 과제를 운영하고 있다. 여기에는 해마다 관내 혁신학교를 제외하고 약 20개교 정도가 참여한다. 여기에 필요한 예산은 총 2억쯤 되는데, 모두 지자체가 지원한다. 이 과제는 지자체 담당자가 기획한 사업과 프로그램에 예산을 지원하는 것이 아니라 학교 구성원의 협의와 토론 과정을 거쳐 학교에서 필요하다고 합의한 분야에 활용할 예산을 지원한다.

완주교육지원청에서는 '따뜻한 학교'의 개념을 제시하지 않았다. 학교마다 위치, 규모, 여건, 어려움 그리고 무엇보다 교사와 학생 등 구성원들이 다르기 때문이다. 이는 학교가 지향해야 할 가치나 철학, 그리고 수행해야 할 교육활동도 다르다는 것을 뜻한다.

다만 교육지원청에서는 '따뜻한 학교'를 만들기 위한 일정한 절차나 과정을 제시하였다. 가장 먼저 학교 구성원이 협의와 토론을 거쳐 따뜻한 학교의 개념을 설정하는 것이다. 이어서 이를 이루는 데 필요한 학교의 여건과 실태를 분석한다. 그리고 모두가 함께 따뜻한 학교를 만들기 위해 어떤 활동을 함께 실천할지 결정한다. 그리고 모든 구성원이 그것을 함께 실천하고 그 과정과 결과를 돌아보는 것이다.

또한, 지원 대상 학교와 예산의 규모도 학교 교육과정을 편성하기 전인 12월 중에 모두 결정된다. 그리고 학교가 자체적으로 토론과 합의를 거쳐 설정한 목표를 이루는 데에 예산을 활용할 수 있도록 2월에 지원한다.[14] 이렇게 지원된 예산은 학교 교육과정 편성 운영과 맞물려 활용된다.

이 과제는 학교당 1천만 원 남짓한 적은 예산이 지원되지만, 학교에서 가장 환영받고 있다. 다른 지역에서도 이러한 정책 즉 일종의 지자체 협력학교를 적극적으로 도입하면 좋겠다. 부득이한 경우 한두 개 학교라도 시범적으로 운영해보면 어떨까.

2015개정교육과정에서는 학교 교육 4주체를 교사, 학생, 학부모 그리고 지역주민이라고 명시한다. 그러나 현실적으로 이들만으로는 학교 교육이 제대로 이루어질 수 없다. 이들이 교육 주체로 제 역할을 하도록 행정, 재정, 인력, 시설 및 공간, 인프라 등의 지원이 필요하다. 혁신교육지구에서는 지역 양대 교육기관과 행정기관인, 교육지원청과 지자체가 이러한 역할을 담당하고 있다.

만약 교육의 변화를 획기적으로 시도하는 지역이 있다면 가장 먼저 할 일이 혁신교육지구와 같은 형태로 교육지원청과 지자체가 손을 잡는 일이다. 지자체는 교육지원청과 비교도 안 되는 권한과 자원을 가지고 있다. 지자체가 학교의 '교육과정'을 본질적인 면에서 고민하고 지원

---

14   따뜻한 학교 운영 예산은 참여 학교와 금액이 2월 이전에 결정되나, 학교 회계 규칙에 따라 실제 학교에 교부되는 시기는 3월이다.

한다면, 지금까지와는 질적으로 전혀 다른 상황이 전개될 수 있다.

이런 맥락에서 혁신교육지구는 반드시 성공해야 한다. 아니 성공하도록 모두가 팔을 걷어붙이고 나설 필요가 있다. 혁신교육지구는 우리 교육의 판도를 바꾸고, 근간을 다시 세울 수 있는 좋은 기회이다.

마을교육공동체, 교육의 오래된 미래

—

혁신학교는 학교(교원) 중심, 혁신교육지구는 교육(지원)청과 지자체라는 양대 행정기관 중심의 정책이라고 할 수 있다. 그런데 최근에 이전과는 질적으로 다른, 새로운 형태의 교육운동이 전개되는 추세다. 학부모와 지역주민, 시민사회단체 등 민간, 또는 마을이 교육에 적극적으로 참여하여 지원하는 마을교육공동체가 여러 지역에서 진행되고 있다.

마을교육공동체는 학교와 마을이 시간과 공간, 법과 제도의 벽을 넘어 아이를 함께 키우는 교육운동이다. 마을교육공동체는 우리 교육의 오래된 미래와 같다. 아이들은 원래 학교보다는 가정 혹은 마을에서 살아가는 데에 필요한 것을 배웠다. 아이들은 가정과 마을에서 친구들과 사이좋게 지내고, 어려운 일이 있으면 힘을 합치고, 웃어른을 보면 인사하는 것 등은 누가 특별히 가르쳐주지 않아도 자연스럽게 익혔다. 의식주에 필요한 기본적인 지식과 기술 등도 부모나 마을 사람들에게서 배웠다. 배웠다기보다는 보고, 듣고, 따라 하다 보니 자연스럽게 몸에 배었을 것이다.

그러나 과학이 발달하고 사회가 복잡해지면서 아이들이 배워야 할 지식과 기술, 정보의 양이 많아졌다. 이제 더이상 가정이나 마을에서 교육을 모두 담당할 수 없게 되었다. 그래서 사람들은 학교를 세우고, 교사가 아이들을 가르치도록 하였다. 학교는 국어, 영어, 수학과 같은 교과는 물론 가정과 마을에서 담당하던 예절이나 인성과 같은 기본적인 덕목까지도 가르쳤다.

학교는 오랜 시간 동안 이러한 역할을 효과적으로 수행했다. 아이들은 학교에서 선생님 말씀 잘 듣고, 잘 배우면 직업을 갖고 살아가는 데에도 크게 문제가 없었다. 특히 우리나라는 60~70년대에 산업이 급속도로 발전하면서 일자리는 풍족했기 때문에 학교의 역할은 그 정도 수준으로 충분했다고 볼 수 있다. 그 시대에는 사람 수보다 일자리의 수가 훨씬 많았다. 게다가 어떤 직업에 종사하면 정년까지 일하는 데에도 크게 무리가 없었다. 가난한 가정의 아이도 기를 쓰고 공부해서 좋은 대학에 가고, 좋은 직장을 잡아 안정적인 생활을 할 수도 있었다. 학교는 이렇게 계층 이동의 사다리 역할까지 하였다.

국가나 사회를 안정적으로 유지하는 데에도 학교는 상당히 중요한 역할을 담당했다. 교육은 본래 지배계급의 전유물이었다. 일종의 권력의 원천이었다. 그들은 지식과 문자를 독점하고 그것을 통해 하층민을 지배했다. 교육은 권력을 대물림하는 수단으로 작용하였다. 그러나 산업사회로 접어들면서 기업 운영에 필요한 노동자들에게 문자를 가르치지 않을 수 없었다. 학교는 모두가 똑같은 교육과정과 표준화된 시험을 통해 사회와 기업의 요구와 필요에 부합하는 인력을 키워 제공했다. 정부역시 체제 유지와 기득권 보호를 위해 교육을 충분히 활용했다. 사정이이렇다 보니 많은 사람이 학교교육에 문제를 제기하지만, 한편으로는학교교육 즉 공교육에 열광했다.

그러나 역설적으로 사회의 변화와 기술의 발달 속도가 너무나 빠르고, 변화의 폭이 커지면서 학교가 이를 제때 따라가기 어렵게 되었다. 직업 환경의 변화로 학생은 아무리 학교에서 열심히 공부해도 자신이 하고 싶은 일을 하거나 안정적인 직업을 갖기 어렵다. 기계가 급속도로 인간의 영역을 대체하면서 일자리가 계속 줄어들고 있기 때문이다. 일자리의 질 또한 좋지 않다. 양극화도 그 어느 때보다도 심하다. 아마 앞으로 산업이 발달할수록 더욱 심화될 것이다.

고도의 압축 성장 이면에는 어두운 측면도 많이 발생하였다. 특히 아이에서 어른까지 사람들은 모두 수도권으로, 대도시로 나가면서 마을과 지역은 점차 쇠락해갔다. 게다가 학교가 교육을 전담하면서 마을의 교육적 기능도 동시에 사라졌다. 마을에는 낯선 사람들만 있지, 마음으로, 따뜻한 시선으로 바라보고 돌봐줄 어른이 없다.

마을이 학교를 살려야 할까, 아니면 학교가 마을을 살려야 할까? 마을교육공동체는 이 문제를 푸는 해답의 실마리를 제공하고 있다. 아주 오래전부터 그랬던 것처럼 학교와 마을이 힘을 모아야 한다. 학교의 교육활동에 다시 마을이 적극 참여하고, 동시에 마을의 삶을 학교가 지원해야 한다. 그래야 학교도 살고, 마을도 살 수 있다. 당연히 그 속에서 살아가는 아이들도 잘 배우고, 잘 살 수 있을 것이다.

현재를 살아가는 아이들이 자신의 삶을 소중히 여기고 행복하게 살아가는 것이 중요하다. 동시에 어른이 되어 직업을 가지고 사회의 구성원으로서 살아갈 수 있는 역량을 키우는 것 또한 필요하다. 즉 '현재의 행복한 삶'과 '미래에 대한 준비', 이 두 가지가 교육의 궁극적인 목적이 아닐까 싶다. 이를 동시에 달성하려면 학교와 마을이 서로의 벽과 담을 허물어야 한다. 그리고 교육의 문제와 삶의 문제를 함께 풀어야 한다. 그러면 아이들은 학교에서 잘 배우고, 마을과 지역에서 행복하게 살아갈 수 있다. 동시에 삶에서 부딪치는 문제를 풀어갈 수 있는 역량, 가치, 태도를 익히고 함양할 수 있다. 그럴 때에야 비로소 현재는 물론, 미래에 어떠한 세상이 펼쳐져도 두렵지 않을 것이다. 현재를 잘 살지 못하면서 미래를 잘 살 수는 없다.

혁신교육에
질문을 던지다

혁신교육에 대한 성찰

　　앞서 살펴본 혁신학교, 혁신교육지구, 마을교육공동체는 혁신
교육의 큰 범주 안에서 전국적으로 활발하게 진행되고 있다. 혁신학교
는 공교육의 정상화를, 혁신교육지구는 지역 단위 혁신교육을, 마을교
육공동체는 학교의 교육활동을 지원하면서 동시에 마을의 교육 역량
회복 등을 목표로 한다. 혁신교육이든 마을교육공동체든 교육의 궁극
적인 목표는 학습과 삶의 일치다. 아이들이 사회의 구성원으로 살아가
는 데 필요한 역량, 태도, 덕목을 학교에서 잘 배워 학교 밖에서 잘 살아
갈 수 있도록 돕는 것이다.

　　그렇다면 학교에서 혁신교육을 받고, 마을교육공동체 범주 안에서 성

장한 아이들은 학교를 졸업하면 모두가 자신이 하고 싶은 일을 하면서 행복하게 살 수 있는가? 만약 우리가 이 질문에 쉽게 긍정적인 답을 할 수 없다면 분명히 그 이유가 있을 것이다. 그리고 이에 대한 면밀한 분석과 대안도 놓쳐서는 안 된다.

1) 학교는 세상의 변화를 제때에 따라갈 수 있는가?

세상이 하루가 다르게 변하고 있다. 특히 과학기술의 발달 속도가 너무 빠르다. 학교교육이 이러한 사회의 변화와 발달 속도를 따라가기는 쉽지 않다. 2015개정교육과정에서는 4차 산업혁명과 인공지능 시대에 대비하여 초등은 소프트웨어교육, 중등은 정보통신교육을 강화하고 있다. 이에 많은 학교에서는 아이들에게 코딩을 가르치고 있다. 그런데 우리 아이들이 실제 살아갈 2030년도 이후에도 코딩교육이 필요하고, 쓸모가 있을지 의문이다.

농경시대에 쌓은 지식과 경험은 매우 오랫동안 전해져 내려왔다. 그러나 하버드 대학의 복잡계 물리학자 새뮤얼 아브스만의 저서인 『지식의 반감기』(책읽는수요일, 2014)에 따르면 기존 지식의 절반 정도가 쓸모없어지는 시간이 물리학 13년, 경제학 9년, 심리학 7년 정도라고 한다. 어쩌면 지금 우리가 진리라고 굳게 믿고 있는 지식이 어느 날 갑자기 신기루처럼 사라져 버릴지도 모른다.

미래에 대한 수많은 예측이 있지만 가장 믿을 만한 예측은 '예측할 수 없다'라는 것이다. 예측 불가의 변화가 오리라는 사실만이 예측 가능하다. 이러한 시대와 사회의 변화에 적절히 대응하는 학교교육의 방향과 수업은 어떠해야 할까? 우리 학교는 그것을 잘 준비할 수 있을까?

공교육에서는 모든 아이가 일정한 나이가 되면 학교에 반드시 가야 한다. 아이들은 학교에 가서 국가가 설정한 급별, 학년별 교육목표와 교과목표, 성취기준을 이수해야 한다. 그 목표와 기준은 아이들의 특성, 관심 분야, 배경 지식, 발달 속도의 차이를 고려하지 않는다. 심지어 읽기, 쓰기, 셈하기가 잘 안 되는 아이도 학년이 오르고, 상급학교에 진학하면 어려운 내용을 배울 수밖에 없다. 아이들은 국가가 설정한 목표와 기준, 수준에 무조건 도달해야 하기 때문이다.

그런데 가정에서 아이 둘만 키워 봐도 하나에서 열까지 다르다는 것을 알 수 있다. 혼자 일어서고, 걷는 것에서부터 말을 배우고, 글자를 익히고, 생각과 감정을 표현하는 방식 등이 참 다를 것이다. 하물며 수십 명이 앉아 있는 교실과 수백 명이 다니는 학교의 아이들이 어찌 같겠는가. 학교는 국가가 설정한 기준과 속도에 적합한 아이와 그렇지 않은 아이를 구별한다. 아이들을 구별하는 학습 성취의 차이는 결국 삶의 차이로 귀결된다.

대규모 학교와 다인수 학급에서 모든 학생에게 똑같은 교육과정을 적용하는 근대학교는 국가체제와 질서를 유지하고, 자본주의 경제, 산업구조를 뒷받침하는 데에는 유용하다. 모든 아이에게 동일한 목표를 주고, 동일한 과정을 수행하게 하는 수업방식은 모든 아이에게 같은 지식을 주입할 수는 있다.

그러나 아이들 한 명 한 명의 내면에 깊이 잠들어 있는 본능과 잠재력을 깨우고 끄집어내어, 그것을 계발하기는 어렵다. 게다가 개인의 다양성과 개성, 창의력과 유연한 사고를 필요로 하는 지금, 그리고 미래

사회와 너무 동떨어져 있다. 아이들이 학교에서 아무리 잘 배우더라도 실제 세상에 나가서 자신이 하고 싶은 일을 하며 행복하게 살기 어려울 거라는 우려는 너무 지나친 것일까? 우리가 지금 당연하게 생각하는 학교 시스템과 수업방식은, 적어도 우리나라에서는, 불과 100여 년도 채 되지 않았다는 점을 상기할 필요가 있다.

3) 교사는 학생의 다양한 어려움에 적절한 도움을 줄 수 있는가?

우리나라 교사는 전 세계에서 유례를 찾아보기 힘들 정도로 우수하다. 우리나라에서 교사가 되려면 초중고등학교에서 거둔 내신성적이 적어도 상위 10% 이내 범위에 있어야 한다. 대학 입시에서도 우수한 성적을 거둬 교육대학교나 사범대학에 진학해야 하고, 치열한 임용고시 관문을 뚫고 합격한다.

대부분의 교사는 대학을 졸업하고 임용고시를 거쳐 교단에 선다. 십수 년 동안 배우는 것에 익숙하던 사람이 어느날 갑자기 가르치는 사람이 된다. 그런데 그들이 수업에서 만나는 아이들은 단 한 명도 똑같지 않다. 가정환경, 배경 지식, 기초학력, 지능, 소질과 관심 분야, 고민과 어려움 등이 모두 다르다.

교사들은 교단에 서기 이전부터 이미 교육학 이론으로 무장해 교과 지식, 학생지도방법 등에서 탁월한 지적 능력을 갖추고 있다. 그러나 그 지식 대부분은 교실에서 수업으로, 책으로, 이론으로 배운 것이다. 물론 교대와 사대 교육과정에 교육실습이 있지만, 교실에 앉아 있는 수많은 아이의 다양한 상황과 어려움, 요구와 필요에 따라 적절하게 조언하고, 도움을 주기에는 다소 부족한 측면이 있다.

그렇다면 학습은 물론 가정환경, 교우 관계 등에서 다양한 어려움을 겪고, 진로 진학에서 자신의 능력과 적성을 찾지 못해 방황하고 있는 아이들에게 교사는 어떤 설득력 있는 조언을 해줄 수 있을까? 실천적 지식과 현장 경험이 부족한 교사의 조언이 어려움을 겪고 있는 아이들에게 공허하게 느껴지지 않으려면 무엇이 필요할까?

4) 아이들은 학교에서 배운 대로 살아갈 수 있는가?

국가교육과정과 혁신교육에서 강조하고 있듯이 아이들이 살아가는 데에 필요한 역량, 가치 태도를 익히는 것은 매우 중요하다. 어쨌든 아이들은 세상에 나오면 자신의 힘으로 살아가야 하기 때문이다. 그런데 한 가지 의문이 있다. 아이들이 학교와 교과서에서 배운 대로 살아갈 수 있는가? 그런 세상이 학교 밖에서 아이들을 기다리고 있는가?

혁신교육이 아이들의 성장과 발달에 일정 부분 의미 있는 역할을 할지는 몰라도 행복한 삶을 담보할 수는 없다. 우리나라는 시장경제를 토대로 하는 자본주의 사회이다. 자본과 권력을 가진 사람이 잘사는 사회이다. 이러한 경제구조와 사회에서 살아남기 위하여 아이들은 아무리 학교에서 잘 배우고 성장하더라도 사회에 첫발을 내딛는 순간 냉엄한 경쟁의 열차에 올라타야 하는 현실에 직면한다.

그래서 자본주의 사회가 펼쳐 놓은 장에서 남들보다 더 멀리, 더 높게, 더 빠르게 살기 위해서는, 학교에서 배운 것과 다른 선택을 해야 할 경우가 많을 것이다. 그들에게 공동체의 구성원으로서, 또는 민주 시민으로 정의롭게 살아가도록 요구하는 것은 어쩌면 무리이다. 학습과 삶의 불일치가 여기에서부터 시작된다.

5) 마을과 지역은 아이들을 온전히 품어줄 수 있는가?

아이들 대부분은 서울 등 수도권의 유명 대학에 가서 공부하고, 다른 사람으로부터 인정받는 직업을 갖기 원한다. 그런데 이러한 두 가지 꿈을 모두 이룬 아이들이 과연 얼마나 될까? 많은 아이가 지역에 살면서, 자신이 가져볼 것이라고는 단 한 순간도 생각해본 적이 없는 직업을 가질 것이다. 그런데 아이들이 실제 살아갈 마을과 지역은 기본적인 삶의 조건을 형성하지 못하고 있고, 학교에서는 아이들이 실제 가질 직업에 대한 교육이 거의 이루어지고 있지 않다.

아이들이 살아갈 지역의 문제를 외면하거나 직업 교육을 등한시한다면 아이들의 행복한 삶을 담보할 수 없다. 개울에 아무리 건강한 물고기를 풀어놓더라도 개울 자체가 오염돼 있거나 기본적인 생태환경이 조성돼 있지 않으면 물고기는 생존할 수 없다. 마찬가지로 아이들의 성장과 행복을 위한 교육의 변화만큼이나 삶의 방식의 변화도 중요하다.

마을교육공동체에 대한 성찰

—

마을교육공동체는 우리 교육의 최종 지향점이요, 삶과 교육의 오래된 미래이다. 아직 초기 단계지만, 전국에서 의미 있는 사례가 속속 나오고 있다. 잘 만들고, 잘 다듬어 교육에 선한 영향력을 끼치도록, 아이들이 학교와 마을에서 잘 배우고, 성장하도록 해야 한다.

1) 마을교육공동체란 무엇인가?

마을교육공동체의 명확한 개념과 범위, 목표는 무엇이며, 어느 방향으로 가야 할까? 마을교육공동체가 여러 사람의 입에서 오르내리고, 이와 관련된 사업을 여기저기서 하고 있으나 이런 토론과 합의는 부족하다. 일부 이론가나 핵심 실천가들 사이에서 논의되고 있기는 하지만, 일반교사와 마을활동가 등 대중과는 공유되지 않고 있다. 이는 마을교육공동체를 연구, 정리하는 자료 대부분에서 가장 먼저 언급되는 문제이기도 하다.

상황이 이렇다 보니 일반교사나 마을활동가는 자신이 살아온 삶의 경험에 따라 마을교육공동체를 자의적으로 해석하고 이해한다. 그리고 그것에 따라 각자의 자리에서 다양한 형태로 참여한다. 이러한 점은 강점과 약점으로 동시에 작용한다. 목표와 경험, 이해가 다르다 보니 전국에서 다양한 형태로 진행되고 있다. 특히 어떤 정형화된 틀에 얽매이지 않고, 각자의 학교와 마을의 여건과 상황에 적합한 방식으로 전개되는 것은 대단히 중요한 강점이다.

반면에 마을교육공동체에 대한 토론과 합의가 부족해서 생기는 문제도 있다. 목표가 분명하지 않다 보니 열심히는 하는데 손에 잡히는 것은 없다. 또한, 자신이 하는 일이 가치가 있는지, 그 일은 정말 필요한지 늘 의문이 든다. 이런 의문은 의욕적으로 활동하던 교사나 마을활동가의 힘을 빼는 요인으로 작용한다. 처음에 의욕적으로 나섰다가 점차 힘이 빠지면서 소진되는 경우가 생기기도 하고 어려운 일이 생기면 길을 잃기도 한다. 학교와 마을의 초기 활동가들이 시간이 갈수록 눈에 잘 띄지 않는 이유가 여기에 있다.

따라서 여기에 참여하는 사람들은 늘 만나서 이 일의 목표, 가치와 의미를 토론하고, 공유해야 한다. 마을교육공동체, 또는 교육을 주제로 학습과 연수, 실천과 성찰을 이어가야 한다. 그리고 서로가 힘을 주고받아야 한다. 이 일은 단기간에 쉽게 가시적인 결과를 기대하기 어렵기 때문이다.

2) 마을교육공동체의 주체는 누구인가?

나는 지금까지 여러 자리에서 이러한 질문을 한 적이 있다. 그런데 선생님들에게 물으면 대부분 마을교육공동체의 주체가 마을이라고 대답했고, 마을 사람들에게 물으면 교사라고 대답하는 경우가 더 많았다. 무엇이 옳은지는 모르겠지만, 서로가 주체를 다르게 인식한다는 점이 중요하다.

학교와 마을, 교사와 학부모, 교육(지원)청과 지자체 등 여기에 참여하는 교육 주체와 그 역할 또한 분명하지 않다. 마을교육공동체의 구체적인 목표와 방향, 내용이 합의되지 않다 보니 주체는 누구인지, 누가 먼저 시작해야 하는지, 어디에서 해야 하는지, 어려움을 어떻게 극복해야 하는지 잘 모른다.

마을교육공동체는 궁극적으로 학교에서만이 아니라 온 마을이 힘을 합쳐 아이들을 잘 키워, 행복하게 살아가도록 돕는 것이다. 이 일은 우리 교육의 시스템을 근본적으로 바꾸는 일로, 어느 한두 사람이나 한두 기관이 담당할 수 있는 일이 아니다. 교육과 직간접적으로 연결되어 있는 모든 교육 주체의 몫이다. 이들 교육 주체가 각자의 자리에서 자신의 역할을 온전히 수행할 때에야 비로소 가능한 일이다. 교사와 학부모는 물론 마을과 지역의 다양한 전문가 그룹과 시민단체의 참여와 역할이 필요하다. 교육청과 지자체 등 행정기관도 자신의 직무를 충실히 수행해야 한다. 그러려면 앞서 언급한 대로 마을교육공동체의 목표와 방향, 내용에 대한 토론과 협의 그리고 합의가 무엇보다 필요하다. 그래야 누가, 무엇을, 어떻게 해야 할지 알 수 있다.

3) 마을교육공동체의 주체는 경험과 전문성이 있는가?

마을선생님이 수업에 참여하는 것을 많은 교사가 우려의 시선으로 바라보고 있다. 마을선생님의 교육과정 운영 경험과 수업 전문성이 떨어진다는 것이 주된 이유다. 마을선생님이 기능은 좋아도 수업능력, 아이들과의 의사소통, 관계 형성 능력이 부족하다고 말하기도 한다.

문화, 예술, 체육과 진로·직업 교육 영역에 참여하는 일부 마을선생님은 자기 분야에서 수십 년 이상 종사한 전문가이다. 적어도 그 분야에서는 어느 누구도 따라가지 못할 경험과 전문성을 갖추고 있다. 그러나 학교 교육과정에 대한 이해, 성취기준 도달을 위한 수업 능력과 같은 전문성은 떨어질 수밖에 없다. 또한, 아이를 만나본 경험이 부족하다 보니 아이들과의 관계 형성과 상호작용 능력도 부족한 것이 사실이다.

많은 지역에서 마을선생님의 전문성을 신장하기 위하여 다양한 연수 프로그램을 운영하고 있다. 마을선생님이 학교에 들어가 수업에 참여하려면 거쳐야 하는 당연한 과정이다. 마을선생님이 학교 교육과정과 수업, 교과목표, 성취기준에 적합한 지원을 할 수 있는 역량을 갖추도록 보다 체계적이고 촘촘한 연수와 다양한 기회 제공이 필요하다.

그런데 엄밀하게 따지면 마을선생님의 전문성보다 더욱 중요한 것은 마을과의 협업에 대한 교사의 '인식 변화'와 '마을교육 전문성 신장'

이다. 교사가 수업을 더욱 풍성하게 하고, 아이들의 성장과 발달을 위해 교실과 교과서를 벗어나는 인식의 변화가 중요하다. 교육과정을 분석하고, 교과 목표에 따라 내용을 구성하여 가능한 범위 내에서 마을과 협업을 시도해야 한다. 이 과정에서 마을과의 협업에 대한 교사의 전문성과 수업능력이 요구된다. 내 교과, 내 수업의 어느 부분에 마을과의 협업이 필요한지, 누구와 협업할 것인지, 어떻게 역할을 분담할 것인지, 학생활동은 어떻게 구성할 것인지, 평가는 어떻게 할 것인지 협의하여 결정해야 하기 때문이다. 이 과정은 교실에서 교과서를 활용하여 혼자서 수업하는 것과는 비교할 수 없는 고도의 전문성이 필요하다. 만약 이러한 교사의 인식 변화와 교육과정 재구성, 교과 전문성이 갖춰진다면 마을선생님의 부족한 면을 충분히 채울 수 있다.

교실에 교육과정, 수업, 생활교육 전문가인 교사가 있기에 마을선생님이 참여할 수 있다. 만약 교실에 교사가 없다면, 또는 이러한 역할을 하지 못한다면 아이들과 마을선생님을 직접 만나게 하는 것은 대단히 우려스러운 일이 된다. 교실에서 마을선생님과 협업하여 교육과정을 운영하는 것은 학교 밖에서 단순히 체험하는 것과는 근본적으로 다르다. 학교 교실에는 학생 각각의 수준과 발달에 대한 이해와 더불어 고도의 교과 전문성을 갖춘 교사가 반드시 필요하다.

4) 학교와 마을은 과연 공동체인가?

많은 지역에서 마을교육공동체라는 용어를 자연스럽게 사용하고 있다. 그런데 과연 학교와 마을은 공동체인가? 물론 일부 그런 지역도 있기는 하지만 대부분의 학교와 마을을 공동체라고 인정하기 어렵다. 그러기에는 아직은 서로에 대해 잘 모르고, 신뢰도 부족하다.

교사들은 대부분 마을교육공동체를 마을 '프로그램'으로 이해하고 있다. 학교 교육과정 운영이나 수업, 창의적 체험활동 등에서 도움을 받을 '자원' 정도로 여기는 경우가 많다. 마을 프로그램, 또는 마을의 자원을 교사의 필요에 따라 활용하는 것이다. 물론 이 관점이 전적으로 나쁜 것은 아니다. 어쨌든 교육과정 운영과 수업의 주체는 교사이고, 마을은 이를 지원하는 역할을 하고 있기 때문이다. 완주에서 운영하는 '학교와 마을이 함께 만드는 교육과정'도 마을교육과정을 제안하는 것은 마을이지만, 이를 교육과정과 수업에 활용하는 것을 선택하고, 결정하는 것은 교사이다.

교사가 교육과정을 분석하고 구성하여 마을과 협업하는 것은 교사의 고유 권한이다. 당연히 자율성과 전문성이 존중되어야 한다. 그런데 교사가 마을교육공동체를 프로그램, 또는 마을의 자원을 활용하는 것으로 국한했을 때는 마을을 활용 대상으로만 볼 위험이 있다. 즉 학교 교육과정이나 수업에 필요하면 마을을 활용하되, 필요가 없거나 가치가 떨어지면 외면하는 것이다.

이러한 관점이 지나치면 마을과 만날 때 학교만의 기준을 가지고 철저히 검증하려 하고, 공인자격증이나 경력증명서와 같은 서류를 지나치게 요구하게 된다. 그런데 사실 마을사람의 경험과 활동은 자격증이나 증명서, 수치로 환산할 수 없는 부분이 많다. 그럼에도 학교로부터 이런 것들을 요구받을 때 마을 사람들의 입장에서는 참 당혹스러울 것이다. 이러한 증명과 실적 등을 지나치게 요구한다면 마을을 너무 모르거나 마을과 협업할 뜻이 없다는 것으로 비칠 수도 있다.

마을에서는 학교가 필요할 때만 자신들을 소비하려 한다고 의심의 눈빛을 보내고 있다. 실제 이런 사례가 많이 있었다. 학교는 마을에 헌신과 희생을 요구했다. 오랜 시간 동안 학교가 마을에 도움을 요구할 수는 있어도, 마을이 학교에 도움을 요구해서는 안 되는 관계였다.

일부 마을 사람들의 태도도 돌아볼 필요가 있다. 학교에 들어가거나 아이들을 만나는 것을 교육적 관점보다 경제적 관점으로만 바라보고, 접근하는 경우가 많이 있었다. 자신이 속한 기관과 단체의 이해관계를 지나치게 중시하는 것도 자주 목격되곤 했다. 그래서 그들은 학교와 종종 갈등을 겪기도 한다.

공동체는 서로의 필요나 이해관계에 따라 취하고, 버리는 관계가 아니다. 적어도 공동체라는 타이틀을 붙이려면 마을과 학교가 함께 어려움을 극복해야 한다. 상대방을 내 기준과 잣대로 재지 말고, 이해관계로만 접근하지 말고 상대방의 부족한 점이 있으면 어떻게 보완할 것인지 함께 방법을 모색해야 한다. 그래서 조금씩이나마 성장할 기회를 만들어야 한다. 그럴 수 없다면 공동체라는 말은 차라리 빼는 것이 낫다.

진정한 마을교육공동체라면 지금처럼 서로를 필요에 따라 활용하는 것에 머물러서는 안 된다. 학교가 마을을 위하여, 마을이 학교를 위하여 무엇을 함께 할 것인지, 또는 서로에게 어떤 도움을 줄 것인지, 그 과정에서 어떤 역할을 할 것인지 고민하고 실천해야 한다. 그 중심에 아이들이 있기 때문이다.

5) 교사 행정 업무 부담은 어떻게 줄일 것인가?

선생님들은 선뜻 마을교육공동체 활동에 발을 들여놓지 못하고 있다. 필요성에는 공감하면서도 직접 참여하는 것은 부담스러워한다. 그렇다고 발을 빼자니 뒤처질까 염려된다. 많은 교사가 이를 불안한 시선으로 관망하고 있다.

교사가 마을교육공동체에 품는 심리적 거리감에는 행정 절차도 한몫한다. 지금까지 학교를 지원한다는 명목으로 펼쳐진 수많은 교육정책과 사업, 매뉴얼 등이 오히려 학교의 교육활동에 부담을 주는 경우가 많았다. 실제로 마을교육공동체를 운영하는 과정에서 교사에게 업무가 발생하고 있다. 교사가 마을학교 계획서를 써서 교육청에 제출하고, 학교에서 예산을 지출하고, 영수증을 첨부해 정산하는 경우도 종종 볼 수 있었다. 그러다 보니 많은 교사가 마을교육공동체의 필요성을 공감하고, 인정하면서도 쉽게 발을 들이지 못하고 있다.

혁신교육을 하려면 우선 학교에서 교육활동과 직접적 관련이 없는 잡무와 비본질적인 것들부터 걷어내야 한다. 교사가 수업에 온전히 집중하고, 아이들 곁으로 돌아가서 그들의 목소리에 귀 기울일 수 있어야 한다. 마을교육공동체도 이 경계에서 벗어나면 안 된다. 그러나 마을교육공동체를 운영하다 보면 아무래도 업무가 발생하지 않을 수 없다. 학교나 교사가 마을과 협업하는 데 있어 발생하는 업무와 절차를 최대한 줄여주거나 마을이나 지자체가 담당해주어야 한다.

완주에서는 혁신교육지구를 운영하면서 지자체와 함께 마을교육과정에 필요한 예산을 확보했다. 2019년 기준 약 2억 원 정도이고, 학교별로는 500만 원 내외이다. 그렇게 많은 예산은 아니다. 그런데 이 예산을 학교로 보내면 적어도 10가지 이상의 업무가 발생한다.

마을교육과정 운영과 관련해 발생하는 업무

프로그램 기획-내부결재-홈페이지 강사 모집 공고-서류접
수(미접수 시 재공고)-서류심사-내부결재-서류 합격자 발표-
면접 및 수업 실연-내부결재-최종합격자 발표-성범죄 및 아
동폭력 조회-강사계약-출석부 작성 및 관리-강의확인서-내
부결재-수당지급-정산 및 보고

　

그래서 완주에서는 마을교육과정 운영 예산을 학교로 보내지 않고,
지자체가 위탁 운영하는 진로교육지원센터[15]에서 집행한다. 즉 학교와
마을이 협의하여 프로그램 운영을 결정하면 진로교육지원센터에서 필
요한 시간과 장소에 강사와 버스를 보내는 시스템이다. 학교는 오로지
교육과정 운영과 수업만 하면 된다. 수당지급과 버스 임차 등과 관련된
모든 업무처리는 진로교육지원센터에서 맡는다. 여기에 2019년 기준
완주군의 학교 중 95%가 참여하고 있다. 나아가 학교에서 부담을 느끼
고 있는 방과후학교와 돌봄을 마을에서 담당해주고 있다. 이 부분은 3
장에서 자세히 다룬다.

6) 공모사업과 프로그램은 지속 가능한가?

마을교육공동체 운영 초기에는 필연적으로 공모사업과 프로그램이

15　지금은 지자체가 출연하여 운영하는 완주교육통합지원센터에서 진로교육지원센터를 위탁받아 운
영하고 있는데 여기에서 마을교육과정 운영에 필요한 행정을 지원한다.

필요하다. 완주군에서 진행하는 마을학교, 마을교육과정, 마을선생님, 마을체험처, 마을교과서도 공모를 통해 예산과 인력 그리고 운영 프로그램이 지원된다. 예산과 인력이 적절히 뒷받침될 때에 이들 활동이 한결 수월하고, 기대한 효과도 거둘 수 있다.

그런데 마을교육공동체를 공모사업과 프로그램으로만 이해하고, 그것으로 국한하여 운영한다면 문제가 발생하지 않을 수 없다. 특히 이들이 종료되어 예산 지원이 끝나면 자연스럽게 마을교육공동체도 사라질 가능성이 높다. 사실 이 부분은 마을교육공동체가 지속적으로 운영되는 데 가장 큰 걸림돌이었다. 지금까지 만나본 수많은 행정관계자와 마을활동가가 이러한 질문을 품고 있었다.

처음에는 공모사업과 프로그램 운영으로 시작하더라도 이것으로 끝나지 않으려면 어떻게 해야 할까? 어떻게 해야 지속 가능할까? 그 답은 의외로 간단하다. 공모사업과 프로그램 운영을 통하여 사람을 남기면 된다. 여기에 참여한 사람을 성장시키는 것이다. 공모사업과 프로그램의 양적인 성공 여부도 중요하지만, 질적인 성공이 더욱 중요하다. 질적인 성공의 척도는 사람의 성장이다. 학생만이 아니라 마을선생님도 성장하는 것이다. 흔히 학생을 성장시키는 것에만 초점을 두는데 선생님이 성장의 경험을 하도록 운영하는 것이 중요하다. 운영 과정에서 마을선생님을 자주 만나며 이 사업과 프로그램의 목표는 무엇인지, 어떤 가치가 있는지 이야기 나누며 서로의 실천을 성찰해야 한다. 이러한 성찰과 재실천을 통해 서로에게 힘을 주면서 모두가 성장하도록 구성해야 한다. 각자의 참여와 실천이 아이들과 교육 그리고 자신의 삶에 어떤 의미가 있는지 계속 질문을 던지고, 그 질문을 나누어야 한다. 이러한 과정이 생략된다면 예산이 끊어지는 순간, 모든 게 물거품이 되고 말 것이다.

마을에서 운영하는 프로그램이 자칫 학원이나 방과후학교의 연장선이 될 수도 있는데 이럴 경우, 아이들은 가르침을 받는 대상으로, 수동적인 학습자로 전락한다. 가르치는 주체와 장소만 바뀌었을 뿐이다.

많은 마을학교가 프로그램을 중요하게 다루지만, 정작 아이들은 프로그램 내용보다는 친구들의 관계와 어울림을 더욱 중요하게 여긴다. 이 부분을 놓치면 안 된다. 프로그램을 운영하여 일방적으로 가르치고 배우는 것보다는 아이들이 스스로 무엇을 배울지 논의하고, 결정하여, 친구들과 함께 어울려 참여하도록 해야 한다. 이 과정을 옆에서 지켜보면서 마을, 또는 마을 사람들이 도움을 줄 수 있도록 해야 한다.

이런 과정이 있어야 아이와 아이의 관계, 아이와 마을 사람의 관계, 마을 사람과 마을 사람의 관계가 새롭게 형성된다. 이 관계의 경험은 고스란히 자산으로 축적되어 마을이 교육의 주체로 제 역할을 할 수 있는 원동력이 될 수 있다. 그래야 공모사업과 프로그램이 끝나도, 예산 지원이 끊겨도 마을교육공동체가 유지될 수 있다.

7) 학교보다는 마을교육활동에 너무 치우치지 않았는가?

혁신교육지구에서 진행하는 공모사업이나 프로그램을 살펴보면 학교보다는 주로 마을의 교육활동에 초점이 맞춰져 있다. 학교 교육과정과 수업, 행정업무 경감, 교사의 전문성 등 전반적인 학교의 교육활동이 마을에 비해 상대적으로 소외되거나 주목받고 있지 못하다.

특히 많은 혁신교육지구에서 중점적으로 추진하는 마을학교나 마을 프로그램 등은 대부분, 아이들이 하교 후에 마을에서 활동하는 방식으로 진행되고 있다. 물론 이러한 방식도 마을에서 아이를 함께 키우고, 학교에서 쉽게 접하기 힘든 활동을 한다는 측면에서 매우 가치가 있다. 다만 문제는 이러한 활동이 학교 교육과정, 또는 수업과 그리 큰 관련이 없다는 것이다.

아무리 마을에서 학교 교육활동을 지원하더라도 학교가 제 역할을 하지 못하면 아이들은 제대로 성장하기 어렵다. 마을에서 아무리 교육적으로 의미 있는 활동을 하더라도 학교교육, 또는 수업이 바뀌지 않는다면 효과는 제한적이다. 따라서 학교의 교육과정운영과 수업 지원, 행정업무 경감, 교사의 전문성 신장과 같은 분야에도 더욱 많은 관심을 가져야 한다. 마을이 학교와 연대하여 하나의 수레바퀴로 굴러가려는 노력이 필요하다. 학교 밖에서 아이들을 아무리 잘 돌봐도, 학교 교육과정과 수업의 변화 없이는 밑 빠진 독에 물 붓기에 불과하다.

8) 마을교육활동가의 헌신과 희생에 의존한 방식은 타당한가?

마을교육공동체에 참여하는 민간 활동가 대부분은 신분이 불안정하다. 그들은 대부분 시간당 3만 원 내외의 강사비를 받는다. 운이 좋은 일부 활동가는 계약제나 시간제로 활동하고 있다. 당연히 교육청과 지자체 공무원이나 교원 등보다 보수도 낮고, 근무 조건, 노동 환경도 열악하다.

그럼에도 지금 전국에서 수많은 마을교육활동가들이 다양한 형태로 참여하고 있다. 마을교육공동체는 대개 이러한 악조건 속에서도 참여하는 마을활동가의 헌신과 희생에 의존한다. 그러나 불안정한 신분과

낮은 보수를 지급하며 질 좋은 프로그램과 풍부한 교육활동을 기대하는 것은 무리다. 그들의 헌신과 희생에 의존하여 일시적인 성과를 거둘 수는 있을지 모르지만, 지속성을 담보하긴 어렵다.

마을교육공동체 활동에 참여하려면 순수해야 한다는 인식 탓에 이러한 방식은 그동안 너무 당연하게 요구되었고, 받아들여졌다. 단순히 경제적 이득을 챙기기 위해 학교를 시장경제의 장(場)으로만 보고 참여하는 것도 문제지만, 어느 정도의 경제적 안정 없이 일방적인 봉사나 헌신을 요구하는 것은 어불성설이다. 자본주의 사회에서 경제활동을 하는 것은 지극히 당연한 일이다. 비록 그것이 아이들을 함께 키우는 마을교육공동체 활동이라 해서 정당한 노동의 가치를 인정받지 않아야 할 이유가 없다.

교육의 질은 교사의 질을 넘을 수 없다는 말이 있다. 그런데 마을교육활동가에게는 왜 이러한 명제가 성립될 수 없을까? 학교교육을 담당하는 교원을 전문가로 인정하고 존중하는 것처럼, 마을교육활동가를 전문가로 인정하고, 존중해야 한다. 이 말은 그들의 노동에 대한 정당한 대가를 지불해야 한다는 말과 같다. 마을교육공동체에 참여하는 민간 활동가의 노동이 정당하게 인정받고, 그에 적합한 보수를 지급하는 것은 대단히 중요하다. 마을이 단순히 교육의 지원자나 보조자가 아니라 교육 주체로 당당하게 자리매김하는 의미가 있기 때문이다.

그런데 이는 학교와 교육청의 힘만으로는 어렵다. 지자체의 관심과 참여가 절대적이다. 지자체가 이 활동을 바라보는, 발상의 획기적인 전환이 필요하다. 이 일에 참여하는 사람이 마을 주민이고, 이 활동에서 혜택을 받은 아이들 역시 성장하여 이 일, 즉 마을과 지역의 아이를 키우는 일에 직접 참여할 수도 있기 때문이다.

9) 인구감소, 삶의 질 저하 등 지역의 위기를 극복할 수 있는가?

마을교육공동체가 인구감소, 지역불균형, 지역의 삶의 질 등 지역 현안에 대한 대안으로는 다소 미흡한 것이 사실이다. 마을교육공동체가 잘 운영되면 지역의 삶이 달라질까? 특히 서울, 경기 등 수도권에 비하여 낙후된 지역의 삶의 질이 개선될까? 나아가 저출산, 고령화로 인한 인구감소, 인구절벽, 청년이탈, 나아가 지방소멸을 극복할 수 있을까?

물론 지역의 전체 마을과 전체 학교가 이 일에 동참하면 그럴 수 있다. 그러나 이는 현실적으로 불가능하다. 어차피 일은 사람이 하는데 마을마다 학교마다 사람이, 그리고 사람의 경험이 다르기 때문이다. 깨어 있는 교사나 마을활동가가 근무하는 학교 한두 개나 마을 한두 개는 바꿀 수 있을지 몰라도 지역 전체를 바꾸기는 쉽지 않다. 그만큼 지역은 총체적인 난국에 빠져 있다.

혁신교육과 마을교육공동체,
그 너머를 바라보다

　혁신교육은 최근 십여 년간 민주적인 학교 운영과 시스템, 학생 중심 수업 등에서 우리 교육을 획기적으로 바꾸었다. 하지만 내 자녀만큼은, 우리 학교 학생만큼은 서울 유명 대학에 들어가, 서울에서 좋은 직업을 가지고 살아야 한다는 교육 목표를 바꾸지 않는다면, 혁신교육이 아무리 성공하더라도 아이들은 지역을 떠날 것이다. 그러면 지역도 지금과 같이 계속 쇠락할 것이다.

　마을교육공동체도 마찬가지다. 많은 학교가 여기에 쉽게 참여하지 못하고 있다는 점을 직시해야 한다. 만약 교사가 마을 교육활동의 구경꾼이나 들러리로 머문다면 공모사업이나 프로그램 몇 개 돌리는 것으로 끝날 수 있다. 마을 사람들의 역할도 중요하지만, 학교와 교사가 적극적으로 참여할 방안을 조속히 마련해야 할 이유이다.

이제 학교, 마을, 가정교육의 근본적인 변화가 동시에 진행되어야 한다. 분명하고 구체적인 목표와 주체가 포함된 실질적인 해결방안이 필요하다. 특히 인구감소와 지방소멸의 위기를 겪고 있는 지자체가 핵심 주체로 참여할 방안을 마련해야 한다.

그것은 마을과 지역 즉 로컬이다. 오늘날 국내외를 불문하고 부(富)의 편중과 절대적 빈곤, 글로벌 경제활동으로 식량과 에너지 고갈, 지구 온난화로 인한 기후 위기 등 우리 삶에 닥친 수많은 문제의 해결책을 지역 즉 로컬에서 찾는 경우가 많이 있다. 인도 라다크의 오르빌 공동체와 스페인의 몬드라곤 협동조합, 일본 지역사회 교육운동이 대표적인 예다.

우리 정부도 십여 년 전부터 국가 주도의 국정 운영, 수도권과 대기업, 수출 중심의 산업 시스템은 이제 한계에 다다랐다고 결론지었다. 나아가 시장 친화적인 자본주의 경제 방식으로는 소수의 성공은 이룰 수 있지만, 다수의 행복을 보장하는 데는 한계가 있다는 것을 인정하고 새로운 대안을 찾기 시작했다. 행정수도 이전, 혁신도시 개발과 같은 국토 균형 발전 사업을 추진하고 마을 만들기, 원도심과 도시재생 지역을 살리기 위한 노력을 계속해 왔다. 시장경제 대신 수많은 협동조합과 사회적 기업 등 사회적 경제를 육성하기 위해 정부 중앙부처, 지자체 등이 팔을 걷어붙이고 지원하고 있다. 완주군에서 전개하고 있는 '로컬푸드'와 '소셜굿즈'도 이와 같은 맥락이다. 이제 지역과 로컬은 더이상 소외되고, 부정적이며, 극복해야 할 대상이 아니라 도전과 변화, 희망과 창조의 상징으로 새롭게 부각되고 있다.

또한, 밀레니얼 세대를 중심으로 기존의 문화와는 사뭇 다른 문화가 공유, 확대되고 있다. 이 새로운 문화의 중심에도 역시 서울, 경기가 아닌, 로컬이 있다. 오랫동안 방치되었던, 아무도 관심을 두지 않았던 로컬의 고유한 문화, 음식, 장소를 새롭게 재해석, 재창조한 콘텐츠가 속속 등장하는 추세다. 이 로컬 콘텐츠를 중심으로 전국에 새로운 핫플레이스가 나타나 많은 사람의 관심과 사랑을 받으면서 낙후되고, 쇠락한 도시와 지역이 살아나고 있다.

그런데 대부분의 학교 교육과정에 지역과 로컬은 빠져 있다. 마을교육을 학교 교육과정에 일부 편성하여 운영하는 학교와, 학생참여 중심 수업, 마을과의 협업 수업을 시도하는 교사가 더러 있기는 하지만, 아직은 갈 길이 멀다. 혁신교육과 마을교육공동체가 펼쳐진 지 10년, 이제 그 너머를 바라볼 때가 되었다. 학생들이 실제 살아가는 지역과 삶을 바라보며, 더 큰 그림을 상상하고 구체적으로 그려나가야 한다. 이 새롭고 담대한 도전을 '풀뿌리 지역교육'으로 명명하고, 그 구체적인 방향과 과정을 제안하고자 한다.

풀뿌리 지역교육은 혁신교육과 마을교육공동체를 연결하고, 더욱 깊어지게 하고, 발전적으로 통합할 수 있다. 그리고 인공지능과 로봇 등 기술이 폭발적으로 발달하는 4차 산업혁명 시대에 적합한 미래교육의 구체적인 청사진을 제시할 것이다. 이는 저출산·고령화로 인한 인구절벽, 수도권으로의 인구유출 등으로 소멸 위기에 빠진 지역을 구할 해법이며, 나아가 자본주의 시장경제와 무한경쟁의 쳇바퀴에 빠져 각자 고립되어 살아가는 우리 삶의 문제를 풀어줄 열쇠가 될 수 있다.

우리 앞에 당면한 교육, 지역, 삶의 문제를 풀뿌리 지역교육으로 풀 수 있다. 혁신교육과 미래교육의 답은 지역에 있다. 지역이야말로 아이들의 성장과 행복한 삶을 온전히 담보할 사실상 거의 유일한 길이다.

2장
—

지역의
시민을 키우는
풀뿌리 지역교육

혁신교육에서
풀뿌리 지역교육으로

국가 중심 교육에서 지역 중심 교육으로

—

　　이제 교육의 주도권이 국가에서 지역으로 이관될 때가 왔다. 지금과 같이 모든 학교에 적용되는, 획일적인 국가 중심 교육에서, 지역의 다양성과 특수성이 인정되고 존중되는 지역 중심 교육으로 전환해야 한다. 국가 중심 교육이 가지는 순기능인 교육의 공공성, 안정성, 평등성은 유지하면서 지역과 마을의 특성과 여건에 맞는 지역 중심 교육을 실시할 때가 되었다. 학교는 국가교육과정의 구현과 동시에 마을과 지역의 특성과 구성원의 요구에 적합한 지역의 교육목표와 방향, 내용을 찾아서 이를 실현하도록 노력해야 한다.

　　그동안 우리나라는 교육의 주도권을 대부분 국가가 가지고 있었다.

국가는 법과 교육이념에 따라 교육목표와 교육과정, 교과목과 편제, 성취기준과 시수 등을 모두 결정하였다. 그리고 교육정책과 교과서와 같은 자료를 통해 학교에서 이를 구현하도록 했다. 그래서 전국 대부분의 학교교육이 대동소이했다. 학교는 그것이 속한 지역이 도시냐 농어촌이냐, 원도심이냐 신도심이냐에 따라 규모와 환경, 생활양식 등에서 다양한 차이가 있음에도 불구하고 모두 비슷하게 운영되었다.

부모를 비롯하여 주민 대부분이 농민인 학교에서조차 농업에 대한 교육을 체계적으로 하지 않는다. 바닷가를 끼고 있는 학교에서 바다를 이용한 산업이 어떻게 발달하고 있는지 교육과정에 담고 있지 않다. 당연히 학생들은 지역의 산업과 경제 활동이 어떻게 이루어지는지 모르고, 그 분야는 자신의 진로 선택에 전혀 고려 대상이 아니다.

반면에 풀뿌리 지역교육은 지역이 교육의 주체로 참여하는 것이다. 지역의 아이는 어떤 아이로 성장해야 하는지, 그 아이가 지역의 구성원으로 살아가기 위해서는 어떤 지식과 덕목을 함양해야 하는지 지역이 결정하고, 이를 교육에 반영하는 것이다. 학교에서는 이 목표와 내용을 보다 적극적으로 교육과정과 수업에 담아야 한다. 지역사회는 학교의 이러한 교육활동이 잘 운영될 수 있도록 최대한의 지원을 아끼지 말아야 한다.

이제 지역은 국가나 중앙정부에 기대지 않고 우리 지역의 아이는 우리 지역의 힘으로 키운다는 마음으로 임해야 한다. 이 과정에서 특히 중요한 역할을 해야 하는 것은 지자체이다. 교육은 주민들의 삶의 질을 결정하고, 지역의 정주 여건과 가장 밀접한 관련이 있기 때문이다.

국민을 키우는 교육에서 지역의 시민을 키우는 교육으로

—

국가의 교육이념과 국가교육과정의 목표는 아이들이 세상을 살아가는 데에 필요한 역량을 갖추는 것이다. 또한, 아이들이 '국가 구성원'으로서 제 역할을 할 수 있는 '국민'으로 성장하는 것이다. 그 아이가 어른이 되어 경제활동에 참여하여 세금을 내고, 병역의 의무를 수행하는 등 국가의 유지, 보존, 발전에 이바지하면 된다.

이 말의 의미를 곱씹어보면 국가는 아이들이 잘 자라서 국민으로서의 역할만 충실히 하면 된다는 말과 같다. 아이들이 서울에 살든, 전주에 살든, 아니면 이곳 완주에 살든 개의치 않는다. 적어도 교육에 있어서는 '국가의 국민'은 있되, '지역의 시민'은 없다.

우리나라는 근대 산업화를 거치면서 압축성장과 눈부신 경제발전을 이뤄냈다. 그러나 국가가 발전할수록 서울은 발전하여 소위 '한강의 기적'은 일궜지만, 마을과 지역은 한없이 쪼그라들고 있다. 개인이 출세하고 나라가 발전해도 마을은 쇠락하고, 지역은 황폐해졌다.

학교는 아이들이 서울 등 수도권으로 떠나가게 할 목적으로 교육활동을 한다. 지역 역시 인구감소로 인한 지방소멸을 걱정하면서도 그런 현상을 막기는커녕 오히려 힘을 보태고 있다. 그 결과 아이들은 지역에 남아 행복하게 살아가는 미래를 긍정적으로 생각하기가 어렵게 되고 말았다.

학교에서 국민을 키우는 교육만이 일관되게 유지되는 한 이 악순환을 멈출 수 없다. 만약 이를 개선하고자 한다면 '국민을 키우는 교육'에서 '지역의 시민을 키우는 교육'으로 학교교육의 목표와 방향을 전환하는 것에서 출발해야 한다. 그리고 마을과 지역을 교육과정과 수업에 들여오는 것이다. 그러면 아이들이 내 주변, 우리 학교, 우리 마을, 우리 지역의 문제를 이해하고, 관심을 가질 수 있다. 나아가 그 문제에 대하여 고민하고, 새롭게 시도해보고, 실천하는 과정을 경험할 수 있다. 그러한 태도와 실천이 몸에 배면 조금씩 지역의 시민이 갖춰야 할 잔근육을 기를 수 있다. 어려서부터 그런 잔근육이 쌓이고 쌓이면 어른이 되어 결국 국가의 문제, 세상의 문제를 풀 수 있는 단단한 힘을 가질 것이다. 우리 집 앞 쓰레기를 치우지 않는 아이가 자라서 국가의 환경 문제를 자신의 문제로 인식할 수는 없다.

아이들은 지역의 심장이다. 선순환의 지속 가능한 지역은 아이들이 지역에 계속 거주하느냐에 달려 있다. 우리에게는 국가의 미래를 짊어질 국민도 필요하지만, 지역에서 살아가면서 지역의 삶에 관심을 가지고 참여하는 건강한 시민이 더욱 필요하다. 이제 학교교육의 목표를 '지역의 건강한 시민을 키우는 교육'으로 전환하자. 지역의 시민이 국가나 사회의 구성원인 국민의 역할도 제대로 수행할 수 있다.

국가교육과정에서 지역교육과정으로

—

우리나라의 교육이념은 교육기본법 제2조(1997년 12월 제정)에 명시되어 있다. 국가의 교육이념에 따라 정부는 국가교육과정과 추구하는 인간상을 제시하고 있다. 학교는 국가의 교육이념과 국가교육과정에 따라 학교 교육과정을 운영한다. 학교 교육과정은 학교에 다니는 학생들이 반드시 배우고 익혀야 하는 지식, 정보, 기술과 같은 인지적 영역과 세상을 바라보는 시선과 안목, 태도와 가치 등과 같은 정의적 영역을 포함한다. 학교 현장에서는 수업과 창의적 체험활동, 생활교육 등을 통해 이를 구현하고 있다.

2015개정교육과정은 그 성격을 국가 수준의 공통성과 지역, 학교, 개인 수준의 다양성을 동시에 추구하는 교육과정으로 명시하고 있다. 그리고 학교 교육과정을 운영할 때는 교원 조직, 학생 실태, 학부모의 요구, 지역사회 실정 및 교육시설 설비 등 교육 여건과 환경을 충분히 반영하도록 제시하고 있다.[16]

그런데 표면적으로는 학교가 지역의 여건과 학생의 특성에 따라 자율적으로 교육과정을 편성·운영하도록 하고 있으나 국가가 편제, 시수, 교과목, 성취기준, 평가 방법을 제시하고 있는 상황에서 이를 적용하기는 쉽지 않다. 많은 학교에서 국가교육과정과 교육부, 시도교육청의 정책과 지침을 그대로 따라서 교육과정을 운영하고 있다. 사정이 이렇다 보니 대부분 학교는 국가교육과정 구현과 그것에 필요한 교과목, 성취기준, 평가 등에 초점을 둔다. 마을과 지역의 특성과 필요를 반영하는 마을 및 지역교육과정 운영 사례는 극히 드물다.

혁신교육으로 학교의 본질을 되찾는 일은 학교의 가장 중요한 임무이며, 아무리 강조해도 지나치지 않다. 그러나 혁신교육이 아이들의 실제 삶과 지역에 어떠한 기여를 할 수 있을지는 다시 한 번 생각해봐야 한다.

학교가 아무리 국가교육과정을 잘 운영해도, 아무리 잘 키워도 마을과 지역이 쇠락한다면 아이들이 잘 살아갈 수 없다. 학교는 이 점을 분

---

16   「2015개정교육과정총론」, 교육부, 2015, 29쪽.

명히 인식하여야 한다. 마을을 살리고, 지역을 살리는 것이 궁극적으로는 아이들을 잘 살 수 있게 한다는 점을 간과해서는 안 된다.

이제 학교교육을 큰 틀에서 새롭게 재구조화해야 할 때다. 학교에서 잘 가르치는 것 너머를 바라봐야 한다. 학교가 지역에 관심을 가지고, 지역에 기여하고, 지역을 살리는 일에 발 벗고 나서야 한다. 이러한 맥락에서 학교는 국가교육과정을 충실히 운영하면서 동시에 지역교육과정을 운영해야 한다.

그런데 지역교육과정은 학교 단위에서 만들기 쉽지 않다. 단순히 학교와 마을의 협업을 넘어 교육지원청과 지자체를 비롯한 지역 전체의 참여와 협력이 필요하다. 최우선적으로 지역교육의 이념과 목표, 시민상, 역량과 태도 등을 합의해야 한다. 여기에는 자연환경, 역사, 문화, 산업과 경제 등 마을과 지역에 대하여 반드시 배우고 익혀야 할 내용을 포함하면 좋겠다. 그리고 이를 체계적으로 구현하기 위해 지역교육연구소 설치. 지역교과목 개설, 지역교과서 제작, 지역교육전문가 양성 등이 필요하다.

완주에서는 혁신교육지구를 시작한 지난 2015년부터 해마다 한두 개 마을에서 마을교과서를 만들어가고 있다. 이 마을교과서는 마을에 따라 각각 다른 형식으로 만들어지고 있다. 제작의 주체, 내용, 방법 등도 모두 마을에서 결정한다.

물론 지금도 아이들이 지역에 대하여 배우고 있기는 하다. 그런데 초중고 12년 과정에서 아이들이 지역에 대하여 배우는 기회는 딱 두 번 있다. 초등 3, 4학년 과정에서 각각 한 학기 동안 사회과 보조교재를 통해서 학습한다. 초등학교 3학년 때에는 기초지자체에 대하여, 4학년 때

| 고산면 | 소양면 | 삼례읍 | 상관면 | 봉동면 |

에는 광역 시·도에 대하여 배운다. 예를 들어, 완주군의 아이들은 3학년 때 완주의 생활을 배우고, 4학년 때 전라북도의 생활을 배운다. 그러나 내용과 분량, 배당 시간 면에서 매우 부족하고, 한계가 있다. 사실 이마저도 담당교사가 마을과 지역에 대하여 어떤 관점과 태도를 가지고 있느냐에 따라 천차만별이다.

이제 모든 지역과, 지역의 모든 학교에서 지역교육과정에 대한 본격적인 논의가 필요하다. 지역 단위에서 지역교육의 목표, 방향, 내용, 방법에 대하여 합의해야 한다. 그리고 학교는 교육과정과 수업에 그것을 충분히 반영해야 한다. 이 과정이 잘 진행되도록 지역의 지원도 필요하다. 그때에야 비로소 학교가 지역의 일원으로서 제 역할을 할 수 있고, 아이들이 지역의 건강한 시민으로 살아갈 수 있다.

학교 자치에서 지역교육 자치로

현 정부의 국정 운영 핵심 철학은 자치와 분권이다. 이는 교육 분야에서도 마찬가지다. 국가교육위원회를 만들어 중장기적인 교육정책을 만들고, 초중등교육에 대한 교육부 권한을 시·도교육청으로 이양하고자 한다. 비록 매우 더디게 이루어지고는 있지만, 이는 모두 학교자치를 염두에 둔 정책이다.

교육 분야의 자치와 분권의 최종 지향점은 학교 자치를 통한 학교교육 변화로 귀결되어야 한다. 학교가 교육활동과 관련된 모든 것을 스스로 결정하고, 교육과정을 자율적으로 운영하며, 그 결과에 책임지는 방향으로 나아가야 한다. 특히 학교가 교육활동에 전념할 수 있도록 낡은 관행과 불필요한 행정업무를 덜어내는 것 또한 동시에 진행되어야 한다.

다만 모든 학교에서 획일적으로 진행되는 것은 다소 우려스럽다. 학교에는 자치를 실현할 수 있는 권한과 책임이 주어져 있는가? 학교는 자치가 가능한 구조와 시스템을 갖추고 있는 조직인가? 학교에 국가교육과정과 지역교육과정을 운영할 수 있는 시설과 자원 등 충분한 여건이 갖춰져 있는가? 또한, 학교 자치를 담당할 수 있는 사람이 있고, 그 사람은 그러한 전문성과 역량이 있는가?

이 질문에 바로 긍정적인 답변을 하지 못한다면 지금과 같은 획일적인 학교 자치 도입 방식으로는 분명히 문제가 생길 것이다. 이제 막 혼자 힘으로 간신히 일어서는 아이에게 달리도록 요구하는 것과 크게 다르지 않다. 학교 자치가 가능하도록 권한과 책임, 구조와 시스템, 시설과 자원, 학교 구성원의 자치 역량과 전문성 신장을 지원하는 과정이 선행되어야 한다.

만약 이러한 부분이 간과된다면 학교 자치라는 옷을 입은 학교장 자치로 둔갑하거나, 학교가 구성원의 편의에 따라 운영될 우려가 있다.

이러한 우려는 교장의 역할에 따라 학교의 문화와 시스템, 교육과정 운영이 완전히 달라지는, 오랜 관행으로 볼 때 충분히 예상되는 문제이다. 학교가 마을과 지역의 특성, 요구와 필요를 반영하지 않고, 단순히 국가교육과정의 편제, 교과목, 시수와 지침과 매뉴얼에 따라 기계적, 형식적으로 운영되는 것도 바람직하지 않다.

또한, 학교 자치는 학교 운영시스템의 변화와 함께 교육과정, 수업의 내용적인 변화를 동시에 담아야 한다. 학교의 민주적이고 독자적인 운영시스템이 학교 자치의 형식이라면, 교육목표 수립과 교육과정 운영의 자율성과 독립성, 지역의 역사성 구현 등이 학교 자치의 내용이다.

그런데 현재 학교 자치는 교사회, 학생회, 학부모회 등과 같은 의사결정 기구와 민주적 운영 시스템 등 형식에 초점을 맞추어 추진되고 있다. 학교 자치는 형식도 중요하지만, 내용적인 자치도 병행되어야 한다. 학교는 학생의 삶에 필요한 교육과정을 만들고, 수업에서 이를 배울 수 있도록 해야 한다. 또한, 수업에서 배운 것을 삶 속에서 경험, 실천해 보도록 설계해야 한다. 그렇지 않으면 학교 자치라는 낯선 방문객이 교문은 넘더라도 교실 문 앞에서 멈출 수 있음을 간과해서는 안 된다.

특히 우리 학교가 키우고자 하는 아이는 어떤 아이인지, 그 아이에게 무엇을 가르치고 습득하게 할 것인지 모든 구성원이 참여하여 논의하고, 결정해야 한다. 이 과정에서 학교가 위치하고 있는, 지역의 공간이 가진 구체성에 주목해야 한다. 아이들이 살고 있는 마을과 지역은 어떤 역사성과 스토리가 있는지, 지역의 사람들은 어떻게 살아가는지, 삶의 의미와 가치는 무엇인지 등의 내용이 교육과정과 수업에 반영되어야 한다.

지난 5년 동안 나는 완주교육지원청에서 장학사로 근무하면서 정책과 사업을 획일적으로 펼쳤을 때 생기는 갖가지 부작용을 여러 번 보았다. 그 정책과 사업을 감당할 만한 사람이 없거나 여건이 갖추어져 있지 않았음에도 예산과 프로그램을 지원했을 때, 의도와는 다른 방향으로 흘러가는 일을 자주 보았다. 오히려 시도하지 않느니만 못한 경우도 많았다.

자치는 누가 누구에게 일방적으로 제공하거나 보장해준다고 해서 이루어지는 것이 아니다. 법과 제도의 정비 등 자치의 여건을 마련해주는 것도 물론 필요하지만 중요한 것은 자치를 담당할 수 있는 사람, 또는 그 사람이 가지고 있는 전문성과 역량이다. 전문성과 역량은 자신의 문제를 스스로 풀어본 사람만이 가질 수 있다.

따라서 학교 자치를 모든 학교에 획일적으로 펼치거나, 시혜적으로 접근해서는 안 된다. 학교 스스로 문제를 파악하고, 교육과정을 운영해나갈 힘을 축적할 수 있도록 지원을 해야 한다. 학교가 자신의 문제를 해결하기 위하여 스스로 계획을 수립하고, 그 일을 수행해가면서 역량을 축적해갈 수 있도록 제도, 예산, 시스템을 지원하는 데에 좀더 적극적으로 나서야 한다. 이러한 지원 속에서 학교는 스스로 교육과정 운영에 불필요한 것을 걷어내면서 국가교육과정과 지역교육과정 구현을 통하여 아이들과 지역의 삶을 근본적으로 바꿀 수 있는 교육력을 확보해야 한다.

이때에야 비로소 학교가 스스로 교육목표를 정하고, 그것에 따라 교육과정을 자율적으로 운영해가는 학교자치가 가능하다. 지역의 소속 학교 대부분이 이러한 자치역량을 갖춘다면 그 지역의 교육력은 단연 돋보일 것이다.

지역사회와 학교가 유기적으로 협력하면서 형식과 내용 면에서 실질적인 교육자치를 이루어내는 과정을 지역교육 자치라 부를 수 있다. 이제 학교자치를 넘어 지역교육 자치로 새롭게 방향을 전환하는 것이 필요하다. 지역교육 자치는 국가만을 바라보지 않고, 각각의 지역이 자신의 교육 문제를 스스로 해결한다는 측면에서 우리나라 교육의 일대 전환점이 될 것이다.

마을교육공동체에서 학교마을공동체와 지역교육공동체로
—

경기도에서 처음 사용한 용어인 '마을교육공동체'는 특별한 의미가 있다. 이전까지 교육은 주로 학교나 교사, 또는 교육(지원)청의 영역으로 인식되었고, 그들에게만 권한과 책임이 있었다. 그러나 마을교육공동체라는 용어를 사용함으로써 학교 밖 마을을 교육의 동반자로, 교육의 주요 공간으로 인식하게 하였다. 마을교육공동체는 교육 분야에 학부모와 지역 주민 등 마을 사람들의 관심과 참여를 이끌어냈다는 점에서 우리 교육사에 중요한 의의가 있다.

마을교육공동체는 '마을' '교육' '공동체' 세 단어의 조합으로 이루어져 있다. 각각의 개념을 명확히 설명하기도 쉽지 않지만, 단어를 어떻게 띄어 읽느냐에 따라, 어디에 방점을 두느냐에 따라 의미가 확연히 달라진다. 마을과 교육이 공동체인지, 마을을 위한 교육공동체인지, 마을교육을 위한 공동체인지 명확하지 않다. 더구나 마을교육은 무엇을 의미하는지, 마을교육의 목표는 무엇인지 이 용어만으로는 감이 잘 오지 않는다. 그러다 보니 마을교육공동체의 개념, 범위, 목표, 내용과 방법, 역할 등에 혼란이 있고, 용어의 모호성이 혼란에 일조하고 있다. 마을교육공동체를 사람마다 자신이 살아온 삶의 과정과 경험 그리고 소속된 기관이나 단체의 입장, 이해관계에 따라 다르게 받아들이고, 해석하기 때문이다.

무엇보다 마을교육공동체라는 용어에는 주체가 명시되어 있지 않다. 특히 가장 중요한 역할을 담당해야 할 학교와 교사가 빠져 있다. 마을은 주체일 수 있지만, 교육이 주체일 수는 없다. 주체는 분명한 실체가 있어야 하기 때문이다. 교육은 추상적인 단어이다. 학교교육도 교육이고, 마을교육도 교육이며, 아이들이 보고, 듣고, 경험하는 모든 것이 교육일 수 있다.

용어만 본다면 학교와 교사는 어떤 역할을 해야 하는지 분명하지 않다. 실제 전국의 많은 마을교육공동체에서 학교 또는 교사가 빠져 있거나 마을활동가에 비해 역할이 제한적이다. 상당수 교사는 마을교육공동체가 자신들의 영역이 아니라고 생각한다. 마을과의 협업에 대하여 고민하고, 적극적으로 참여하는 교사도 일부 있지만, 그렇지 않은 교사가 더 많다. 교사들은 마을교육공동체를 본인들의 중요한, 필수 직무라기보다는 일종의 선택의 문제로 인식하고 있는 것이 현실이다.

이러한 면에서 '마을교육공동체'를 '학교마을공동체'로 바꾸기를 제안한다.[17] 이 용어는 말하고자 하는 것이 구체적이며, 분명하다. 지향하는 실체가 있다. 교육은 학교와 마을이 주체이고, 학교와 마을의 본

---

17   이 용어는 마을활동가 쪽에서도 주장하고 있다. 임경수 '이장' 협동조합 대표의 기고(〈완주신문〉, 2020.5.25)를 참고하면 도움이 될 것이다.

연의 역할이며, 학교와 마을이 서로 힘을 합쳐야 하고, 학교와 마을이 활동 공간이며, 학교와 마을이 공동체이다. 이제 비로소 학교 또는 교사가 보다 마을교육공동체의 주체로 인식될 수 있고, 그들이 보다 마을교육공동체 활동에 보다 적극적으로 참여할 수 있다.

아동, 청소년을 바라보는 지자체의 관점도 바꾸어야 한다. 그들이 미래의 지역 시민이고, 그 시민을 잘 키우는 것이 지자체의 가장 중요한 임무라는 것을 인식해야 한다. 그런데 '마을교육공동체'라는 용어에서 지자체는 한 발 비켜나 있다는 느낌을 받을 수도 있다. 이런 혼란과 오해를 불식시키기 위해서는 '마을교육공동체' 대신 기초지자체가 교육을 자신들의 문제로 인식할 수 있는 '지역교육공동체'라는 용어를 사용하면 좋겠다.

마을[18]과 지역[19]을 국어사전에서 살펴보면 개념과 범위가 명확하게 구분되지 않는다. 다만 국어사전과 관용적 표현을 종합해보면, 마을은 학교 주변의 좁은 범위를 말하며, 지역은 다소 규모가 큰 행정 구역을 말한다. 느낌도 다르다. 마을은 자연적으로 형성된, 정서적이고 따뜻한 느낌을 주는 반면에 지역은 인위적으로 구분된, 체계적이며, 형식적인 느낌을 준다.

이 책에서는 마을을 행정구역상 읍·면·동으로, 지역을 시·군·자치구 단위로 구분하여 쓰고자 한다. 그렇다면 우리가 교육과 삶의 변화를 시도하기 위해서는 읍·면·동을 지칭하는 마을은 가진 것이 너무 부족하다. 지자체의 하부행정조직으로서 인사와 행정 권한과 인적, 물적 자원

---

18   주로 시골에서 여러 집이 한데 모여 사는 곳. (daum 국어사전)
19   자연적 또는 사회적, 문화적 특성에 따라 일정하게 나눈 지리적 공간. (daum 국어사전)

이 빈약하다. 마을과 지역의 교육과 경제방식을 공동체로 묶으려면 인구, 예산, 행정, 시설과 공간 등에서 보다 큰 힘과 자원을 필요로 한다. 적어도 기초지자체 정도는 나서야 이 새로운 일을 도모할 수 있다.

그래서 '학교마을공동체'와 '지역교육공동체'라는 용어를 구분하여 사용할 것을 제안한다. '학교마을공동체'가 모이면 '지역교육공동체'가 될 수 있을 것이다. 이 책에서는 이 둘을 합쳐 '풀뿌리 지역교육'이라는 용어로 사용한다. 굳이 구분하자면 '풀뿌리'는 읍·면·동의 마을, '지역'은 시·군·자치구의 기초지자체로 이해해도 좋다. 그러면 개념과 범위, 주체와 내용, 목표와 방향이 분명해진다.

'풀뿌리 지역교육'은 교육 주체의 전환이다. 교육의 주체가 국가에서 마을과 지역으로 바뀌는 것이다. 전국 3,500여 개 읍·면·동 단위의 학교와 마을에서 풀뿌리 교육활동을 펼치고, 228개 시·군·자치구 단위의 지역, 즉 기초지자체가 학교와 마을에서 펼쳐지는 교육활동을 행정적, 재정적인 면에서 지원한다. 교육의 목표와 방향, 내용, 방법도 마을과 지역의 고유한 특성과 여건에 따라, 그리고 무엇보다 저마다의 아이들에게 적합한 방향으로 추진한다. 그리하여 국가나 중앙정부 등 외부에 기대지 않고, 지역이 자신들의 아이를 자신들의 힘으로 키워낸다.

최근 여러 지역에서 사용하고 있는 슬로건이나 자료집 등을 살펴보면 '학교, 마을, 교육, 지역' 등의 단어가 개념에 대한 정확한 이해나 맥락 없이 섞여서 사용되고 있다. '학교와 마을' '지역과 교육'이 짝으로 사용되어야 맞지 않을까 싶다. 학교와 마을이 힘을 합치면 교육도 많이 바뀔 것이다. 이러한 학교와 마을이 많아져서 지역 전체로 파급·확산되면 지역의 교육력과 정주 여건이 개선되고, 그 지역은 지방소멸 시대에도 불구하고 살아날 것이다.

기초지자체 단위의 지역에는 각각의 읍, 면, 동 단위의 학교마을공동체가 많이 활동할 수 있다. 우리 완주에도 고산면·소양면·상관면·운주면에 각각 고산교육공동체·소양교육공동체·상관교육공동체·운주교육공동체 등이 활발히 활동하고 있다. 이들 읍·면 단위의 학교마을공동체가 모이면 완주군의 지역교육공동체로 묶일 수 있다.

이제 '마을교육공동체'에서 학교와 마을이 힘을 합쳐 아이를 키우는 '학교마을공동체', 지역의 양대 행정기관인 지자체와 교육지원청이 전면적인 지원을 하는 '지역교육공동체' 그리고 지역 전체가 아이를 지역의 시민으로 키움으로써 지역의 교육력과 정주 여건을 높이는 '풀뿌리 지역교육'으로 전환할 것을 제안한다. 이 과정을 통해 학생들을 지역의 건강한 시민으로 키움으로써 선순환의 교육생태계를 만들어야 한다. 그래야 인구감소와 지방소멸 시대에도 지속 가능한 지역이 될 수 있다. 이를 요약하면 다음과 같다.

- 학교마을공동체: 읍·면·동 단위에서 학교와 마을이 협업
- 지역교육공동체: 시·군·구 단위에서 교육지원청과 지자체가 지원
- 풀뿌리 지역교육: 지역의 모든 교육주체가 참여하여 지역의 시민을 키움으로써 지역의 교육력과 정주 여건을 높임

표2 선순환하는 풀뿌리 지역교육 생태계

풀뿌리 지역교육 로드맵

1단계 : 지역의 교육 목표·방향·내용·방법에 대한 토론과 합의

—

　　풀뿌리 지역교육은 지역의 아이를 지역의 시민으로 키우는 것이다. 그러려면 지역의 모든 교육주체가 자신들의 아이를 어떻게 키울지 논의하는 것이 일차적인 과제이다. 지역의 아이가 학교와 마을에서 배우고 익혀야 할 지식과 정보, 역량과 태도는 무엇인지, 그것을 갖추려면 누가, 무엇을, 어떻게 해야 하는지 논의해야 한다. 지금까지처럼 각각의 학교 단위에서 교육목표를 세우는 것도 중요하지만, 지역 단위에서 지역 전체의 교육목표를 토론하고, 합의해야 한다. 그 목표를 이루기 위한 과정과 내용, 방법도 함께 마련해야 한다.

　교육만큼 고려해야 할 문제가 복잡하고, 이해관계가 제각각인 분야도

표3 풀뿌리 지역교육 로드맵

단계	내용
1단계	지역의 교육목표·방향·내용·방법에 대한 충분한 토론과 합의
2단계	마을과 지역 단위의 거버넌스 및 중간지원조직 구축
3단계	(학교) 교육과정을 충실히 운영하며, 지역의 학교로 역할 전환 (교사) 학생의 성장과 발달을 지원하면서, 마을과 연계하는 수업 운영
4단계	(마을) 학교의 교육 활동을 지원하면서, 돌봄과 공동체성 회복
5단계	(지역) 교육지원청과 지자체를 포함한 지역 전체가 학교와 마을 지원
6단계	청년 지원 정책으로 양질의 일자리와 따뜻한 경제 시스템을 만듦

없다. 사회의 변화와 발전에 따라 대학입시를 비롯한 교육 제도와 정책이 달라져왔다. 학교와 마을, 교원과 학부모, 교육지원청과 지자체 등 각 교육 주체마다 어려움도 다르고, 요구도 다르다. 이러한 변화와 차이는 지역교육의 목표를 실현해가는 과정에서 구성원들 사이의 갈등요인이 될 것이다. 따라서 교육환경이 바뀌고 구성원이 달라지더라도 지역교육의 목표를 지속적으로 실현하려면, 구성원들의 충분한 토론과 협의 그리고 합의가 필요하다. 아무리 시간이 많이 걸리고 번거롭더라도 반드시 거쳐야 할 단계이다.

혁신교육지구와 마을교육공동체를 추진 중인 많은 지역에서 간과하고 있는 것이 이 부분이다. 상당수의 지역에서는 교육 주체가 모두 함께 참여하여 지역교육의 목표를 세우고 역할을 분담하는 과정을 거치지 않은 채 혁신교육지구나 마을교육공동체를 운영하고 있다. 지역의 교육목표가 분명하지 않으니 그 일이 어떤 방향으로 갈지도 모르고, 자신들의 상황에 적합한지 생각할 수 없다. 심지어 누가 무엇을 해야 하는지도 모른다. 모두 열심히 참여하고, 분주하게 일하지만 이 일에 어떤 가치와 의미가 있는지 알기 어렵다. 목표에 대한 공유가 없다 보니 날이 갈수록 자신감도 떨어지고, 동력도 떨어질 수밖에 없다.

따라서 지역은 어떤 아이를 키울지, 지역의 교육환경에 어떤 문제가 있고, 그것을 어떻게 극복할 것인지, 그리고 우선순위에 따라 무엇을 함께 시작할 것인지에 대한 토론과 합의의 과정을 반드시 거칠 것을 제안한다. 그 이후에 학교와 마을에서 합의된 내용을 바탕으로 각자 자신의 역할을 충실히 수행하면 된다.

특히 지역의 교육목표와 방향이 정해지면 학교의 교육목표와 교육과정 운영에도 이것을 충분히 반영해주어야 한다. 학교가 지역에 일방적으로 도움만 요청할 것이 아니라 지역의 요구와 필요도 충족시켜주는 역할을 해주어야 한다. 어느 한쪽의 일방적인 지원은 바람직하지도 않고, 오래가지 못한다. 학교가 지역의 교육목표를 실현하고, 지역의 삶에 도움을 주는 역할을 한다는 믿음이 있을 때 지자체도 비로소 지역의 교육활동 지원에 적극적으로 참여할 수 있다.

지난 4년 동안 완주에서는 완주교육이 지향해야 할 철학, 목표, 가치, 방향을 수시로 토론하고, 공유해왔다. 그리고 해마다 각 교육 주체가 자신의 자리에서 무엇을 실천할 것인지 생각해볼 수 있는 장을 마련했다. 그 자리는 완주교육 변화의 주춧돌과 같은 역할을 하였다. 특히 지난 2016년에 완주에서는 300인 원탁토론을 열어 '학교와 마을이 함께 아이의 꿈을 찾아 키우는 행복한 완주교육'이라는 교육목표를 함께 만들었다. 이 목표는 몇 해가 지난 지금도 완주교육의 비전으로 모두의 마음속에 굳건히 자리 잡고 있다.

2단계 : 마을과 지역 단위의 풀뿌리 지역교육 거버넌스 구축

앞에서 합의한 지역 단위의 교육목표를 실현하려면 지역교육 로드맵을 세워 학교와 마을, 지역의 교육활동을 지원하고, 통합적으로 담당할 거버넌스를 만들어야 한다. 이 거버넌스는 대개 학교(학), 마을(민), 지역(관)의 모든 교육주체가 참여하는 중간지원조직을 통해 이루어진다. 풀뿌리 지역교육의 성패가 이 거버넌스 구축과 중간지원조직 설립에 달려있다고 해도 지나치지 않다.

우리나라는 교육자치와 일반자치가 철저히 분리된 나라이다. 교육지원청과 지자체가 별도의 영역에서 별도의 예산과 별도의 행정으로 학교와 마을을 각각 지원해왔다. 그러나 계속 이런 시스템을 고수한다면 지역 전체의 교육을 종합적으로 지원할 수 없다. 따라서 양 기관이 중간지원조직을 만들어 예산과 인력, 행정을 통합하여 운영해야 한다.

이 중간지원조직에는 교육지원청과 지자체를 포함하여 학교와 마을의 다양한 교육주체가 참여하여야 한다. 대표는 양 기관이 합의하여 지역의 명망가로 위촉하되, 부득이한 경우 집단지도 체제여도 무방하다. 이곳에서는 별도의 공간을 확보하여 교육지원청과 지자체 관계자가 함께 근무하면 좋다. 이 중간지원조직에 지역의 교육환경을 종합적으로 분석하여 결정할 수 있는, 실질적인 권한을 부여하면 금상첨화다.

이 중간지원조직은 지역 내 모든 학교의 교육과정을 지원해주고, 학교와 마을을 연결하는 역할을 해야 한다. 학교 교육과정 운영에 필요한 자원, 프로그램, 체험처 등을 발굴하여 체계적으로 지원하는 플랫폼 역할을 하면 좋겠다. 특히 방과후학교, 돌봄, 진로직업체험, 문화예술교육, 다문화 및 학부모 교육과 같은 학교가 감당하기 어려운 분야를 담당해주어야 한다. 마을에서 일상적으로 이루어지는 돌봄 등도 원활히 이루어지도록 인력과 예산, 공간 등을 적절히 지원해야 한다. 학교든 마을이든 교육과 관계되는 일은 무엇이든 이 중간지원조직에 문의하고, 여기에서 통합적으로 지원하는 시스템을 구축하는 것이 필요하다.

지난 2014년도에 개최한 정책토론회에서 이러한 역할을 하는 '로컬에듀 지원센터'를 설립할 것을 지자체에 제안하였지만 성사되지 못했다. 그 이듬해 경기도 시흥에서 지자체와 교육지원청 ABC 행복교육지원센터를 설립하는 것을 지켜만 보았다. 이 센터는 시흥 교육 변화의 핵심적인 역할을 하고 있다. 몇 해가 지난 지금은 순천풀뿌리교육자치지원센터, 곡성미래교육지원센터 등 전국의 여러 지역에서 이러한 역할을 하는 중간지원조직을 만들어 운영하고 있다. 전라북도 전주시에서도 중간지원조직 설치에 대한 논의가 진행 중이다.

그러나 이러한 조직들은 대부분 지역 단위 중간지원조직이다. 가능하면 마을 단위 중간지원조직도 운영하는 것이 가장 바람직하다. 즉 시,

군, 구 기초지자체 단위의 교육을 지원하는 '지역교육지원센터'와 읍, 면, 동 단위 교육활동을 지원하는 '풀뿌리교육지원센터'가 그것이다. 이 두 기관의 역할과 운영 사례에 대해서는 3장에서 자세히 언급한다.

3단계 : 지역교육 목표를 이루도록 학교는 지역의 학교로 전환
—

풀뿌리 지역교육을 실현하려면 특히 학교에서 교육과정과 수업, 생활교육을 내실 있게 운영하는 것이 중요하다. 교육의 중심은 학교다. 적어도 현대의 국가 중심 공교육 체제에서 학교를 빼놓고 교육을 논한다는 것은 상상할 수 없다. 학부모들은 사교육에 열광하더라도 결국은 학교교육에 의지하기 마련이다. 그들의 마음속에 '교육은 학교에서 선생님이 한다'라는 인식이 아주 오래전부터 지금까지 굳건히 자리 잡고 있다. 학교는 국가와 학부모의 기대에 부응해야 한다. 공교육의 목적, 즉 학생이 살아가는 데에 필요한 지식과 역량을 잘 배우고, 익힐 수 있도록 역할을 충실히 수행해야 한다.

그렇다고 학교의 역할이 국가교육과정과 그것을 구현하는 수업 운영에 그쳐서는 안 된다. 학교는 지역의 요구와 필요에 적합한 부분을 찾아 지역교육과정을 꾸리며 지역 단위 교육목표 실현에도 힘써야 한다.

아이들이 살고 있고, 앞으로 살아갈 마을과 지역을 학교 교육과정에 반영하는 것이 더는 선택의 문제가 아니다. 학교 교육과정과 수업이 지역의 삶과 어떤 연결고리를 확보할 수 있을지 논의해야 한다. 추상적이고 형식적인 교육에서 구체적이며 실제적인 교육으로 전환할 때이다.

교사는 이러한 양대 교육과정에 대한 이해를 바탕으로 학생의 성장과 발달을 지원할 수 있는 수업을 전개해야 한다. 특히 교사가 입시에 필요한 지식과 정보를 전달하는 일방통행 수업이 아닌, 자신의 삶에 필요한 역량을 키울 수 있도록 교사의 가르침과 학생의 학습이 조화롭게 전개되는 쌍방통행 수업이어야 한다. 교사는 학생이 스스로 교과 목표와 성취기준에 도달할 수 있도록 적절한 상황을 제시하고, 아이가 이를 수행하는 과정을 적절히 지켜보면서 조언하는 역할을 해야 한다. 이 과정에서 아이 한 명 한 명의 특성과 필요를 파악하여, 단 한 명의 아이도 소외되지 않는 수업을 진행해야 한다. 이 모두를 수행하려면 그 무엇보다도 교사의 역량과 전문성 신장이 가장 중요하다.

동시에 학습의 장을 지역으로 넓혀야 한다. 아이들의 삶은 필연적으로 마을과 지역에 뿌리를 내리고 있다. 그런데 아이들은 학교에 들어가면 마을과 지역과 철저하게 유리되도록 길러진다. 교육과정과 수업이 지역을 거의 다루지 않기 때문이다. 아이들의 삶이나 생활이 배제된 수업은 아이들의 흥미를 끌지 못한다. 따라서 교사는 마을의 전문가와 함께 마을교육과정과 마을교과서 등 다양한 마을 자원을 활용해 아이들이 마을과 지역을 접할 기회를 충분히, 실질적으로 제공해야 한다.

4단계 : 마을은 학교의 교육활동을 지원하면서 돌봄과 공동체성 회복

교육의 중심은 여전히 학교이고, 그래야 한다. 그러나 학교만으로는 충분하지 않다. 학교 또는 공교육으로는 해결할 수 없는 지점이 분명히 있다.

학교가 교육활동을 잘 운영할 수 있도록 마을이 최대한 지원해야 한다. 과학기술이 발달하고, 시대가 복잡하게 변하면서 학교가 교육을 모두 담당하기 어려워졌다. 마을이 축적하고 있는 다양한 인적·물적 자원과 삶의 경험을 학교와 공유해야 한다. 특히 학교의 교육활동에 부담을 주는 방과후학교와 돌봄을 담당해주면 좋다. 완주에서는 방과후학교, 돌봄교실 등을 마을에서 위탁받아 운영하는 풀뿌리교육지원센터를 시범적으로 두 개 마을에서 시도하고 있다.

마을은 학교를 지원하는 보조적 활동에서 벗어나 자신들이 가진 강점을 활용하여 교육활동을 수행하는 것이 필요하다. 마을에서는 시공간의 제약을 덜 받으면서 학생들이 마음껏 활동할 수 있기 때문이다. 학교에서 배운 민주시민의 덕목을 몸으로 익히고, 구체적으로 펼치는 장 역시 마을이다.

또한, 단순한 학교 지원을 넘어서 잃어버린 돌봄 기능과 공동체성을 회복하는 데에도 힘써야 한다. 학교를 마친 아이들이 학원 말고도 갈곳이 있어야 하고, 그곳에서 아이들을 보살펴줄 어른도 필요하다. 원래 마을은 공동체적인 교육과 공동체적인 삶이 동시에 존재하는 곳이었다. 마을의 어른들이 자신들을 보살펴주며 함께 살아가는 모습을 보여줄 때 아이들도 그 뒤를 따른다. 아이들에게 직접 보여주는 것보다 더 좋은 교육은 없다. 학교와 마을이 모두 제 역할을 해낼 때 비로소 아이들이 온전히 성장할 수 있다.

5단계 : 교육지원청과 지자체를 포함한 지역사회 전체의 전면적 지원
—

학교와 마을이 이러한 역할을 잘 수행하려면 인력, 예산, 프로그램, 공간과 시설, 교통수단 등이 필요하다. 학교와 마을이 이를 모두 감당할 수는 없다. 교육지원청과 지자체를 비롯한 지역사회 전체가 학교와 마을의 교육활동을 전면적으로, 실질적으로 지원해야 한다. 아이들은 지역의 미래다. 교육은 지역의 미래를 좌우하는 가장 중요한 요소다. 지역사회가 학교와 마을, 또는 학교교육과 마을교육에 팔을 걷어붙이고 나서야 한다.

무엇보다 지역의 양대 행정기관인 교육지원청과 지자체의 긴밀한 소통과 협력이 필요하다. 이 두 기관은 지역의 교육환경과 실태를 공동으로 조사하여 대안을 마련해야 한다. 특히 지자체 교육지원 경비에 대한 분석, 조정, 통합을 통해 예산을 확보하고, 이를 학교 교육과정 운영과 수업 등에 지원하는 것이 중요하다.

그리고 지역의 다양한 전문가와 프로그램, 진로체험처와 시설 등의 교육자원을 시스템과 네트워크로 만들어 학교에서 쉽게 활용할 수 있도록 지원해야 한다. 마을교육과정을 운영하기 위한 학교와 교사의 행정업무 부담을 대폭 줄이고, 마을 사람들이 활발하게 학교로 들어가 아이들을 직접 만날 수 있도록 지원하는 것도 이들의 몫이다.

6단계 : 지역 내 양질의 일자리와 따뜻한 경제 구조 조성

교육의 변화에 그치지 않고, '교육 너머'의 삶을 고민해야 한다. 아이들이 지역의 삶에 관심을 가지고, 선택할 수 있는 여건을 마련해주려면 아이들이 지역에서도 자신의 꿈을 펼치고, 도전할 기회가 있어야 한다. 그래야 지역이 서울, 경기 등 수도권보다 희망을 줄 수 있는 공간으로 바뀐다. 지역의 청소년을 떠나보내고, 타 지역의 청년을 붙잡는 정책은 한계가 있다. 지역의 청소년이 지역의 청년으로 성장해서 살아가는 데에 도움이 되는 정책과 실질적인 지원 방안을 마련해야 한다. 지역에는 청년이 한두 번 실패해도 다시 일어설 수 있는 시스템과 지지하고 격려하는 문화가 작동하고 있어야 한다.

동시에 지역의 경제 시스템을 각자도생과 무한경쟁에서 따뜻한 연대와 협업의 구조로 바꿔가야 한다. 완주군의 로컬푸드에서 보듯이 경쟁보다 협업이 경제에서도 빛을 발한다. 사회적 경제와 협동조합은 우리 모두를 잘 살게 한다. 로컬의 특성과 다양한 자원을 콘텐츠로 만들어 도시와 지역을 바꾸어가는 로컬크리에이터를 육성, 지원하는 시스템이 작동되어야 한다. 그래야 아이들이 지역에서 잘 배우는 데서 그치지 않고, 지역의 삶을 선택할 수 있다.

학교,
지역과 연대하다

학교, 아이들과 마을(삶)을 연결하는 징검다리

—

근대 국가와 산업사회의 요구에 따라 학교가 생겨났지만, 현재의 학교 체제로는 더이상 사회변화와 과학기술의 발달 속도를 제때에 따라가기 힘들다. 그래서 '학교 무용론' 이야기가 심심찮게 들린다. 학교는 이제 자신의 역할을 전면적으로 재검토해야 한다. 아이들에게 단순한 지식과 정보를 가르치는 것에서 벗어나 삶을 가르쳐야 한다. 지식과 정보는 삶에서 유리되는 순간 아이들의 몸에 체화되지 않는다. 아무리 교과에서 배웠어도, 몸과 마음에 익히지 않는다면 교문 밖을 나오는 순간 그것은 시험 볼 때나 유용한 지식에 머무르게 된다. 따라서 아이들이 교과에서 배운 지식과 정보를 익힐 수 있도록 된 다양한 장면과 상황을 학습 과정에 적절히 배치해야 한다.

최근 학교교육의 한계를 극복할 수 있는 대안으로 급속히 부상하고 있는 마을교육공동체도 학교와 마을의 협력을 강조하지만, 그 이면에는 삶이 있다. '마을'을 통한 교육, '마을'에 대한 교육, '마을'을 위한 교육은 마을교육공동체의 지향점이다. 그런데 '마을교육공동체'라는 용어는 교사가 선뜻 다가가기에 다소 부담스럽다.

그런데 이 용어에서 '마을'을 '삶'으로 대체해보자. 그러면 '삶'을 통한 교육, '삶'에 대한 교육, '삶'을 위한 교육이 된다. 느낌이 확연히 달라진다. 혁신교육의 목표가 학습과 삶을 일치시키는 것이다. 마을은 아이들이 태어나서 자라고 살아가는 공간이다. 이렇게 실제 살아가는, 구체적인 공간을 학습과 교육에 활용할 수 있다면, 학교의 교육목표를 실현하고, 수업의 목적을 달성하는 데 많은 도움을 줄 수 있다.

또한, 학교는 모든 아이에게 동일한 목표와 동일한 과정을 경험하는 것에서 벗어나 아이들의 개별 특성과 필요에 적합한 교육 경험을 제공해야 한다. 아이들에게 무엇인가를 일방적으로 가르치지 않고, 그들이 살아가면서 필요한 것을 스스로 배우고, 익히고, 실천하게 돕는 교육 말이다.

그러려면 학교가 보다 적극적으로 아이들과 마을 즉 삶을 연결하는 징검다리 역할을 해야 한다. 아이들이 학교에서 마을 사람들을 만날 수 있게 하고, 마을에서 의미 있는 경험이나 체험을 할 수 있게 해야 한다. 그러면 분명 아이들이 마을을 잘 이해하게 될 것이고, 앞으로의 삶에 긍정적인 영향을 미칠 것이다. 마을 안에서 행복하게 자란 아이들이라면 어른이 되어서도 지역의 삶을 선택할 가능성이 높다.

특히 학교는 국가교육과정 중심의 운영에서 벗어나 지역의 특성과 지역 사람들의 삶을 교육과정과 수업, 생활교육에 반영해야 한다. 지역 친화적이고 개방적이며, 지역과 함께 교육목표, 내용, 방법을 결정하는 방향으로 나아가야 한다. 아울러 지역의 어려움과 문제에 적극적으로 관심을 가지고 공감하며, 그것을 해결하는 데에 힘을 보태야 한다.

학교가 이러한 역할을 해낼 때 교육도 살고, 지역도 산다. 당연히 그곳에서 살아가는 학생도 잘 살 수 있다. 지역은 학생에게 기피의 대상이 아니라 기회의 공간으로 거듭날 수 있다. 풀뿌리 지역교육을 실현하기 위해서 학교가 어떤 역할을 해야 하는지 좀더 살펴보자.

지역의 학교

우리나라는 민주주의 제도를 근간으로 운영하는 국가이다. 민주주의 국가의 주인은 국민이다. 그렇다면 학교의 주인은 누구일까? 사람들은 흔히 학교교육의 3주체는 학생, 교원, 학부모라고 한다. 이는 이미 국가교육과정에도 나와 있고, 대부분 공감하고 있는 말일 것이다. 그렇다면 학교의 주인도 이들 교육 3주체일까?

만약 교육 3주체를 학교의 주인이라고 말한다면, 생각해야 할 부분이 하나 있다. 이들은 모두 일정 기간만 학교에 머무른다는 것이다. 학생은 재학 기간, 교원은 재직 기간, 학부모 역시 자녀의 재학 기간 동안만 학교에 머무른다. 앞선 세대도 그랬고, 다음 세대도 그럴 것이다. 그 기간에만 교육 주체로서 학교의 주인 역할을 하고 있다. 그리고 학교를 떠난다. 그렇다면 혹시 이 사람들은 학교를 잠깐 빌려 쓰고 있는 것은 아닐까? 어쩌면 주인도 아닌 사람들이 주인 노릇을 하는 것은 아닐까?

만약 그렇다면 학교의 진짜 주인은 누구일까? 국민의 세금으로 지었으니 국민의 것일까? 아니면 교육부를 비롯한 정부, 보다 구체적으로는 교육청과 교육지원청 등 교육행정기관일까? 실제 우리나라 현행법과 제도상으로는 학교는 이들 행정기관의 소유로 되어 있다. 그러나 단지 법적 소유권을 가지고 있다고 해서 학교의 주인으로 인정해야 한다는 건 쉽게 납득하기 어렵다.

적절한 접근일지는 모르겠지만 학교의 진짜 주인을 찾으려면 학교가 어려움에 부딪쳤을 때를 떠올려보면 빠를 것이다. 학생 수가 줄어들어 통폐합 위기에 처했을 때 가장 반대하는 사람은 누구일까? 가장 적극적으로 나서는 사람이 학생, 교원, 학부모일까? 아니면 교육청과 교육지원청 등 교육행정기관에서 근무하는 장학사나 일반직 공무원일까?

일반화할 수는 없지만, 국·공립학교 교원은 다른 학교로 전근 가면 되기 때문에 이해관계가 그리 크지 않다. 그들은 공무원 신분이라 학교 통폐합에 반대할 힘도 별로 가지고 있지 않다. 학부모는 자녀의 교육환경 유불리를 주로 따져보기 때문에 오히려 찬성하는 경우가 많다고 한다. 학교 통폐합에 따른 예산 지원[20]도 많고, 소규모 학교보다는 큰 학교에 다니는 것을 좋아하는 학부모가 많기 때문이다. 교육청과 교육지원청 등 행정기관에 근무하는 사람은 통폐합 업무를 직접 추진하는 당사자들이다.

여러 지역의 사례를 살펴봤을 때 학교 통폐합을 가장 반대하는 사람은 마을사람과 지역주민이다. 마을과 지역에서 오랫동안 뿌리내리며

---

20   학교 규모에 따라 다르지만, 통폐합에 따른 예산 지원은 적게는 수십억에서 많게는 백억에 이르기도 한다.

사는 사람들이다. 머리에 붉은 띠를 두르고, 피켓 들고, 트랙터를 몰고, 교육청 등 통폐합을 추진하는 행정기관에 찾아가서 죽을 각오로 싸우는 사람은 대부분 이들이다. 어쩌면 학교의 진짜 주인은 마을과 지역, 또는 그곳에서 사는 사람들이 아닐까 싶다.

학교의 주인을 마을과 지역으로 설정하는 것에 대하여 거부감이 들지도 모르겠다. 학교교육의 주체는 당연히 학생, 교사, 학부모이다. 비록 사람은 바뀌더라도 그들은 학교교육의 권한과 책임을 동시에 가지고 있다. 다만 나는 마을과 지역 역시 학교교육에 이들 3주체 못지않게 중요한 권한과 책임을 가져야 한다는 말을 하고 싶을 뿐이다.

학교는 마을과 지역, 또는 그곳에 거주하는 사람들에게는 무기물과 같은 존재이다. 햇빛, 공기, 바람, 물 등은 평소에는 거의 존재감을 느끼지 못하다가 정작 그것이 사라져봐야 그 가치를 안다. 그들은 학교가 없어졌을 때 지역과 자신들의 삶에 어떤 변화가 올지 잘 안다.

학교는 마을과 지역의 존립에 절대적인 영향을 미친다. 학교가 사라지는 것은 삶의 가장 기본적인 조건이 사라지는 것이다. 자신의 아이들이 다닐 학교가 없거나, 다니기 불편하다면 젊은 사람들이, 학부모들이 그 지역을 떠날 것은 명약관화하다. 그렇지 않아도 농촌에 청년들이 없는데 학교마저 사라진다면 그 마을과 지역은 존립 자체가 불투명해진다.

실제 도시인들이 귀농·귀촌을 결심하고 지역을 물색할 때 가장 주의 깊게 살펴보는 요소는 일자리와 교육환경이다. 일자리는 먹고 사는 데에 꼭 필요한, 기본적인 의식주를 해결할 수 있는 가장 중요한 요소다. 아이를 키우는, 또는 키울 예정인 학부모라면 교육환경도 그에 못지않다. 즉 학교가 그곳에 있는지, 자신들의 아이가 다니기에 적합한 조건을 갖추고 있는지, 자녀가 잘 성장할 수 있는지를 따진다. 만약 학교가 아예 존재하지 않는다면, 그 지역은 귀농·귀촌 고려 순위에 들지도 않는다. 이처럼 학교는 마을과 지역의 소중한 자산이다. 지역을 유지하는 생명줄과도 같다.

이것은 학교에도 그대로 적용된다. 마을과 지역이 쇠락한다면 학교도 쇠락하고, 아예 문을 닫을 수도 있다. 마을과 지역에 아이들이 없는데 학교에 아이들이 있을 수는 없다. 만약 인구감소 추세가 계속된다면 어느 순간 우리 자신들 앞에 닥칠 수 있는 문제이다.

따라서 학교도 마을과 지역에 더 많은 관심을 가져야 한다. 마을과 지역의 일에 보다 적극적으로 참여할 필요가 있다. 국가교육목표와 국가교육과정의 구현도 중요하지만, 마을과 지역의 문제에 관심을 가지고, 마을, 지역과 함께 생존을 모색해야 한다.

이제 학교가 국가의 학교에서 지역의 학교로 거듭날 것을 제안한다. 학교가 마을과 지역의 필요와 요구를 반영하여 교육과정을 운영하는 것이 매우 중요하다. 어떻게 하면 학교가 마을과 지역과 함께 생존할 수 있을지 머리를 맞대고 지혜를 모아야 한다. 지역의 아이들에게 정말 필요한 교육은 무엇인지, 지역사회는 무엇을 요구하고 있는지, 지역의 산업과 경제는 어떻게 작동하는지, 지역에서 사람들은 어떻게 살아가고 있는지 함께 토론하고, 연구하여, 교육과정에 담아야 한다. 아이들이 지역의 삶을 충분히 이해하고, 긍정적인 가치관을 함양할 수 있도록 교육과정과 수업을 운영해야 한다. 그래야 아이들이 지역의 시민으로 성장하고, 지역에서 살아갈 수 있다.

지역에 의한 학교

초·중등교육법 제23조는 "학교는 교육과정을 운영하여야 한다"고 규정하고 있다. 이 법에서 말하고 있는 '학교 교육과정 운영'의 주체는 누구일까? 2015개정교육과정 총론에서는 학생, 교원, 학부모가 함께 학교 교육과정을 운영해야 한다고 명시하고 있다.

그렇다면 학부모는 실제로 학교교육의 주체인가?

이 질문에 긍정으로도, 부정으로도 쉽게 답하기 어려울 것이다. 국가 교육과정에 따르면 학부모는 당연히 교육의 주체여야 하는데 실상은 그렇지 않은 경우가 많다. 대부분 학교에서 학부모는 오로지 교육과정 문서에서만 교육 주체이다. 학부모 역시 이를 크게 문제 삼거나 이의를 제기하지 않고 있다. 오히려 당연하게 여기기도 한다.

요즘 대부분 학교에서는 대체로 교원들이 모여서 학년 말에 교육과정 워크숍을 실시한다. 그 자리에서 한 해의 교육과정 운영에 대한 성찰과 분석을 하고, 그것을 바탕으로 다음 학년도 교육과정 운영계획을 수립한다. 학교에 따라 다르겠지만 적게는 한두 번에서 많게는 상당히 오랜 기간 동안 여러 번에 걸쳐서 진행한다. 이 과정을 얼마나 잘 수행했느냐에 따라 학교 교육과정의 질이 확연히 달라진다. 전년도 교육과정을 그대로 답습하거나, 관리자의 지시에 따라 연구부장 등 한두 명이 세우던 시절에 비하면 매우 진전된 모습이다.

그런데 이 과정에서 학부모의 역할과 참여는 미미하다. 자녀의 학교

생활 만족도를 가정통신문이나 온라인으로 진행하는 설문 조사에 참여하는 정도가 대부분이다. 만족도 문항이나 조사 방법도 교원이 결정하여 알려준다. 이러한 설문 조사에 대다수 학부모는 참여하지 않거나, 무성의하게 대답한다. 학부모들이 바쁘기도 하지만 이 일이 그다지 큰의미가 없다는 것을 알고 있기 때문이다.

학교에서는 이러한 학부모 만족도 조사 결과를 학교 교육과정 운영계획서 한쪽에 싣는다. 학부모가 포함된 학교운영위원회의 심의를 받기는 하지만 대부분 형식적이다. 그리고 대개 3월 중순에 시행하는 학교 교육과정 설명회 등을 통해 안내하고, 따르도록 한다. 이 자리에서는 교권보호, 인권교육, 선행학습금지법, 개인정보보호법 등 법령이나 지침에 규정된, 학부모가 반드시 알고 지켜야 할 내용에 대하여 학부모교육을 한다. 이어서 시험감독, 급식지도, 교통지도, 도서관 운영 등에도움을 줄 학부모를 뽑는다. 학부모회, 교권보호위원회, 학교폭력위원회를 비롯하여 각종 위원회에 참여할 학부모 위원을 선정하기도 한다.그 후로도 학교는 필요할 때마다 학부모를 소환한다.

학교에 따라 약간의 차이는 있겠지만 전국의 학교가 대동소이하다. 이 정도 역할을 하는 학부모를 교육 주체라고 부를 수는 없다. 많은 학교에서 학부모는 교육 주체라기보다는 교육의 수혜자나 교육 대상이다. 일부 제한된 범위 내에서 학교 교육과정 운영에 참여하는데 대개는약간의 시간과 노동력을 지원하는 정도이다.

학교가 학부모를 교육의 주체로 인정하지 않으니, 학부모도 본인들이교육의 주체인지 모르거나 자신이 교육 주체라고 생각하지 않는다. 많은 학부모는 학교 교육목표 실현, 학교 교육과정 운영에는 그다지 관심이 없다. 대신 교육의 수혜자로서 자신의 자녀에게만 모든 관심을 기울인다. 모든 관심의 초점은 자녀의 학업 성적, 교우 관계 등이었다. 또는 자녀가 학교나 교사로부터 어떤 불이익을 받는지를 살피는 것이었다.

상당수 학부모는 자신의 자녀가 잘되기 위해서는 다른 아이보다 앞서야 하고 더 좋은 대우를 받아야 한다고 생각한다. 이 과정에서 많은 학부모가 이런저런 이유로 학교에 민원을 제기한다. 일부 학교는 학부모의 무리한 요구와 악성 민원으로 몸살을 앓고 있다. 실제로 교사들은 학교에서 근무하면서 겪는 일 중에 학부모와의 관계가 가장 어렵다고 말한다. 이렇게 학부모와 교사가 서로를 경계하고, 불편하게 여기는데 교육과정 운영의 파트너로 힘을 모으기는 쉽지 않다.

학부모가 교육 주체로 새롭게 역할을 모색하지 않는 한, 학부모는 자신의 자녀만을 위해 끊임없이 민원을 낼 수밖에 없다. 이를 개선하려면 학교가 학부모를 교육 주체로 인정하고, 존중하는 것에서부터 출발해야 한다. 학부모를 인정하고 존중한다는 것은 학부모의 의견을 묻는다는 말과 같다. 학교 교육과정을 성찰하고, 교육목표를 세울 때부터 학부모의 의견을 물어야 한다. 그리고 가능한 범위 내에서 함께 만들어야 한다. 지금까지와 같이 교원 중심에서 벗어나 학부모가 다양한 방식으로 참여하도록 학교 교육과정 편성 및 운영 시스템을 바꿔야 한다.

물론 학교 교육과정 운영의 자율성은 법적으로 보장되어 있다. 교사의 전문성 또한 매우 존중되어야 한다. 그러나 이 말이 학부모의 학교 참여와 상충하는 말로 받아들여져서는 안 된다. 학교가 학부모의 참여를 보장하는 것은 학교 교육과정 운영과 교사의 자율성, 전문성에 오히려 도움을 줄 수 있다. 학부모의 사회적 위치, 역할, 자원 그리고 다양한 지원이 학교와 교사에게 큰 힘이 되기 때문이다.

이는 특히 학교가 어려움을 겪을 때 더욱 발현된다. 학교와 학부모와 관계가 좋지 않으면 사소한 문제도 지침과 규정, 절차 등으로 따지고, 잘잘못을 가린다. 이 과정에서 감정이 상하면 갈등이 증폭되고, 학생의 문제가 어른의 문제로 비화하여 걷잡을 수 없이 번지기도 한다. 그러나 학교와 학부모의 신뢰 관계가 두텁다면 아무리 큰 문제도 대화와 타협으로 해결할 수 있다. 양자는 학교 교육과정 운영의 주체로서 공동의 목표를 함께 실현해야 하기 때문이다.

이런 맥락에서 학교가 교육과정을 성찰하고, 교육목표를 세울 때부터 학부모가 참여할 수 있도록 장을 마련하는 것이 무엇보다 중요하다. 여러 여건상 교원과 공동으로 진행하기 힘들다면 교원이 논의하고 결정하는 것처럼 학부모들도 자체적으로 협의할 수 있는 자리를 마련해 주어야 한다. 이 자리에 모든 학부모가 참여하면 가장 좋겠지만 학년별로라도, 또는 부득이한 경우 대표들만이라도 협의를 할 수 있도록 해야 한다. 학부모의 생각과 의견을 보다 적극적으로 경청하고, 학교의 교육목표와 교육과정 운영의 방향을 토론하고, 가능하면 합의하는 과정까지 거쳐야 한다.

이런 과정을 거쳐 만들어진 교육목표는 교사에게만 중요한 것이 아니라 학부모에게도 중요한 것이 된다. 계획 단계에서부터 교육 주체로 참여하면 학교가 겪고 있는 어려움이나 당면한 문제를 이해하고, 그것을 푸는 데에 일정한 역할을 할 수 있다. 학교에서 똑같은 일이라도 내가 참여하여 결정하면 교육활동이고, 일방적으로 나에게 주어지면 업무나 잡무가 되는 것과 같은 이치이다.

학부모가 교육 주체로서의 소양을 갖추게 되면 '내 아이'에서 벗어나 '우리 아이'를 바라볼 수 있게 된다. 학부모가 내 아이만을 위해 학교 교육활동에 간섭하고, 민원을 제기하는 것에서 벗어나 교육의 주체로서 학교 교육목표와 교육과정 운영에 참여하여 자신의 역할을 하도록 학교운영 시스템을 바꾸는 것이 그래서 중요하다. 이와 관련해 완주군의 사례를 참고해보자.

지난 2014년 완주군의 학부모들은 완주 지역 전체의 교육환경을 바꾸기 위해 다양한 형태로 힘을 모았다. 그 무렵 학부모들은 무엇에 홀리기라도 한 듯이 개별 학교를 넘어 완주군 전체의 교육 변화를 지원했다. 그들은 완주군 13개 읍·면 단위별로 집행부를 조직하고, 권역별 모임을 가졌다. 완주군의 교육 현실을 개선하고, 지원하기 위해 자체적으로 다양한 형태의 모임을 하고 활동했다.

당시 학부모들 사이에서 널리 회자된 말이 있다. 학부모 활동은 '입으로 말로 하면 참견이요, 몸으로 행동으로 하면 참여'라는 말이다. 당시 완주군의 학부모들은 실제로 참견이 아니라 참여를 했다. 그들은 완주군의 교육환경을 변화시키고, 학교교육을 지원하기 위해 각자의 시간과 경비를 들여서 모이고, 또 모였다. 그리고 행동으로 보여줬다.

한 가지만 예를 들자. 완주군의 가장 큰 축제인 와일드푸드 축제 때 완주군 학부모 네트워크는 3일 내내 지역별로 조를 짜서 로컬에듀 홍보 부스를 운영하였다. 여기에서 완주군 전체 학교의 교육과정과 강점을 소개하고, 자녀를 완주군에 있는 학교로 보내자고 설득했다. 당시 학부모들은 아무런 대가나 보상도 받지 않고, 이 부스 운영에 자발적으로 참여하였다.

이러한 학부모 참여 활동의 토대는 당시 완주군의 교육환경의 어려움을 낱낱이 밝히고, 그 어려움을 극복하기 위해 혁신교육지구와 로컬에듀가 필요하다고 제안했던 로컬에듀 정책토론회였다. 그 자리에서 학부모들은 본인들이 어떠한 역할을 해야 할지 이해했고, 실제 행동으로 옮겼다. 당시 우리는 결정한 정책을 학부모에게 요구하는 방식이 아닌, 학부모와 함께 완주군 교육환경의 어려움을 토론하고, 공감하며 해결방법을 함께 모색했다. 그리고 각자 실천했다.

그런데 학교 밖에는 학부모만 있는 것이 아니다. 청년과 예비 학부모 등 젊은 사람들을 비롯하여 이미 자녀가 학교를 졸업한 사람들이 살고 있다. 다양한 형태의 직업인들과 함께 공동체와 시민단체 등에서 활동하는 사람들이 살고 있다. 공공기관과 각종 기관에 종사하는 사람들도 많다. 학부모와 함께 이 사람들과 기관도 학교교육의 주체로 세우는 과정이 필요하다. 굳이 이들을 위한 별도의 자리를 마련하기보다는 학부모와 함께 교육과정을 성찰하고, 교육목표를 논의하는 자리에 초대하면 된다.

마을 사람과 지역주민, 다양한 기관과 단체 또는 지역사회 전체가 학교는 어떤 교육목표를 가지고 있고, 그 목표를 이루기 위해 교육과정을 어떻게 운영하고 있는지 알아야 한다. 이 과정에 다양한 형태로 참여하여 의견을 개진할 수 있어야 한다. 이들이 자신을 스스로 학교교육의 주체로 인식하여 교육활동에 참여하도록 학교운영 시스템을 전면적으로 전환해야 한다.

이렇게 세운 학교의 교육목표는 이제 마을과 지역의 목표이기도 하다. 마을과 지역은 이제 학교에만 아이들을, 교육을 맡겨 놓지 않는다.

자신들이 축적하고 있는 자원과 역량, 경험과 전문성을 학교 교육과정 운영과 수업에 오롯이 지원할 수 있다.

최근 들어 혁신학교를 중심으로 학교가 많이 달라지고 있다. 그런데 이들 학교에서 공통적으로 발생하는 문제가 있다. 학교 혁신을 주도했던 핵심 교사가 전보 등으로 학교를 떠나면, 아무리 진전된 변화를 겪은 학교라도 그 토대가 송두리째 흔들린다. 매우 당연한 일이다. 대부분의 혁신학교는 핵심 활동 교사를 중심으로 혁신 지원 그룹이 형성되고, 이들이 중심이 되어 교육과정이 운영된다. 학교의 문화를 바꾸고, 교실과 수업의 일선에서 변화를 주도하던 이들이 학교를 떠난다면 학교 철학이 흔들리고, 교육과정 운영에 애를 먹을 수밖에 없다.

이 문제를 어떻게 극복할 수 있을까? 위에 제시한 대로 학부모를 포함하여 지역과 함께 학교 운영 거버넌스를 구축해야 한다. 학교 교육목표를 설정하고, 그것을 어떻게 실현할지를 교사만이 아니라 학교 안팎의 다양한 구성원과 함께 결정하는 것이다. 이러한 거버넌스가 안정적으로 작동된다면 비록 핵심 교원이 학교를 떠나더라도, 학교의 철학과 문화 등은 다소의 부침이 있겠지만 그 기조를 유지하기 마련이다.

이러한 의사결정 구조와 시스템은 학교 안팎의 구성원 모두에게 매우 낯선 일이다. 그렇지 않아도 할 일이 많은 학교와 교사에게 추가적인 업무가 발생할 수 있다. 또한 학교가 학부모나 지역과 신뢰 관계가 형성되어 있지 않으면 불가능하다. 게다가 먹고 살기 바쁜 학부모나 지역 주민 역시 귀찮은 일이라고 생각할 수 있다. 어쩌면 현재의 국가 주도의 공교육 시스템에서는 굳이 필요성을 느끼지 않을 수도 있다.

지금도 제도적으로는 지역위원과 학부모위원으로 구성된 학교운영위원회도 있고, 학부모회도 있다. 하지만 다분히 형식적이다. 제도는 갖추어져 있지만, 실질적인 운영은 하지 못하고 있다. 형식과 절차는 어느 정도 갖추고 있으나 실질적인 내용 면에서 학부모를 포함한 지역에 의한 학교 운영에는 한참 못 미친다.

이제 학교에서는 교육목표 수립, 실천, 평가의 전 과정에 학부모와 마을과 지역이 참여할 수 있도록 거버넌스를 새롭게 구축하는 것이 중요하다. 이 과정에 참여하는 마을과 지역도 학교에 일방적으로 도움을 주는 것이 아니라, 자신의 존립을 좌우하는 일이라고 생각할 필요가 있다. 이렇게 학교와 지역이 함께 공동의 목표를 설정하고, 그 목표를 달성해가는 과정에서 부딪치는 어려움을 극복하기 위해 함께 힘을 모아보자. 분명 학교와 마을, 교육과 지역의 새로운 미래가 우리를 기다리고 있을 것이다.

지역을 위한 학교

학교교육의 목표는 학생이 어른, 또는 사회 구성원으로서 제 역할을 하며 살아가도록 돕는 것이다. 따라서 학교에서의 학습은 학생이 세상을 살아가는 데 필요한 지식과 기술, 핵심역량, 태도와 덕목 등을 배울 수 있도록 해야 한다. 그러나 현실은 사뭇 다르다. 학생이 학교에서 배우는 것은 실제 삶과 큰 관련이 없다. 입시에서 좋은 성적을 거둬 상급학교나 대학에 들어가는 데는 유효하지만, 삶에서 부딪치는 다양한 어려움과 문제를 해결하는 데에는 그다지 도움이 되지 못한다.

또한, 학교에서의 학습은 지역에도 별 도움을 주지 않는다. 이 말은 학교가 지역에 별다른 기여를 하지 않는다는 말과 같다. 학교에서의 학습이 학생 개개인의 성공을 뒷받침할 수는 있어도, 지역의 어려움과 문제를 해결하는 데에는 별 도움이 되지 않는다. 도움이 되기는커녕 오히려 공부를 잘하면 할수록 지역을 떠날 확률이 높아진다.

우리 학교가 있는 소양면에 작년부터 환경 문제가 주요 이슈로 떠올랐다. 작년에는 임진왜란 주요 유적지인 웅치 전적 문화재 발굴 현장 인근에 폐타이어 폐기물 처리 공장이 들어온다는 소식이 들려오더니, 올해는 소양 마을 한복판에 약 십여 년 전에 불탄 양계장 개축 허가가 떨어졌기 때문이다. 심지어 최근에는 오랫동안 악취를 발생시키고 있는 공장에서 환경오염을 일으키는 재료를 만들 것이라는 소식도 들려왔다. 세 시설 모두 마을의 정주여건에 심각한 문제를 일으킬 가능성이 높다. 그래서 지난 몇 달 동안 소양의 학부모와 마을 사람들은 이 문제를 해결하기 위해 각각 대책위원회를 구성하여 시간과 장소를 가리지 않고 모였다.

이 과정에서 남녀노소와 계층, 원주민과 이주민을 가리지 않고 마을 사람들이 하나가 되었다. 지금 이 순간에도 그들은 유해 시설의 환경오염과 양계장 악취로부터 소양의 환경을 지키기 위해, 주민의 건강과 학생의 학습권을 보호하기 위해 온몸으로 막아내고 있다. 다행히 양계장은 얼마 전 법원으로부터 공사 중지 가처분 신청의 인용 결정을 받는 등 의미 있는 진전이 있었지만, 아직 가야 할 길이 멀다. 다음은 양계장 개축에 반대했던 주민대책위 소속 박순정 님의 인터뷰 내용이다.

이곳 소양은 우리 아이들이 살고 있고, 또 살아갈 곳이잖아요. 혹 외

지로 떠난 아이들이 있다면 먼 훗날에 돌아올 곳이기도 하고요. 우리
가 지금 싸우지 않으면, 아이들에게 깨끗한 마을을 남겨주질 못하잖아
요. 소양 마을의 환경은 우리만이 아니라 결국 아이들의 삶을 좌우할
것이에요. 우리 어른들이 발 벗고 나설 수밖에 없는 일이에요.

그러나 소양의 5개 초중등학교에서는 소양에 유해시설이 들어올 예
정이고, 마을 사람들이 그것을 막기 위해 이러한 활동을 하고 있는지
잘 몰랐다. 교사 역시 이러한 상황을 수업에 들여오지 않았다. 그러다
보니 아이들도 자신들이 사는 마을에서 무슨 일이 일어나고 있는지, 그
일은 어떤 의미와 가치가 있는지 모른다.

비단 소양에 국한된 문제만은 아니다. 우리나라 학교 대부분의 교육
과정은 마을, 지역과 무관하게 운영된다. 대신 학년 초에 세운 학교 교
육과정 운영 계획과 교과별 연간 지도 계획에 따라 운영된다. 그리고
수업은 그것을 중심으로 전개된다.

왜 그럴까. 왜 학교와 마을은 서로 교류하지 않고, 그것이 당연하게
받아들여질까. 왜 학교는 마을에서 일어나는 일을 모르고, 마을 사람들
역시 환경 등 아이들과 가장 관련 있는 문제조차 학교와 공유하고, 협
력하지 않을까.

학교가 국가교육과정과 교육목표에 따라 운영되기 때문이 아닐까 싶
다. 아울러 교원 인사, 전보 시스템 등 교사가 마을과 지역을 잘 모를 수
밖에 없는 구조적 한계 때문일 수도 있다. 설령 교사가 알았더라도 성
취기준과 수업 시수 확보 등의 문제가 있기 때문에 수업에 적극적으로
들여오기는 쉽지 않았을 것이다. 아울러 마을 사람들 역시 학교교육에

무관심하거나, 아니면 오래전부터 학교는 마을과는 별개의 영역이라고
믿고 있는 것은 아닌지 모르겠다.

그런데 보이텔스바흐 합의(Beutelsbacher Kosens)[21]에 따르면 사회의 논쟁
적인 이슈는 학교에서 다양한 견해를 접하고 토론하며 논쟁적으로 배
워야 한다. 이 과정에서 학생은 자신의 삶의 조건과 환경, 정치적 문제
등에 대해 스스로 판단하여, 균형 잡힌 입장과 관점을 가질 수 있다.

만약 교사가 마을에서 일어난 상황을 수업에 들여온다면, 그 수업은
다소 달라질 수 있다. 학생들은 소양에 들어오는 유해 시설 문제를 조
사, 탐구, 토론, 발표하는 과정에서 어떤 가치를 중요하게 여길지 판단
하고, 자신의 의견을 가질 것이다. 그리고 이 문제 해결을 위해 다양한
방식으로 참여하고, 행동할 수도 있다. 환경오염 문제 해결과는 별개로
이러한 수업이 살아 있는 수업이요, 마을과 지역의 삶을 위한 수업이
다. 이런 수업이야말로 혁신교육에서 추구하는 '학습과 삶이 일치하는
수업'이 아닐까 싶다.

아이들은 학교에서 배우지만 마을과 지역에서 살아간다. 학생의 삶은
기본적으로 마을과 지역에서 이루어지고 있다. 이렇게 아이들이 실제
살아가는 삶의 시공간인 마을과 지역을 교육과정과 수업에 담지 않고

---

21   보이텔스바흐 합의는 1976년 독일 바덴 · 뷔르템베르크 주 정치교육센터 회의의 결과이다. 이 합의
는 학교에서의 정치 교육의 세 가지 원칙을 합의했다.
1) 압도의 금지(교화의 금지) 원칙에 따라 학생들은 그 의사를 강요당해서는 안 되며, 수업의 도움을 받아
자신의 의사를 형성할 수 있는 상태에 있어야 한다.
2) 논쟁성(대립성)의 원칙은 마찬가지로 학생들에게 자유로운 의사를 가능하게 하는 것을 목표로 한다.
하나의 주제가 학문적으로 또는 정치적으로 논쟁적인 것으로 나타나는 경우, 교사는 그것이 논쟁적이라
는 것을 밝히고 토론할 수 있다. 이 경우 교사 자신의 의사는 수업에 중요한 것이 아니며, 학생들을 압도
하기 위해 끼워 넣어서는 안 된다.
3) 학생 지향의 원칙은 학생들을 사회의 정치 상황과 그 자신의 위치를 분석하고, 정치 과정에 능동적으
로 참여하며, 자신의 이익을 위하여 기존의 정치 상황에 영향을 가하는 상태에 두어야 한다. (출처: 전라
북도 김승환 교육감 자문)

학습하는 것은 공허하다. 새도 양 날개가 있어야 날 수 있고, 자동차도 두 바퀴가 있어야 달릴 수 있다. 교육도 국가교육과정과 지역교육과정이 균형을 이룰 때 교육의 내용과 형식도 달라지고, 그것을 배우는 아이들의 삶도 달라질 수 있다. 학교만이 아니라 아이들이 실제 살아가는 마을과 지역도 달라질 것이다.

따라서 학교에서 배우는 내용이 실제 살아가는 데 의미 있는 역할을 해야 하고, 그것은 동시에 지역의 삶을 지원하는 방향으로 전개되어야 한다. 국가교육과정이나 정부와 교육청의 지침에 따라서만 하는 것이 아니라, 학교 스스로 지역의 필요와 어려움이 무엇인지 알아보고, 해결 가능한 방법을 찾아 학교 교육과정과 수업에 반영해야 한다.

그러려면 학교는 지역의 문제에 많은 관심을 가지고, 참여해야 한다. 지역에 어떤 문제와 어려움이 있다면 그것을 풀 수 있도록 가능한 범위 내에서 역할을 수행해야 한다. 지역에 환경 문제가 심각하게 대두될 때 환경과 관련된 프로젝트 수업을 해야 하고, 교통사고가 빈번히 일어난다면 그것을 주제로 토론회나 교통안전 관련 행사를 개최해야 한다.

이러한 학교 역할 변화의 중심에 교사가 있다. 이 모든 일은 마을과 지역에 대한 교사의 인식 변화와 그것을 반영하는 수업의 변화에 달려 있다. 교사의 인식 변화는 수업의 변화로 이어지고, 수업의 변화는 아이들의 변화로 이어져 궁극적으로 마을과 지역의 삶을 바꿀 수 있다.

교사,
마을을 만나다

학교는 마을의 일부인가요?

풀뿌리 지역교육은 교사의 자발적 참여와 실천 없이는 불가능
하다. 우리 교육은 대부분 학교에서 이루어지고, 교실에서 아이들을 직
접 만나는 사람은 교사이기 때문이다. 풀뿌리 지역교육을 실현하려면
교사가 수업에 충실하고, 학생에 집중할 수 있도록 여건을 마련해주는
일이 선행되어야 한다. 교사 역시 지금까지의 자기 역할에 대한 성찰과
점검이 필요하다. 특히 아이를 중심에 두고 마을과 지역의 가치를 새롭
게 인식하고, 교육과정과 수업에서 비중 있게 다루어야 한다.

나는 선생님들을 만나는 자리에서 "선생님, 학교는 마을의 일부인가
요?"라는 질문을 할 때가 종종 있다. 이 질문에 선생님들은 잠깐 멈칫

하지만 대체로 '그렇다'고 답한다. 실제 학교는 공간적으로 마을에 위치하고, 마을과 함께 존립하는 것이 맞을 것이라고 여기기 때문이다. 그러나 여기에서 그치지 않고 이어서 추가 질문을 하는 경우가 많다.

"선생님, 학교가 마을의 일부라면,
수업도 마을의 일부인가요?"

이 질문을 받을 때 많은 선생님이 당혹스러워했다. 앞서 학교가 마을의 일부라고 답했으니, 당연히 수업도 마을의 일부라고 답해야 맞을 것 같다. 학교 교육과정 운영의 90%는 수업으로 구현되기 때문이다. 그런데 많은 선생님이 이 질문에 '그렇다'는 답을 하지 못했다. 수업이 마을의 일부라는 생각을 해본 적이 거의 없고, 실제 수업에서 그것을 실천한 경험도 많지 않기 때문이다. 이 질문으로 조금 더 이야기를 나누다 보면 가치관이 충돌하면서 자기모순에 빠지는 모습도 볼 수 있었다.

대체로 우리나라 교사의 마음에는 마을과 지역이 없다. 나도 마찬가지였다. 학교에서 근무한 지난 23년 동안 마을과 지역에 그다지 관심을 가지지 않았다. 수업에도 마을과 지역을 담지 않았다. 잘 모르기도 했고, 굳이 그럴 필요를 느끼지 못했다. 말하기, 듣기, 읽기, 쓰기 능력 신장이라는 국어과 교육목표에 도달하고, 성취기준을 가르치기 위해 교실에서 교과서를 중심으로 수업을 전개했다.

교사는 대부분 최선을 다하여 직무를 수행하지만, 학교와 교실 밖에는 그다지 큰 관심이 없다. 굳이 학교 밖으로 나가거나, 마을 사람과 만날 필요를 느끼지 못한다. 내가 예전에 그랬듯이, 지금까지 만난 상당수의 교사들은 '우리 학교에서, 우리 반 학생을 잘 가르치면 되지 왜 굳이 학교 밖으로 나가야 하는지 모르겠다'라며 의문을 제기했다. 우리나라의 국가 중심 교육 시스템에 비추어보면 당연한 일이다.

국가가 세운 학교는, 국가교육과정을 운영하는 기관이다. 국가공무원인 교사는, 국가교육과정을 수업에서 구현해내는 것을 주요 직무로 한다.[22] 교사는 정부가 고시한 국가교육과정과 성취기준에 따라 출판사에서 집필한 교과서를 가지고 수업을 한다. 학생들이 반드시 알아야 할 교과 지식, 정보, 기술과 몸과 마음에 지녀야 할 태도와 덕목 등도 교과서, 교사용 지도서, 기타 보조 자료를 활용해 가르친다. 교사는 이런 수업을 하는 것만으로도 교사의 직무를 충실히 수행했다고 말할 수도 있다.

교과서에는 마을과 지역이 없다

—

그런데 그 교과서, 교사용 지도서, 보조 자료에는 학생이 사는 마을과 지역이 거의 담겨 있지 않다. 학생이 전혀 알지 못하는, 한 번도 접해보지 않은, 낯선 지역의 사례만 나오는 경우가 대부분이다. 어쩌면 교과서 중심의 수업은 마을과 지역을 가르치지 않는다는 말과 크게 다르지 않다. 교사가 마을과 지역을 가르치지 않으니 학생이 마을과 지역을 모르는 것은 당연하다.

교사의 직무가 국가교육과정과 그것에 기초한 교과목, 교과서를 잘

---

22 그렇다고 교원을 지방공무원으로 전환하자는 것은 아니다. 교육은 당연히 국가의 책무이고, 교원은 국가공무원의 신분을 가져야 한다. 교육의 공공성과 평등성, 자주성과 독립성을 구현해야 하기 때문이다.

가르치는 것에 국한된다면 크게 문제가 되지 않는다. 그런데 교사의 직무가 학생이 세상에 나와서 잘 살아가도록 돕는 것이라면, 다시 생각해봐야 할 일이다. 학생은 학교에서 배우지만 마을과 지역에서 살아간다. 학생이 살아가는 마을과 지역이 어떤 곳이고, 그곳에서 무슨 일이 일어나고 있는지 모른다면 문제가 아닐 수 없다.

사회나 과학 교과 시간에 환경에 배우는 내용은 주로 일반적이고, 원론적인 개념과 지식을 중심으로 구성되어 있다. 그것을 배우고 이해하기 위한 자료도 학생이 사는 마을과 지역의 친숙한 자료를 활용하기보다는 다른 지역 자료가 제시된다. 자연환경의 가치와 중요성을 배우지만 정작 학생이 사는 마을과 지역의 자연환경은 거의 언급되지 않는다. 잘 알고 있는 학교 뒷산이나 마을을 따라 흐르는 강은 학습 자료로 활용되지 않는다. 대부분의 수업에서 이와 비슷한 양상이 전개된다. 학생이 매일 오가면서 보고 듣고 만나는, 살아 있는 자료가 학교 주변에 지천인데 단 한 번도 직접 경험해보지 못한 교과서의 자료를 활용해서 배우는 것이 이상하지 않은가?

혁신교육의 최대 화두는 삶을 위한 교육이다. 학생이 실제 살아가는 삶의 공간인 마을과 지역을 교육과정과 수업에 담지 않고 그것이 가능할까? 학생이 지금 살고 있는, 또는 앞으로 살아갈 마을과 지역에 무관심하거나 수업의 소재로 가져오지 않는다면, 그 수업은 학생의 삶에 의미 있는 영향을 미치기 어렵다.

교실에서 배운 지식이 자신의 삶과 아무런 관계가 없을 때 학습에 대한 흥미도 떨어진다. 동시에 자신이 살아가고 있는 지역에 대한 이해도 부족할 것이다. 이해가 부족하면 애정도 없을 것이고, 애정이 부족하면 지역을 떠나기 쉽다. 수업에 마을과 지역을 담는 것은 혁신교육 여부를 떠나서 우리 교육과 지역, 삶의 변화에 가장 중요한 지점이다.

학생은 무엇을 배워야 할까?

___

지난 2014년, 완주 지역에 로컬에듀 교육운동을 제안하면서 완주 관내의 모든 중학교를 일일이 찾아가 선생님들을 만났다. 학교 교육과정 운영과 수업의 변화를 위해 지역이 무엇을 지원하면 좋을지 선생님들의 의견을 직접 듣기 위한 자리였다.

당시 몇 개의 질문을 준비해 가서 선생님들과 이야기를 나눴다. 그 첫 번째 질문은 "선생님이 교사로서 가장 행복한 때는 언제인가요?"였다. 이 질문에 다양한 답이 나왔지만, 많은 선생님이 수업에서 학생과 상호작용을 할 때 가장 큰 행복감을 느낀다고 대답했다. 교사라면 누구나 '학생을 잘 가르치기를 원하고, 학생이 잘 배울 때' 가장 큰 기쁨과 보람을 느낄 것이다. 교사는 수업을 할 때 가장 살아 있고, 학생이 잘 배울 때에 비로소 교사로서의 삶에 희열을 느낀다.

그런데 학생을 잘 가르치고, 학생이 잘 배운다는 것은 어떤 의미일까? 교사는 무엇을 가르치고, 학생은 무엇을 배워야 할까? 바로 대답하기 쉽지 않은 질문이다. 어떤 사람은 교과 지식, 개념, 원리를 잘 익히는 것을, 어떤 사람은 협력과 공동체 의식 함양 등 정의적 가치를, 어떤 사람은 실제 살아가면서 접하는 다양한 문제를 풀 수 있는 역량 등을 말할 것이다. 아마 열 명에게 물어보면 열 개의 다른 답이 나올 것 같다. 이 글을 읽는 분이 교사라면 스스로에게도 같은 질문을 해보기 바란다.

이쯤에서 가장 본질적인 질문을 한번 해보자. 학교는 어떤 학생을 키워야 하고, 그 학생이 반드시 배워야 할 덕목은 무엇일까? 내 수업의 목표는 과연 무엇인가? 지난 몇 년 동안 수많은 사람과의 만남에서 이와 비슷한 질문을 했다. 혹시 마을과 지역과 관련된 내용을 언급한 사람이 있었을까? 가령 마을과 지역 이해나, 마을과 지역의 발전이나, 마을과 지역의 삶이나, 마을과 지역의 지속가능성 등을 답한 사람이 있었을까? 짐작한 대로 마을과 지역과 관련된 내용을 언급한 사람은 거의 없었다. 만약 이 글을 읽고 있는 독자가 선생님이라면, 어떤 대답을 할지 자못 궁금하다.

최근 혁신교육이나 마을교육공동체에서도 마을과 협업하는 수업을 강조한다. 다소 더디지만 여기에 참여하는 교사가 갈수록 늘어가는 추세이다. 그런데 그들은 대부분 자신이 담당하고 있는 교과를 잘 가르치기 위해 마을과 지역을 활용한다. 그런데 아이들은 마을과 지역에서 살고 있다. 그런 맥락에서 혹시 마을과 지역에서 잘 살기 위해 교과를 가르친다는 것은 절대 받아들일 수 없는 명제일까.

학습의 3요소

—

수업은 교사의 교수활동과 학생의 학습활동으로 이루어진다. 교사가 마을과 지역을 수업에 들여오는 것은 교수-학습활동과 관련이 깊다. 교과 목표, 성취기준, 교과서의 지식과 정보는 학생이 살아가면서 반드시 배워야 할, 중요한 내용을 담고 있다. 인류가 오랫동안, 대대로 전해 내려오는 지혜와 지식이다. 그러나 그것은 복잡한 내용을 단순

화한 개념과 원리라서 학생이 쉽게 이해하고, 배우기 어렵다. 또한 실제 삶과는 관계가 적어서 학생의 관심과 흥미를 붙잡는 데도 한계가 있다. 어떻게 하면 이러한 것들을 제대로 가르치고, 배우게 할 수 있을까?

진정한 공부는 배우는 것을 넘어 몸과 마음에 익히는 것이다. 그리고 익힌 것을 실천할 수 있어야 한다. 즉 배우고, 익히고, 실천하는 것이 기본적인 학습(學習)의 3요소이다. 많은 교사는 가상의 상황을 만들어 학생들이 간접 경험을 하도록 수업을 계획하여 실시하고 있다. 그러나 시간적, 공간적 제약이 있는 학교와 교실이라는 공간에서는 이를 온전히 수행하기 어렵다.

이때 시선을 잠깐 학교 밖으로 돌려보자. 그곳, 즉 마을과 지역에는 교사의 교수-학습을 도와줄 수 있는 자료, 장면, 상황이 지천이다. 마을은 수많은 사람이 각자의 방식으로 치열하게 살아가는 곳이다. 더구나 한 분야에서 오랫동안 종사한 전문 직업인도 많다. 그들이 살아온 삶의 과정은, 그들의 다양한 경험은, 그들의 언어는 그 어떤 교과서나 학습 자료와 견주어도 손색이 없다. 이들의 도움을 받는다면 교실 수업의 시간적, 공간적, 내용적 한계를 어느 정도 극복할 수 있다.

이런 측면에서 마을과 지역은 교육에 있어 전인미답의 신대륙과 같다. 듀이(John Dewey)의 말대로 교육이 경험의 재구성을 통한 성장이라고 한다면 마을에는 학생이 실제 살아가는, 즉 다양한 상황과 장면을 실제 경험하는 시간과 공간이 존재하고 있기 때문이다. 마을은 굳이 교사가 가상의 상황과 장면을 설정하지 않더라도 삶을 경험할 수 있는 곳이다. 마을에 나가서 직접 보고, 듣고, 만져보고, 만나고, 시도해보는 모든 과정이 살아 있는 경험이다. 마을과 지역 그 자체가 거대한 학교이며, 교실이고, 살아 있는 교육과정이다.

직접 경험이 중요하다
—

우리가 어떤 것을 잘 알기 위해선 직접 해봐야 하는 것이 많다. 자전거 타기나 수영은 직접 해보지 않으면 절대 할 수 없다. 직접 톱질과 못질을 하지 않고 책꽂이를 만들 수 없는 것처럼 말이다.

가령 교과서에 숲에 대하여 배우는 단원이 있다. 성취기준은 숲의 개념과 종류, 역할과 기능에 대한 이해, 그리고 숲을 보호하기 위해 자신이 무엇을 할지 생각해보기 등이다. 지금까지 교실에서는 어떻게 수업을 해왔을까?

짐작한 대로 교사가 교실에서 교과서를 가지고 수업을 진행한다. 교사가 교과서의 지식과 정보를 설명하는데, 가끔 관련 영상을 보도록 하는 등 학습 자료를 제작하여, 활용하기도 한다. 그리고 학생은 이 과정에서 필기를 하거나 지식과 정보를 외우거나 이해한 것을 말해보기도 한다. 그리고 시험을 본다. 이 시험에서 고득점을 맞은 학생은 숲에 대하여 아는 것일까? 숲에 대하여 잘 배웠다고 말할 수 있는가?

학생이 정말 숲에 대하여 알거나 배우려면 숲으로 가야 한다. 숲에 가면 공기가 맑고, 서늘하여 기분이 좋아지는 것을 느껴야 한다. 키와 모양이 다른 식물이 살고 있고, 나뭇잎을 들춰보면 작은 벌레나 곤충이 기어가고 있는 것을 보아야 한다. 거대한 나무가 뿌리를 깊게 내려 지탱하고 있는 것을 손으로 만져봐야 한다. 그래서 숲이 홍수가 나지 않게 하거나 물을 저장하고 있다는 것을 알아야 한다. 여기서 그치지 않고 나무를 보호하기 위해서는 종이 한 장이라도 아껴 써야 한다는 것을 깨닫고, 이를 생활 속에서 직접 실천해야 한다. 이럴 때에야 비로소 학생이 숲에 대하여 잘 배웠다고 말할 수 있다.

일상의 수업에서 마을과 결합하면 어떨까
—

이제 지금까지 교실에서 국가교육과정에 따라 교과서를 중심으로 하던 수업에 변화를 시도해보자. 일상의 수업에서 마을과 어떻게 결합할지 생각해보고, 가능한 방법을 마련해보자. 그러면 교사에게나 학생에게나 지금까지와는 전혀 다른 수업이 펼쳐질 수 있다.

예를 들어, 국어과의 '협상하기' 단원의 성취기준은 '다른 사람과 갈등 관계에 있을 때 서로 의견을 조정하여 협상할 수 있다'이다. 교과서를 중심으로 수업을 한다면 교과서에 기술되어 있는 협상의 개념과 가치를 설명하고, 교과서에 제시된 절차와 상황에 따라 학생이 주제를 찾아서 협상을 해보도록 할 것이다. 아마 관련된 평가도 진행될 것이다.

그러나 교과서 중심 수업에 그치지 않고 학교 밖에 있는 마을의 다양한 장면과 상황을 수업에 들여올 수 있다. 얼마 전부터 소양면은 공공임대주택이 들어오는 것에 대하여 지역 주민이 찬성과 반대 입장으로 나뉘어 치열하게 대립하고 있다. 해가 바뀌었지만 이해관계가 복잡하여 쉽게 해결될 기미도 보이지 않는다. 이 작은 마을에 플래카드가 열 장 이상 걸린 적도 있었다.

이러한 마을의 첨예한 갈등 상황을 수업에 들여올 수 있다. 수업시간에 교과서에 기재되어 있는 협상의 개념과 절차를 배우고, 학생이 직접 마을에 나가서 주민을 인터뷰하는 등 양쪽의 의견과 근거를 조사할 수 있다. 이것을 바탕으로 찬성과 반대 입장으로 나뉘어 토론을 해보게 한다면 협상의 개념과 원리를 직접 몸으로 느낄 수 있을 것이다. 이러한 수업을 통해 학생은 교과 목표와 성취기준에 도달하면서 동시에 자신이 살고 있는 마을과 지역에 어떤 일이 일어나고 있는지 알 수 있고, 그곳의 삶에 더욱 관심을 가질 수 있다.

교사의 전문성과 역할에 대한 새로운 관점
—

혁신교육의 주된 관심사는 학교에서의 학습이 아이들의 삶과 긴밀하게 연관되게 하는 것이다. 풀뿌리 지역교육은 학습의 전 과정에 아이들이 실제 살아가고 있는 마을과 지역을 들여온다. 그곳은 삶의 현장이다. 학교에서 잘 배우고, 마을과 지역에서 직접 보고, 듣고, 경험하여 몸과 마음에 익히고, 삶에서 실천할 수 있도록 한다. 이론과 지식, 정보 전달 중심인 교실 수업의 한계를 보완할 수 있다.

학생은 스스로 배울 때, 또는 또래들과 소통하며 배울 때 가장 잘 배우고, 배우면서 즐거움도 얻을 수 있다. 교사와 학교는 물론, 마을과 지역에서 아이들이 스스로, 그리고 함께 배울 수 있도록 징검다리 역할을 해야 한다. 마을과 지역을 교과 학습에 들여오고, 그 과정에서 마을과 지역을 제대로 만나게 해주려면 이전과는 다른 전문성이 필요하다.

이제 교사 전문성의 개념과 역할도 새롭게 정의되어야 한다. 교과의 전문 지식과 학생 발달 단계의 이해 등과 관련된 전문성은 기본이다. 교과를 제대로 익히고, 학생의 성장과 발달 그리고 삶에 도움을 주려면 조금 진전된 전문성이 필요하다. 내 교과와 수업, 학생과 관련하여 마을과 지역에는 무엇이 있는지, 그것을 어떻게 연결할지, 학습경험을 어떻게 배열하고 조직할 것인지, 이 과정에서 아이들의 활동 과정을 어떻게 기록하고 해석할 것인지, 평가와 피드백은 어떻게 할 것인지 등을 판단하고 결정하는 능력이 교사 전문성의 핵심이 될 것이다. 이런 전문성을 갖출 때 교사는 국가교육과정의 전달자가 아니라 지역교육과정 전문가의 역할을 수행할 수 있다. 그러면 교직 수행의 근본적인 역할이 바뀔 수 있다.

이제 학교 밖으로 시선을 돌려보자. 아이들의 성장을 위해 내 교과와 수업에 무엇을 들여올지 상상해보자. 우리 마을과 지역에 어떤 사람들이 무슨 일을 하고 살아가는지 알아보자. 그리고 문화예술, 체육, 노동, 인권, 환경, 생태 등의 다양한 분야에서 풍부한 경험을 쌓은 학교 밖 선생님들을 학생들과 만나게 해주자. 그들이 살아가고 있는 직업 현장에서 학생들은 더욱 잘 배울 수 있고, 지역의 삶에 대한 이해도 깊어질 것이다. 지역을 기반으로 하는 수업이 일상적으로 전개될 때 비로소 교육의 문제와 삶의 문제, 지역의 문제를 동시에 해결할 수 있다.

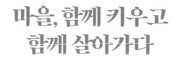

마을, 함께 키우고
함께 살아가다

마을은 교육 주체이다

—

　　지금까지는 마을교육공동체가 활성화된 지역에서조차 마을은 학교 교육활동을 보조하는, 부수적인 역할에 머물렀다. 교육과정 운영과 수업이나 진로 등 창의적 체험활동에 마을을 활용하는 사례도 흔치 않다. 그러나 풀뿌리 지역교육에서는 마을의 역할을 새롭게 규정해야 한다. 학교 교육활동에 적극적으로 참여함은 물론, 학교의 교육활동을 지원하면서 동시에 학교보다는 마을에서 진행하면 더욱 효과적인 분야를 담당하는 것이 중요하다. 특히 방과후학교와 돌봄 등은 학교보다는 마을에서 운영하는 것이 옳다. 학교가 교수–학습에 집중하도록 하면서, 적성이나 소질 계발과 같은 방과후학교의 목적을 보다 효과적으로 달성할 수 있기 때문이다. 마을에는 학교보다 풍부한 경험과 자원이 있다. 시공간적인 제약을 극복할 수 있으므로 자유롭다. 학교에서는 절대 꿈꿀 수 없는 것들을 꿈꿀 수 있다. 아이들은 마을에서 마음껏 상상하고, 자유롭게 활동할 수 있다.

마을에는 하교 후에 마땅히 갈 곳 없는, 방치되는 아이들이 있다. 아이들은 부모의 사회·경제적 배경에 따라 성장 환경이 천차만별이다. 사회적 배려 계층 가정의 자녀들은 최소한의 돌봄과 보살핌조차 받지 못하는 경우가 많다. 이런 아이들을 마을이 적절한 방식으로 돌보고 품어야 한다. 돌봄을 개인과 가정의 영역에서 마을과 지역의 영역으로 확장해야 한다. 아이들에게 기회의 평등에 그치지 않고, 결과의 평등까지 보장해줄 수 있도록 학교는 물론 마을과 지역 단위에서 그 방안을 모색해야 한다.

나아가 공동체적인 교육을 넘어 공동체적인 삶의 변화에도 관심을 가져야 한다. 단지 아이들을 함께 돌보고, 함께 보살피는 것에서 벗어나 마을 사람들 자신이 함께 살아가야 한다. 각자 고립되어 살아가는 시장 중심 자본주의 삶의 방식에서 벗어나 함께 살아가는, 삶의 대안을 만들어가는 것이 중요하다.

학교의 교육활동 지원

학교의 존재 이유는 교육과정 실현이다. 교육과정의 90%는 수업으로 이루어져 있다. 그런데 많은 학교가 교육과정과 수업 등 본래의 역할에 충실하기보다는 불필요한 행정 업무에 시달리고 있다. 학교폭력, 보건, 안전, 환경, 급식, 체험학습 등에서 반드시 지켜야 할 매뉴얼과 절차가 산을 이룬다. 이들 업무를 처리하느라 교사는 수업과 아이들에 집중할 수가 없다.

학교가 본래의 역할인 교육과정 운영과 수업, 생활교육도 제대로 하지 못하면서 방과후학교와 돌봄 등까지 떠맡는 것이 현주소이다. 특히 학생의 사교육비 부담을 줄이겠다며 도입한 방과후학교가 교사의 발목을 붙잡고 있다. 교사가 제 역할을 다할 수 있도록 마을이 학교를 지원하는 동시에 학교보다는 마을에서 담당하면 더욱 잘할 수 있는 일을 수행하는 것이 필요하다.

이 과정에 참여하는 학부모나 마을 사람들의 헌신과 봉사에 기댈 것이 아니라 노동에 대한 정당한 가치를 인정하고 존중해야 한다. 그들이 공공서비스의 수혜자 또는 문서상의 주체가 아니라 교육의 실질적 주체로 서야 한다.

완주 교육협력지구에서는 학교가 교육과정 운영에 충실하고, 교사가 수업과 학생에 집중할 수 있도록 마을이 학교를 지원하는 몇 가지 과제를 운영하고 있다. 그 대략적인 내용은 다음과 같다.

표4 2020학년도 완주 교육협력지구의 마을 협업 과제

순	형태	내용 및 특징
1	학교와 마을이 함께 만들어가는 교육과정	• 마을에서 학교 교육과정 운영 및 학생 참여수업 지원 • 50개 학교 183개 프로그램 운영 • 학교별 70만 원에서 700만 원 내외 지원 • 강사와 버스 임차 등 모든 행정 처리를 지자체가 지원 • 재료비와 체험비는 학교 자체 예산 활용

2	마을 학교	• 마을에서 방과후에 일정한 프로그램 운영 • 13개 읍·면에서 20개 내외 운영 • 마을 학교별 3백만 원에서 5백만 원 지원 • 마을의 공동체성 회복의 씨앗으로 활용
3	마을 선생님	• 학교의 교육과정과 수업, 창체, 방과후 수업 등 지원 • 기초학력 더딤 학생 지원 프로그램 운영 • 대부분 교육 기부로 참여(일 1만 원 교통비 지급)
4	마을 체험처	• 완주진로교육지원센터에서 운영 • 완주 관내 180개 일터를 진로교육지원기관으로 지정 운영
5	마을별 풀뿌리교육지원센터	• 마을에서 방과후학교와 돌봄 운영 지원 • 고산·소양·상관 등 3개 면에서 풀뿌리교육지원센터 운영 • 센터별 6천만 원 내외 지원 • 센터 운영 인건비와 주말, 방학 프로그램 운영비 지원

개인과 가정의 돌봄에서 마을과 지역의 돌봄으로

—

혁신교육은 학교 교육과정과 수업의 변화를 통해 학생이 학교에서 잘 배우는 것을 목표로 한다. 그런데 학교가 자신의 역할을 충실히 수행하기만 하면 학생은 모두 잘 성장할 수 있는가?

초·중학생은 9시 이전에 등교하여 수업을 받고, 오후 3시 전후에 하교를 한다. 방과후수업도 5시 이전에는 마친다. 학교수업과 방과후수업을 마친 후 학생들은 어디로 갈까?

잘 아는 것처럼 우리나라 학생들은 아주 어릴 때부터 학원에 간다. 초중등 학생은 물론 미취학 아동까지 학원에 다니기도 한다. 하교 후 이렇게 학원수업과 과외수업을 받느라 학생들의 삶의 질이 좋지 않다는 것은 이미 널리 알려진 사실이다. 모든 일에는 다 적절한 때가 있기 마련이다. 아동, 청소년기에는 기본적인 수면, 휴식이 보장되고 스포츠와 문화, 교우 관계 등 여가 활동이 중요한데 현실은 그렇지 못하다. 그러다 보니 우리나라 학생의 삶의 만족도나 행복도가 다른 OECD 국가들보다 현저히 떨어진다.

그런데 이보다 더 큰 문제가 있다. 모든 아이가 이렇게 부모와 가정의 적절한 지원을 받지 못한다는 점이다. 학원에서 시간을 보내거나, 과외를 받는 아이는 사회·경제적으로 어느 정도 안정된 편이다. 가정형편이 어렵거나 사회적 배려 계층 가정의 학생은 학원에 다니는 것 자체가 힘들기도 하다. 그들은 PC방, 노래방 등을 전전하거나, 어두운 골목에서 범죄 피해의 위험에 노출되기도 할 것이며, 특별히 할 일 없이 거리를 배회하다가 다음 날 다시 학교에 간다.

부모와 가정의 충분한 돌봄과 지원을 받는 아이, 학원과 과외수업을 받는 아이, 그리고 사각지대에서 방치되는 아이는 학습 태도와 습득 면에서 분명히 매우 다를 것이다. 당연히 학업 성적도 차이가 날 것이다. 부모의 차이가 자녀의 생활 차이로 이어지고, 그 차이는 학업 성적으로 연결됨으로써 빈부가 대물림된다.

학교가 아무리 학업 성적이 부진한 학생에게 더 많은 관심과 지원을 기울이더라도 가정환경의 차이를 극복하기는 쉽지 않다. 실제 학생의 학업 성적에 영향을 미치는 수많은 요소 중 가정환경의 차이가 압도적으로 작용한다. 서울의 강남과 강북, 지방의 대도시와 소도시, 그리고 농산어촌 학생의 수능 성적 차이가 이를 대변해준다.

학교에서는 학생이 하교 후 다음 날 등교시까지 그들에게 어떤 일이 벌어지고, 어떻게 시간을 보내는지 알 수 없다. 교사의 능력과 권한 밖의 일이기도 하다. 예전처럼 마을의 교육적 기능과 돌봄 기능이 작동하고 있을 때라면 그다지 문제될 만한 상황은 아니다. 아이들은 마을 주민과 어른의 시선 내에서 생활하면서 자연스럽게 직간접적인 보살핌을 받았다. 부모가 외출할 때 옆집에 아이를 맡기기도 하고, 이웃 아이가 울고 있으면 간식을 내어주며 달래는 것은 흔히 볼 수 있는 장면이었다. 마을 어른들은 길거리에서 만나는 아이의 언행에 문제가 있으면 그냥 지나치지 않았고, 아이들 역시 그런 어른의 제지에 별 문제의식을 느끼지 않았다. 당연히 아이들은 마을 어른들의 시선을 의식하며 행동할 수밖에 없었다.

지금은 상황이 전혀 다르다. 농촌을 중심으로 마을은 갈수록 작아지면서 마을공동체가 붕괴되기에 이르렀다. 이에 따라 자연스럽게 마을의 교육과 돌봄 역할도 약화되었다. 내 아이도 키우기 힘든데, 남의 아이까지 신경 쓸 겨를이 없다. 뿐만 아니라 변화하는 사회 분위기 속에서 아이들도 동네 어른들의 관심을 참견으로 받아들인다. 그러다 보니 육아와 양육, 교육과 돌봄이 오로지 개인과 가정의 몫이 되었다.

요즘은 맞벌이 부부가 대부분이다. 하교한 아이를 맞아주지 못하는 부모는 안전하게 아이를 맡아줄 곳이 필요하게 되었다. 부모는 초등 학교 돌봄교실이나 학원에 맡겨진 아이는 그곳에서 시간을 보내면서 부모를 기다리는 것이 일상이 되었다. 이마저도 안 되는 아이들은 돌봄 사각지대에서 방치된다. 현 정부가 온종일 돌봄을 확대하는 방향으로 정책을 구사하고 있지만, 역부족인 것 같다.

풀뿌리 지역교육으로 이러한 현실적 문제와 어려움을 해결할 수 있다.

학교는 학교대로 교육의 역할을 제대로 수행하고, 마을은 마을대로 교육과 돌봄 기능을 제대로 해내면 가정의 경제적, 사회적 환경 차이에서 비롯된 출발점의 차이도 일정 부분 극복할 수 있다.

지자체가 돌봄을 전담해야 한다고 생각하는 사람도 많다. 나 역시 상당 부분 동의하지만, 그 일이 생각보다 쉽지 않다. 마을의 모든 문제를 지자체가 직접 개입하여 해결하기는 어렵다. 가능하다면 마을의 문제는 지자체의 지원을 받아 마을 스스로가 해결하는 방향으로 나아가야 한다. 그것이 지방자치, 주민자치의 정신에도 적합하다.

농산어촌 마을들은 적은 인구에 일자리도 별로 없어 경제가 위축되어 있다. 유휴 공간은 갈수록 늘어가고, 학교와 교실도 예외가 아니다. 마을의 잉여 노동력과 남는 시설을 활용하면 교육과 돌봄 기능을 강화할 수 있다. 유휴 공간을 활용하면서 마을 사람들에게 인건비를 지급하면 지역의 경제도 활성화될 것이다.

이 과정에 교육지원청과 지자체 등 지역의 행정기관이 예산과 인력, 공간과 시설, 교통과 프로그램 등 필요한 지원을 하면 된다. 학교와 마을에 교육과 행정 서비스를 직접 지원하는 것도 필요하지만, 학교와 마을이 제 역할을 할 수 있도록 뒷받침하는 것이 중요하다. 마을 교사들이 이런 역할에 참여함으로써 아이들도 잘 돌보고, 기본적인 의식주도 해결할 수 있다면 아이는 마을 안에서 건강하고 행복하게 자랄 것이다. 건강한 일자리를 통해 마을도 유지될 것이다. 학교도, 그 학교가 위치한 마을도, 그 마을에서 살아가는 사람도 활력을 찾을 수 있을 것이다.

완주군에서 성공을 거둔 로컬푸드 시스템이 그러하다. 생산과 소비, 유통을 지역 내의 선순환 체계로 묶어놓았다. 일자리를 외부에 의존하지 않고 지역 내에서 만들었고, 유통과 소비 또한 완주와 인근 대도시인 전주를 중심으로 구성했다. 이는 단지 경제적 관점을 넘어 사회적 관계를 복원하고, 마을의 독립과 자립의 문을 여는 열쇠가 되고 있다. 이는 4장에서 자세히 언급한다.

풀뿌리 지역교육은 개인과 가정의 돌봄 공백에서 오는 사회경제적 차이를 마을과 지역의 영역으로, 사회 시스템 안으로 가져오고자 한다. 학교도 건강할 뿐만 아니라 마을과 지역도 건강하게 자신의 역할을 하는 것을 목표로 한다. 한 가정에서 한 아이를 키우는 방식에서 벗어나 여러 가정에서 여러 아이를 키우는 공동체적인 교육과 공동체적인 삶의 방식으로 방향을 틀고자 한다.

공동체적인 교육을 넘어 공동체적인 삶으로

—

전국의 다양한 마을활동가를 만날 때마다 자주 듣는 말이 있다. 그중 하나가 마을교육공동체 활동을 하다 보면 수많은 어려움에 직면하게 되고, 에너지가 소진된다는 것이다. 그러고 나면 어느 순간 이곳에서 벗어나고 싶다는 충동에 빠진다는 것이다. 또한 많은 학부모가 마을교육공동체에 참여하다가도 자신의 아이들이 학생의 신분에서 벗어나면 활동을 접는다는 것이다. 이는 모두 마을교육공동체 활동에 지속적으로 참여하기 어렵다는 문제를 내포하고 있다. 참 어려운 문제이다. 그럴 때마다 내가 되묻는 질문이 있다. 이 활동을 하면서 '얻는 것'이 무엇인지 생각해보라는 것이다.

풀뿌리 지역교육이 이 질문과 어려움에 답을 할 수 있다. 풀뿌리 지역교육은 아이들을 잘 가르치고, 돌보는 차원에서 한 걸음 더 나아가 우리 스스로 우리의 삶을 만들어가고자 한다. 아이들을 함께 돌보는 과정 자체가 우리 삶이라는 것이다.

아이들을 함께 키우려면 필연적으로 다른 사람과 만나야 한다. 서로 의사소통하고, 관계 맺고, 상호작용하고, 협업하여, 공동의 목표를 이루어가는 과정을 거쳐야 한다. 그런데 그 과정이 수단이 아니라 목적이 될 수 있다. 그 과정에서 경험하는 기쁨과 즐거움이, 그 과정에서 획득하는 사회적 관계와 만남이 삶의 목표가 되는 것이다. 이럴 때야 비로소 아이를 함께 키우는 것에 그치지 않고, 함께 살아가는 것이 된다. 아이들을 돌보는 과정에서 에너지가 소진되는 게 아니라 충전되고 재충전되면서 그것 자체가 삶의 목적이 되는 것이다.

지금도 그렇지만 앞으로는 인간의 절대 수명이 더욱 늘어나면서 필연적으로 고령 인구가 지금보다 훨씬 많아질 것이다. 그러면 국가나 정부, 지자체가 지금처럼 이들을 모두 보호하고, 책임질 수 없다. 재정과 인력, 시설과 공간 면에서 임계점에 도달할 수도 있다.

따라서 지금부터라도 우리 스스로, 우리 삶의 안전망을 만들어가야 한다. 마을 교육활동은 우리가 아이를 보살피는 것에 그치지 않고 우리가 우리 삶을 스스로 보살피는 일이 될 수 있다. 동시에 마을의 돌봄과 울타리 안에서, 마을의 관계망에서 자란 아이들은, 그 기억을 가지고 자신의 아이들과 자신의 삶 또한 그 관계망 안에서 살아갈 수 있다. 궁극적으로 풀뿌리 지역교육은 교육의 변화를 넘어 삶의 변화를 가져올 것으로 기대한다.

지역,
교육의 중심에 서다

서울로 내보내는 교육

    우리나라 정치, 경제, 산업, 문화의 중심지는 서울이다. 서울
은 블랙홀처럼 지방의 모든 것을 빨아들이고 있다. 지방은 절대인구 감
소와 인구 유출로 소멸 위기에 처했다. 수도권, 지방 대도시와 소도시,
농촌 읍, 면 순으로 서울에서 멀어질수록 그 정도가 심해진다. 이러한
문제를 풀기 위해 정부는 도시재생, 지역균형 발전, 혁신도시 건설 등
과 같은 '지역 살리기와 인구 늘리기' 정책을 펼치고 있다. 그런데 이러
한 정책이 실효성이 있는지는 의문이다. 지방 혁신도시에 근무하는 공
공기관의 임직원들은 주로 1인 가구이다. 그들의 생활 근거지는 여전히
서울이다. 주요 도로와 KTX역은 금요일이면 서울로 빠져나가는 사람

들로 북새통을 이룬다. 도로를 놓으면 놓을수록 그들이 서울로 돌아가기 쉽다. 그들이 빠져나간 혁신도시는 주말에는 흡사 유령도시와 같다. 일부 혁신도시가 경제가 살아나고 사람들로 북적거린대도 일종의 풍선효과다. 원도심 인구와 기존 상권이 그곳으로 수평 이동하기 때문이다.

지자체 역시 지역을 살리기 위해 다각적인 노력을 펼치고 있다. 대부분의 지자체 정책의 핵심은 외부로부터 기업과 공장을 유치해서 지역경제와 산업을 살리는 것이다. 그러나 여기에 취업하는 사람은 지역의 청년이 아니라 주로 외지인이다. 그나마 있는 일자리도 단순 노동이 많아서 학생들의 흥미를 끌지 못하는 경우가 많다. 지역에는 일자리가 없는 것이 아니라 질 좋은 일자리가 없다. 학생들이 관심을 가지고 취업이나 창업으로 도전할 만한 일자리가 없다는 것이 문제이다.

그런데 경제정책이든, 인구정책이든, 지역을 살리려는 그 어떤 정책도 교육과 분리하여 생각할 수 없다. 아주 오래전부터 우리나라 부모들은 자식이 서울 소재 대학에 가서 공부하고, 서울에서 성공하기를 원했다. 이러한 부모의 요구와 기대에 따라 학교는 서울, 경기 등 수도권의 유명 대학에 진학시키는 것을 중요한 목표로 삼아왔다. 특히 대부분의 고등학교는 그것이 학교의 교육력이라고 굳게 믿고 있다.

이 목표를 달성하기 위한 학교의 전반적인 교육활동은 아이들이 지역을 부정적으로 인식하거나 떠나도록 부추기고 있다. 서울에 거주하는 학생 역시 지방 소재 대학[23]에 다니는 것을 부끄럽게 생각하고 있다. 그들은 어서 이곳에서 졸업하기를 손꼽아 기다리고 있다. 이렇게 지

---

23   지방 소재 대학은 '지방의 잡스러운 대학'을 뜻하는 '지잡대'로 비하되고 있다.

역은 적어도 아이들에게는 탈출과 부끄러움의 대상이었다.

아이들이 떠난 지역은 이제 낙후되는 것을 넘어 소멸 위기에 처해 있다. 모두가 한마음으로 서울을 바라보는 지금과 같은 생활양식이 되풀이된다면 우리의 삶은 지금보다 결코 나아질 수 없다. 만약 우리가 이 세상을 살기 좋은 곳으로 만들고자 한다면, 아이들이 보다 행복하기를 원한다면 교육과 지역의 악순환의 고리를 끊어야 한다. 교육과 지역이 서로 선한 영향을 미쳐야 하는데 지금은 부정적인 영향을 주고받는다.

이제 혁신교육과 마을교육공동체에서도 이 부분을 의제로 삼고, 공론화해야 한다. 아이들을 잘 가르치는 것도 중요하다. 하지만 더욱 중요한 것은 아이들이 잘 사는 것이다. 혁신교육이 아무리 잘 되어도 아이들이 살던 지역을 떠난다면, 그 지역은 갈수록 삶의 질이 악화할 것이다. 청년이 된 아이들이 그런 지역에 다시 돌아올 리 없다. 지금처럼 이러한 악순환이 반복된다면 아이들의 행복한 삶도, 지속 가능한 지역의 미래도 그다지 빛이 보이지 않는다.

지자체도 아이들이 서울로 떠나는 것을 돕는다

—

지역의 교육은 서울 등 중앙을 위해 존재하고 있다. 지역은 서울에 인재를 끊임없이 공급한다. 그런데 심지어 지자체가 아이들이 지역을 떠나는 데에 힘을 보탠다. 아이들이 어떻게든 지역에서 배우고, 지역에서 살아가도록 힘을 쏟지 않고, 아이들이 서울로 떠나는 데에 도움이 되는 정책을 펼치고 있다.

상당수의 지자체가 '인재 육성'이라는 명목으로 공부를 잘하는 소수의 아이들에게 많은 예산을 투입한다. 서울의 입시학원 강사를 불러 국, 영, 수 공부를 시키는 것을 주요 선거공약으로 내세우기도 한다. 그뿐만 아니라 아이들이 서울의 유명 대학에 진학하면 과도한 장학금을 지급한다. 그 아이들에게 장학숙을 제공하는 등 서울에서 대학을 다니는 데 불편함이 없도록 온갖 편의를 제공한다. 심지어 어느 지역은 인재숙이라는 기숙학원을 지어 성적이 우수한 학생을 싹쓸이하여, 서울의 유명 대학으로 아이들을 내보내는 데에 전력을 다한다. 그리고 그 아이들이 성공하여 지역으로 돌아와 지역발전에 이바지할 것을 기대한다. 그런데 그 아이들이 과연 지역으로 돌아올까? 지역의 도움으로 서울의 좋은 대학에 들어갔다고 고마워할까? 정작 지역에 남아 세금 내며 지역 주민으로 살아가는 사람은 누구일까?

서울로 간 아이들은 지역에 돌아오기보다는, 그곳에서 머물러 살 확률이 높다. 그것이 공부의 목표였기 때문이다. 지역에 남은 아이는 어른들의 눈치를 보느라 늘 위축되어 있다. 떠난 아이들과, 어쩔 수 없이 남는 아이들로 지역사회는 활력을 잃는다.

그러면서 지자체는 마을과 지역에 청년이 없다고 하소연한다. 외부의 청년 유치를 위해 다양한 청년 관련 정책을 펼치며, 역시 많은 예산을 투입한다. 집토끼는 문을 활짝 열어놓고 어서 나가라고 등을 떠밀고, 산토끼를 잡으러 동분서주하는 꼴이다.

동전의 양면, 학교통폐합과 지방소멸
—

정부는 지난 2006년부터 소규모학교 통폐합과 적정규모 학교육성 정책[24] (이하 작은 학교 통폐합 정책)을 펼치고 있다. 다행스럽게도 현 정부가 들어서면서 경제와 효율성 논리로 교육을 바라보는 이런 정책이 잦아들고 있다. 그러나 지금 잠깐 멈춰 섰다 할지라도 언젠가는 다시 논의의 장에 올라올 것이다. 대통령은 바뀌었지만, 이 정책을 생산한 공무원들은 여전히 그 자리에 있기 때문이다.[25]

바야흐로 작은 학교 통폐합정책과 지방소멸이 발등에 떨어진 불이다. 이는 농산어촌에서 시작하여 점차 도시 지역으로 확장되고 있다. 이 두 가지 위기는 동전의 양면과 같다. 마을에서 학교가 사라지면 사람들이 떠나고, 사람들이 떠난 마을은 인구가 줄어들어 소멸 가능성이 더욱 커진다. 마을을 떠난 사람들이 다시 돌아오고 싶어도 마을에 학교가 없다면 돌아올 수 없다.

사람들이 지역을 떠나는 이유는 여러 가지가 있지만 가장 핵심적인 이유로 두 가지를 꼽을 수 있다. 교육(학교)과 일자리이다. 지역의 학교가 아이들을 잘 키울 수 없다거나 부모들의 기대치에 미치지 못하면 미련 없이 지역을 떠난다. 젊은이들, 특히 젊은 여성들의 일자리가 없다면 역시 지역에서 안정적으로 살아갈 수 없을 것이다.

교육은 더는 학교, 또는 교육청만의 문제가 아니다. 인구 감소, 지방소멸 문제와 맞물려 있으므로 지자체도 팔을 걷어붙이고 적극적으로 나서야 한다. 지역이 교육을 살릴 때 비로소 지방소멸 위기도 극복하고, 지속 가능한 지역으로 거듭날 수 있다. 지금이야말로 교육청과 학

---

24   이 정책에 따르면 도서 및 면 지역 60명 이하, 읍 지역 120명 이하(중, 고는 180명 이하), 도시 지역 240명 이하(중, 고는 300명 이하)의 학교는 통폐합 대상이다.

25   교육부에는 지금도 작은 학교를 살리기 위한 정책을 담당하는 부서와 작은 학교를 통폐합하여 효율적으로 재정을 운영하는 업무를 담당하는 부서가 공존하고 있다.

교, 지자체와 마을이 이 문제를 극복하기 위하여 머리를 맞대고 함께 해결 방안을 찾아보는 과정, 즉 교육자치와 일반자치의 실질적인 협력과 상생의 로드맵이 필요할 때이다.

이제 지역이 안고 있는 다양한 교육문제는 지역 스스로 해결해야 한다. 더 좋은 일자리를 찾아 아이들이 지역 밖으로 빠져나가는 현실을 외면해서는 안 된다. 지역의 아이들이 일자리를 찾기 위해 경쟁의 대열에 합류하도록 부추길 것이 아니라, 새로운 교육과 경제 시스템을 만들어 아이들이 지역에서 살아갈 수 있게 해야 한다.

교육지원청과 지자체의 협업이 중요하다
—

풀뿌리 지역교육에서는 학교가 교육과정과 수업을 내실 있게 운영하고, 마을이 학교를 지원하면서 돌봄의 기능과 공동체성을 회복하는 것이 중요하다. 그런데 이러한 일을 학교나 마을의 힘만으로는 담당할 수 없다. 이 과정이 제대로 진행되려면 인력, 예산, 시설과 공간, 교통 등의 다양한 인적·물적 자원이 필요하기 때문이다. 따라서 지역의 양대 행정기관인 교육지원청과 지자체의 역할 정립과 효율적인 협업이 중요하다.

교육지원청과 지자체는 지방자치의 양대 축으로서 동일 행정구역 주민들을 대상으로 교육을 지원한다. 교육지원청은 유치원, 초등, 중등 교육의 일선에서 교육 관련 업무를 직접 수행하고, 지자체는 교육 발전을 위한 행정적·재정적 지원과 미취학 아동교육, 평생교육 등을 담당한다. 이 두 기관의 긴밀한 협력은 지방 교육 발전의 필수 요소이다. 따라서 상호 소통과 신뢰를 통해 서로를 교육의 동반자, 협력자로 인식해야 한다.

그러나 교육지원청과 지자체는 교육에 대한 인식과 관점이 다르다. 그러다 보니 예산을 투입하는 방식이 다르고, 실제 추진하는 사업과 프로그램에서도 현격한 차이가 있다. 교육지원청은 공교육을 살리고 모든 아이의 성장을 지원하기 위해 교육의 형평성과 책무성을 강조한다. 반면에 지자체는 우수한 인재를 육성하기 위해 수월성과 서울의 상위권 대학 진학 등에 중점을 두는 경우가 많다.

지역의 교육이 변화하기 위해서는 무엇보다 교육지원청과 지자체의 상호 신뢰와 존중 그리고 전면적인 협력이 필요하다. 지자체는 선출 권력을 바탕으로 예산, 인력, 조례 제정, 시설, 프로그램, 네트워크 등에서 막강한 권한을 가지고 있다. 교육지원청이 지역교육을 성공적으로 지원하려면 어떻게 해서든지 지자체와 동반 협력 관계를 구축해야 한다. 지자체 역시 교육 발전 없이 지역 발전이 없다는 것을 명확히 인식해야 함은 두말할 나위 없다.

지자체는 학생이 지역의 시민이라는 것을 명확히 인식하는 것이 중요하다. 지역의 시민을 기르는 곳이 학교라고 인정한다면 지자체가 학교 지원을 망설일 이유가 없다. 지자체가 아이들을 지역의 시민으로 바라보고, 이 아이들이 지역의 미래를 책임지고 있다는 것을 인식한 순간, 전혀 다른 새로운 역할을 할 수 있다. 학교에 대한 지원은 곧 지역의 미래에 대한 투자이기 때문이다.

학교가 살아야 마을이 살고, 마을이 살아야 지역이 살 수 있다. 지역이 살아야 국가도 산다. 따라서 이제 지역이 교육의 전면에 나서야 한다. 지역이 교육문제를 해결하기 위해 팔을 걷어붙여야 한다. 교육지원청과 지자체는 교육에 대한 철학을 공유하고, 관점의 차이를 좁히도록 노력해야 한다. 그 어느 때보다 교육지원청과 지자체 협업의 질이 중요한 때다.

지역교육지원청이 지역의 교육을 지원하려면
—

　　　제21대 국회의원 선거에서 여당은 안정적인 과반수를 획득하였다. 여당은 21대 국회에서 '국가교육위원회 설치 및 운영에 관한 법률'을 최우선 입법 과제로 설정하여 조속히 추진하겠다고 밝혔다. 국가교육위원회가 출범하면 교육부의 기능이 약화되고, 유치원, 초중등교육은 시·도교육청으로 대폭 이관될 것이다. 그러면 광역 단위 시·도교육청(이하 도교육청)의 권한이 강화되고, 이에 맞물려 지역교육지원청의 역할이 더욱 중요하게 대두될 것으로 보인다.

　　지난 2010년 9월 1일 자로 전국의 모든 '지역교육청'이 '지역교육지원청'으로 명칭과 기능을 바꾸었다. 교육지원청이 학교를 관리·감독하는 역할보다는 학교 교육과정 운영을 실질적으로 지원하는 역할에 방점을 찍었기 때문이다. 그러나 학교 현장에서는 교육지원청으로 명패만 바꿔 달았다는 비판을 하고 있다. 또한, 학교의 교육활동을 지원하기보다는 여전히 도교육청을 지원하는 역할에 머문다고 지적받기도 한다.

　　그런데 엄밀히 따지면 이는 당연하다. 사실 교육지원청은 도교육청의 지도·감독을 받는 하급 행정기관으로서 도교육청을 지원하는 것이 중요한 임무이다. 교육지원청은 법적으로 교육감으로부터 지역 내 유치원, 초중등학교의 교육·학예에 관한 사무를 위임받은 기관에 불과하기 때문이다.

교육지원청은 도교육청의 인사, 예산, 정책, 업무 권한 등에 예속되어 있어서 자율적으로 업무를 추진할 수 없는 구조적인 한계가 있다. 교육지원청은 도교육청의 방침에 따라 정책을 펼치고, 도교육청의 지휘에 따라 학교를 관리·감독한다. 도교육청의 공문을 이첩, 결과 취합, 통계 처리, 보고하는 것이 중요한 업무이다.

그러나 현 정부가 국정과제로 추진하는 교육자치와 학교자치는 교육지원청의 근본적인 역할 변화 없이는 불가능하다. 교육지원청은 한 지역의 교육을 온전히 책임져야 하는 막중한 위치에 있다. 지역교육청이 지역교육지원청으로 명칭과 기능을 바꾼 취지를 잘 살펴야 한다. 앞서 제안한 '풀뿌리 지역교육'도 교육지원청이 역할을 제대로 해내야만 성공할 수 있다. 교육지원청 역할 변화의 키를 쥔 사람은 장학사이다. 교육지원청과 장학사는 결코 말단 행정기관이나 일개 공무원이 아니다. 그들은 자신의 위치와 책무를 명확히 인식하고, 그것에 적합한 역할을 수행해야 한다.

교육지원청은 지역교육의 목표와 비전을 수립하고, 제시해야 한다. 그 목표와 비전을 이루기 위해 지역의 교육 실태와 특성을 정확히 분석하여, 지자체와 함께 대안을 마련하고, 지역의 교육을 '실질적'으로 지원해야 한다. 그때에야 비로소 학교와 교사, 마을과 지역으로부터 믿음과 신뢰를 얻고, 교육을 지원하는 행정기관으로 자리매김할 수 있다.

교육지원청은 지역의 '학교' 지원에 머물러서는 안 된다. 교육지원청은 지역의 '교육'을 지원해야 한다. '학교는 교육, 또는 교육은 학교'라는 등식은 더이상 성립하지 않는다. 교육은 학교에서만 담당할 수도 없고, 아이들은 학교에서만 성장하지 않는다. 아이들이 살아가는 구체적인 시공간인 하교 후의 마을과 지역, 그리고 그곳에서 살아가는 모든 사람과 그 사람들의 삶이 교육과 연계되어 있다. 따라서 교육지원청은 아이들의 성장과 삶을 위해 학교는 물론 마을과 지역의 모든 교육자원을 발굴하고, 연결하고, 조직하여 지역의 교육을 지원해야 한다.

박근혜 정부에서 학생 수 3,000명 이하 시·군의 교육지원청 통폐합을 거론한 적이 있다. 학교 통폐합이 바람직하지 않은 것처럼 교육지원청 통폐합도 마찬가지다. 이는 그렇지 않아도 간신히 명맥을 유지하고 있는 지역의 교육환경과 지원 시스템을 완전히 붕괴시킬 수 있다.

그런데 교육지원청이 역할을 제대로 수행하지 않는다면, 그래서 학교의 신뢰를 회복하지 못한다면 이런 정책이 힘을 받을 수 있다. 실제 일부 현장 교사들은 교육지원청을 민원서류 발급이 주 업무인 주민자치센터 수준으로 역할을 낮춰야 한다는 의견을 내기도 한다. 교육지원청이 오히려 가만히 있는 것이 학교에 도움이 된다는 날 선 비판의 말도 간혹 들린다. 이러한 의견과 비판의 실현 가능성과 타당성 여부를 떠나 교육지원청이 겸허히 새겨들어야 할 대목이다.

지역의 교육은 교육지원청이 온전히 책임진다는 생각을 가지고 필요한 범위 내에서 가능한 모든 일을 해야 한다. 교육부와 도교육청의 공문을 학교에 전달하는 '터미널' 역할에 머무르지 말고, 학교를 포함하여 지역 전체의 교육을 종합적으로 지원하고, 통합적으로 관리하는 '플랫폼'이 되어야 한다. 이러한 교육지원청의 역할 변화와 관련하여 몇 가지를 언급한다.

1) 교육장의 리더십과 재직 기간이 중요하다.

일반적인 조직은 리더가 적어도 51% 이상의 힘을 가진다. 조직이 시스템보다 리더에 좌우되는 것이 그다지 바람직한 일은 아니지만 현실은 리더가 어떤 관점을 가지고, 어떻게 리더십을 발휘하느냐에 따라 조직의 역할이 달라지는 것이 사실이다.

나는 장학사 재직 5년 동안 두 명의 교육장과 함께 완주교육의 변화를 구상하고, 도전했다. 윤덕임 전 교육장은 강력하고 화려한 카리스마 리더십을 보여줬고, 박숙자 현 교육장에게서는 부드럽고 따뜻한 리더십을 볼 수 있었다. 두 사람의 리더십은 겉으로 보기에는 전혀 다른 듯했지만, 교육지원청 역할은 크게 달라지지 않았다.

두 교육장 모두 지역교육에 대한 애정과 비전을 바탕으로 장학사를 믿고, 그들이 학교 현장을 지원할 수 있는 여건을 만들어줬다. 예를 들어 당시 나는 교사나 학부모, 지역주민을 만나 논의하는 자리에서 구체적인 예산 지원 금액까지 약속할 수 있었고, 그 약속은 대부분 지켜졌다. 내가 지난 5년 동안 많은 사람을 만나 그들과 함께 완주교육 변화를 시도할 수 있었던 원동력이다. 또 장학사가 감당하기 어려운 일이 있으면 교육장이 지자체장과 교육감을 직접 만나 해결하거나, 특유의 결단력으로 돌파하기도 했다. 우리가 꿈꾸는 이 새로운 일은 장학사 한두 명이 감당할 수 없다. 지역교육의 리더인 교육장의 리더십과 교육지원청 전체의 참여와 시스템, 조직된 힘이 필요하다.

전국 대부분의 교육장 재직 기간은 길어야 2년 전후이다. 그런데 2년이라는 시간은 지역의 교육환경을 분석하여 대안을 마련하고, 실천하고, 성찰 후 보완하기에는 턱없이 부족한 시간이다. 어쩌면 지역의 교육 실태를 제대로 파악하거나 교육지원청 조직을 장악하기에도 버거운 시간이다. 여러 어려움을 겪으며 이제 좀 뭔가 해보려면 떠나야 한다. 교육장이 이렇게 짧은 재직 기간에 교육지원청 조직 전체를 장악하여 학교를 실질적으로 지원하고, 지자체장을 파트너로 삼아 지역교육 전체의 변화라는 큰 그림을 그리기는 쉽지 않다.

그런데 전임 교육장은 전국 최초로 4년 동안 직무를 수행했다. 그 기간은 지자체장 임기와 거의 겹친다. 현 교육장 역시 올해 4년째 교육장 직을 수행하고 있다. 그들이 완주교육 변화의 중심에 있다. 적어도 이 정도 재직기간은 보장돼야 지역교육 행정의 리더로서 직무를 제대로 수행할 수 있다.

풀뿌리 지역교육을 실현하는 가장 좋은 방안은 일반자치처럼 기초지자체 단위의 교육자치를 실시하는 것이다. 즉 교육감과 같이 교육장을 주민들이 직선으로 선출하여 임기를 보장하고, 인사와 예산의 독립적인 권한을 부여하는 것이다. 제도상 이 방안이 불가하다면 적어도 교육장 4년 재직은 보장해야 한다.[26] 경기도교육청이 일부 지역에서 진행하고 있는 '교육장 지역 추천 공모 정책'을 병행하면 더욱 바람직하다.

2) 교육전문직원이 전문성을 발휘해야 한다.

정부의 공무원 직제 중 교육전문직원[27]만 '전문직'으로 명시하고 있

---

26   지금은 전라북도교육청에서는 김승환 교육감이 완주군만이 아니라 대부분 지역의 교육장이 4년 이상 직무를 수행하도록 인사 정책을 펼치고 있다.

27   교육공무원은 학교 등 교육기관에서 근무하는 교원과 교육청 등 교육행정기관에서 근무하는 교육전문직원으로 나눌 수 있다. 교육청과 같이 교육행정기관에서 근무하는 교육전문직원은 장학사, 교육연수원 등 교육연구기관에서 근무하는 교육전문직원은 연구사라고 부른다. 이들 직급 위에 장학관과 연구관이 있다. 교육지원청은 교육행정기관이기 때문에 장학사라 부른다.

다. 교사를 전문직으로 인정하지 않는다는 오해가 있어 '교육지원직'으로 명칭을 변경하자는 제안도 있다. 그러나 이 명칭은 단지 일반직 공무원인 교육행정직과 구분하기 위해서일 뿐이다. 명칭 변경보다는 역할 변화가 핵심이다.

나는 지난 2013년도부터 5년 동안 전라북도 완주교육지원청에서 장학사로 근무하면서 혁신학교, 교육과정, 수업, 평가, 참학력, 진로 등 학교 교육의 본질과 밀접한 관련이 있는 업무를 주로 맡았다. 이들 업무를 적게는 3년, 길게는 5년 내내 담당하였다. 작은 교육지원청에서 5년 동안 근무하는 것도 쉽지 않은데, 같은 업무를 5년 내내 담당하는 것은 극히 드문 일이었다.

대체로 교육지원청의 장학사들은 돌아가면서 업무를 맡는다. 인사 등 민감한 부분과 민원이 많은 기피 업무를 신임 장학사에게 넘겨주는 관행 때문이다. 장학사가 학교로 돌아가려면 여러 업무를 해봐야 한다는 명분으로 특별한 인사 변동이 없어도 업무를 바꾸는 경우도 잦다. 이러한 관행은 장학사의 업무 전문성을 떨어뜨리고 정책의 지속적인 운영과 창의적인 정책수행의 걸림돌이 된다. 학교 지원에도 전문성이 떨어질 수밖에 없다.

장학사가 새로운 업무 내용과 흐름을 파악하고, 학교의 여건과 상황에 적합한 정책을 펼치기 위해서는 최소 3년 정도가 필요하다. 따라서 적어도 3년 이상은 장학사가 같은 업무를 지속적으로 추진할 수 있는 제도나 시스템이 우선 필요하다. 그러나 이는 제도나 시스템만으로 풀수 있는 문제는 아니다. 교사가 아이를 중심에 두고 모든 교육활동을 고민하듯, 교육지원청도 학교를 중심에 두고 지원자로서의 역할을 고민하는 시간을 함께 가져야 한다.

그런데 장학사의 업무 수행 기간이 전문성을 보장하지는 않는다. 모든 장학사는 교사였다. 교사에서 장학사로 이동하는 것을 전직(轉職)이라고 한다. 직무 또는 직업을 바꾸는 것이다. 학생을 가르치고 생활교육을 담당하는 직무가 아니라 전혀 새로운 직무를 수행해야 한다.

장학사는 학교가 교육활동을 원만히 수행할 수 있도록 교육정책을 수립하여 지원하는 역할을 한다. 학교 교육과정이 잘 운영될 수 있도록 인적, 물적 지원을 하며 교사의 교육활동을 다양한 방식으로 도와주어야 한다. 이 과정에서 수많은 사람을 만날 수밖에 없다. 학교에서 근무하는 교직원만이 아니라 마을 사람들, 시민 단체, 지자체 공무원, 지방의원 등을 만나기도 한다. 그들 사이에는 이해관계와 복잡한 요인이 작동하고 있다. 장학사는 그들과 협의하고, 토론하고, 결정하는 일을 반복한다. 이는 교사 시절에는 볼 수 없던 낯선 일이다. 이때 장학사가 지역교육 지원을 위해 이해관계를 파악하고, 우선순위에 따라 정책을 결정하는 등 교육전문직의 '전문성'을 발휘할 필요가 있다.

학교 변화의 핵심은 수업의 변화이다. 수업의 변화는 교사의 변화와 실천에 달려있다. 마찬가지로 지역교육 변화의 중심에 교육지원청에 근무하는 장학사가 있다. 장학사 한 사람, 한 사람의 변화와 실천에 풀뿌리 지역교육의 명운이 달려있다고 해도 결코 지나치지 않다.

풀어야 할 숙제가 많이 있다. 장학사의 업무량도 지나치게 많고, 행정업무를 지원할 일반 행정직도 충분하지 않다. 많은 장학사가 '교육을 위한 행정'을 위해 교육지원청에 들어왔지만, 어느 날 돌아보면 '행정을 위한 행정'을 하는 모습을 발견할 수도 있다. 아무리 의지가 굳고 학교 현장의 실천 경험이 풍부해도 이 시스템에서 제 역할을 하기는 쉽지 않다.

장학사의 역량을 키우는 일이 그래서 중요하다. 장학사가 되고자 했던 처음의 마음을 잊지 말고, 학교와 지역의 교육을 위해 무엇을 할 것인가를 끊임없이 고민하며 동료와 함께해야 한다. 다른 교육지원청에서 같은 업무와 정책을 담당하는 장학사 네트워크도 필요하다. 학교에서 선생님들이 운영하는 '전문적학습공동체' 형태의 독서 토론이나 현장 탐방, 연수 등을 통해 시대적인 흐름을 읽고, 그에 맞는 행정을 펼치기 위한 노력을 해야 한다. 그렇지 않으면 본인은 야근도 불사하고 열심히 했는데 오히려 학교에 부담을 주고, 교사를 힘들게 할 수도 있다.

한 가지만 덧붙이자면 자신이 하는 일을 기록으로 남기기를 권한다. 만약 기록으로 남기지 않으면 후임 장학사가 처음부터 다시 시작해야 한다. 장학사 한 명, 한 명의 기록을 모으면 그것이 곧 교육지원청의 역사가 되고, 지역교육의 역사가 될 수 있다.

3) 교육지원청 업무와 역할의 재구조화가 필요하다.

지역의 교육목표와 비전을 중심으로 불필요한 업무를 과감히 통폐합해야 한다. 교육지원청이 업무가 많고 장학사가 바쁘면, 학교 역시 업무가 많아지고 교사도 바빠진다. 교육지원청이 해야 할 일을 학교가 수행하게 하지 말고, 학교가 할 일을 교육지원청이 지원해야 한다.

교육지원청은 업무를 새로 만드는 '더하기' 행정이 아니라, 기존에 반복적으로 수행하고 있는 업무를 줄이는 '빼기' 행정을 해야 한다. 혁신학교에서는 새로운 일을 하는 것이 아니라 학교 본연의 역할에 집중하기 위해서 교육과정 성찰과 덜어내기를 하고 있다. 학교와 마찬가지로 교육지원청도 학교에 부담을 주거나 효과성이 떨어지는 일을 보다 적극적으로 덜어내야 한다. 덜어낸다는 것은 그 업무의 예산을 편성하지 않는다는 것과 같다. 해마다 예산 편성이 중요한 이유다.

지역의 교육을 실질적으로 지원하려면 장학사와 교육행정직 공무원이 함께 학교에 가서 선생님들을 만나야 한다. 마을에 가서 학부모와 주민을 만나는 일도 중요하다. 지역에 가서 시민단체와 지자체 관계자를 만나는 일도 빼놓을 수 없다. 그런데 완주만 하더라도 교사가 1천 명, 학생은 1만 명, 인구는 10만 명이다. 그런데 장학사는 8명이다. 장학사 수의 많고 적음을 떠나 그들이 만날 사람과 담당해야 할 일이 얼마나 많겠는가.

교육지원청의 구조를 업무 중심에서 학교 중심으로 바꿀 것을 제안한다. 지금은 모든 교육지원청이 업무를 중심으로 조직을 운영하고 있다. 장학사마다 인사, 혁신, 교육과정, 학교폭력, 진로교육, 예술·체육등 고유한 업무가 있어서 각자 자신의 업무를 중심으로 학교를 지원한다. 물론 지금도 교육지원청의 홈페이지에 장학사별로 담당 학교가 있지만 유명무실하다.

장학사들은 학교를 대상으로 자신의 업무를 수행한다. 대부분 장학사는 자신의 업무를 보다 잘 수행하기 위해 최선을 다한다. 그 과정에서 수많은 정책과 지침을 담은 공문이 학교로 간다. 학교는 그 일을 잘 수행해야 한다. 도교육청과 교육지원청의 관리·감독을 동시에 받기 때문이다. 학교가 교육과정과 수업, 생활교육 중심의 교육활동보다는 행정 업무 중심으로 운영될 수밖에 없는 이유이기도 하다. 자연스럽게 수업을 잘하는 교사보다 업무를 잘하는 교사가 여러 면에서 우대받게 된다.

어찌 보면 당연한 결과이다.

새로운 학교 중심 방식은 장학사와 일반직 공무원이 '학교를 팀제로 담당'하여, 일종의 '학교 전담 지원 체제'를 만드는 것이다. 그들은 자신의 업무를 수행하기 위해 학교에 가는 것이 아니라 학교의 어려움을 듣고 그것을 지원하기 위해 학교에 가야 한다. 지금처럼 자신이 맡은 분야나 업무를 위해 찔끔찔끔 예산과 프로그램을 지원하는 것이 아니라 학교의 교육활동을 종합적으로, 체계적으로 지원해야 한다. 때에 따라서는 일주일 이상 상주하면서 학교의 어려움을 직접 살펴 예산, 인력, 프로그램, 시설과 설비 등을 종합적으로, 체계적으로 지원할 수 있다.

물론 현재는 도교육청이 업무 중심으로 구성되어 있어 교육지원청도 업무 중심으로 운영될 수밖에 없는 한계가 있다. 따라서 도교육청의 업무 시스템과 역할 변화가 전제되어야 한다. 지금처럼 교육지원청이 도교육청을 지원하는 것이 아니라, 교육지원청이 학교 현장을 지원할 수 있도록 도교육청이 교육지원청을 지원해야 한다. 교육지원청이 학교 현장을 지원할 수 있도록 인사와 예산, 업무 등 권한을 위임하여 자율성과 독립성을 인정해줄 필요가 있다. 또한, 교육지원청 장학사들이 학교에 가서 선생님들을 만날 수 있도록 업무를 줄여주고, 시간을 확보해주는 것도 놓쳐서는 안 된다. 도교육청의 변화가 있어야 교육지원청의 변화가 있고, 교육지원청의 변화가 있어야 학교 교육과정의 변화가 있다는 것을 직시해야 한다.

4) '지역교육과정' 운영의 방향을 안내해야 한다.

교육지원청의 가장 본질적인 역할은 학교의 '지역교육과정' 운영을 지원하는 일이다. 지금까지의 학교는 주로 국가교육과정을 구현하는 데에 초점이 맞춰져 있었다. 그러나 지역의 가치와 역할이 증대되면서 자연스럽게 '지역교육과정' 운영이 요구되고 있으며, 학교는 '국가교육과정과 지역교육과정'을 균형 있게 실현하는 것이 중요해졌다.

각 시·도교육청에서는 정부가 고시한 국가교육과정에 따라 교육과정 편성 및 운영 지침을 만들어 지역 단위의 교육과정 운영 방향을 제시한다. 이를 바탕으로 지역교육지원청은 장학자료 등을 제작하여 학교교육과정 편성 및 운영을 지원한다.

대체로 지금까지 시·도교육청에서는 권한과 여건의 제약 그리고 관행 탓에 국가교육과정을 적극적으로 분석하고 재해석하여 지역에 적합한 교육과정을 제시하는 역할을 충분히 다하지 못했다. 국가교육과정을 일부 수정하고 자료를 첨부하는 수준에서 지침을 만들어 학교에 안내하는 정도였다. 대부분 시·도교육청에서 마련한 교육과정 편성 및 운영 지침이 비슷할 수밖에 없는 이유이다. 시·도교육청의 지도와 감독을 받는 교육지원청에서도 개별적이고 단편적인 장학자료를 간헐적으로 제작하는 데 그쳤다. 사정이 이러다 보니 각 학교에서도 지역의 특성과 다양한 자원을 활용하여 학교교육과정을 편성하고 운영하지 못했다. 학교마다 지역적 여건, 규모와 아이들의 특성에 차이가 큰데도 학교교육과정은 그다지 큰 차이를 보이지 않는 이유이다.[28]

교육지원청에서는 지역교육에 대한 중장기적인 비전과 로드맵을 세우는 것이 일차적인 과제이다. 학교와 마을에서 아이들이 반드시 배우

---

28   『로컬에듀』, 에듀니티, 2017, 317쪽.

고 익혀야 할 내용과 덕목을 제시하고, 이를 실질적으로 지원할 수 있는 자원과 자료, 전문가 등을 발굴하고, 연결하고, 조직할 수 있어야 한다. 그리고 학교나 마을에서 도움이 필요하면 지자체와 함께 가능한 범위 내에서 인력, 예산, 프로그램, 시설과 공간, 교통수단 등을 최대한 지원해야 한다. 이러한 역할을 제대로 수행할 때 교육지원청이 지역의 교육을 근본적으로 지원한다고 말할 수 있다.

5) 교사의 '지역교육 전문성' 지원이다.

대부분의 교사는 교원 양성기관인 교대·사대를 다니며 학점을 따고, 교원자격증을 취득한 후에 졸업한다. 그리고 시·도교육청에서 실시하는 임용고사에 합격하면 특정 지역으로 발령을 받아 그 지역의 학교에 가서 수업을 한다. 우리나라의 교사가 임용되는 일반적인 과정이다. 그런데 이 프로세스를 유심히 살펴보면 교사가 근무하는 지역의 지리, 지형 등 자연환경에서부터 역사, 문화, 환경, 생태, 산업 등을 배울 기회가 거의 없다. 당연히 교사는 지역을 모르고, 수업에서 지역을 가르치지도 않는다. 간혹 지역에 관심을 가지는 교사가 있어도 어디에서부터 시작해야 할지 막막하다.

더구나 교사가 실제 사는 곳과 근무하는 지역이 일치하지 않는 경우가 다반사다. 이런 교사들은 아침에 학교에 출근해서 수업을 하고, 오후에 퇴근하면 거주지로 돌아온다. 그러니 마을과 지역에 나갈 수 있는 시간도 거의 없다. 이러한 상황에서 수업에 마을과 지역을 담아야 한다는 말은 공허하게 들릴 것이며, 설령 뜻이 있더라도 너무 어려운 일이다. 교사에게 너무 많은 것을 요구하고 있는 것 아니냐는 일부 교사의 항변이 설득력이 있을 수도 있다.

지역교육지원청이 지역의 교육을 지원하기 위해 무엇을 해야 할지 명확하다. 교육의 질은 교사의 질을 넘지 못한다는 말이 있다. 지역교육의 성패 역시 지역교육을 담당하는 교사에게 달려있다.

교사가 '지역교육' 전문성을 가질 수 있도록 지역에 대하여 잘 알고 있는 주민과의 만남을 주선하든가, 마을 및 지역 이해 아카데미·지역교육 교원 연구회·지자체의 지원을 받아 마을과 지역문화 체험 기회를 제공하는 등 시도해볼 수 있는 일은 많다.

특히 지역교육 실천연구회 운영을 제안한다. 지금 전라북도교육청 소속 교사들이 전북혁신교육넷이라는 단체를 만들어 다양한 분과 활동을 하고 있다. 내가 속한 풀뿌리 지역교육 분과에서는 격주로 만나서 각자 자신의 관심 있는 주제나 분야를 설정하여 실천연구를 진행한다. 실천연구는 아래와 같은 절차로 진행된다.

지역교육 실천연구의 절차
해결하고자 하는 문제 설정 – 관련 요인 파악 – 실태 분석 – 해결 전략 수립 – 전략 실천(날짜, 시간, 장소, 만난 사람 등 실행 과정을 구체적으로 기재) – 성찰

청년을 환대하는 지역으로

—

　　　아이들이 지역에 관심을 가지고, 지역의 삶을 선택하도록 하려면 교육만 변해서는 안 된다. 수도권 대신 지역을 선택할 수 있는 기본적인 환경과 여건이 갖춰져야 한다. 서울의 유명 대학에 가지 않고 지역의 대학을 나와도 진로 및 직업 선택에 제약이 없어야 한다. 서울에 살지 않고 지역에서 살아도 꿈을 이루며 행복하게 살 수 있어야 한다.

　물론 학벌 중심 사회구조와 서울 중심 경제시스템이 강력하게 지배하고 있는 우리나라에서는 매우 어려운 일이다. 하지만 이 문제를 풀지 않고는 혁신교육을 포함하여 다른 어떤 정책도 아이들의 행복한 삶을 보장하기 어렵다.

　지자체는 이제 외부로부터의 인구 늘리기는 실효성이 없다는 것을 인정해야 한다. 대신 지역의 인구와 경제 정책의 대전환이 필요하다. 기업과 공장을 유치하고, 유입 인구를 늘려 잘사는 것이 아니라 지금 살고 있는 사람들끼리 연대하여 함께 잘사는 방식으로 정책을 전환해야 한다. 단순히 경제적 이득만이 아니라 사람들의 삶의 질, 관계의 질에 의미를 부여하는 새로운 형태의 경제 행위에 주목해야 한다. 예를 들면 완주군을 비롯하여 전국에서 수많은 사람이 참여하여 실천하고 있는 로컬푸드, 사회적 경제와 따뜻한 경제, 협동조합과 공동체 운영의 방식이다. 재래시장, 동네슈퍼, 독립서점, 로컬카페와 음식점 등을 이용하는, '함께 나누는' 경제활동을 하는 것이다. 나와 내 이웃이 애써서 일해 번 돈을 외부로 유출하지 않고, 지역 내에서 돌리는 것이다. 오직 나와 내 가족만을 위한 경제 행위가 아니라, 내 이웃과 지역에 도움을 주는 경제활동을 지원하는 정책을 지자체가 펼쳐야 한다.

동시에 지역의 청소년이 지역의 청년으로 자라고, 지역의 시민으로 살아갈 수 있도록 교육과 행정기관이 정책을 전환해야 한다. 밀레니얼 세대는 돈과 명예 등 경제적 안정보다는 자신이 하고 싶은 일에 더 관심을 가진다. 그런데 그들은 기본적인 의식주의 어려움 때문에 자신이 좋아하는 일에 몰입하기 어렵다. 그러므로 자신이 좋아하는, 잘할 수 있는 일에 매진할 수 있는 여건을 만들어줘야 한다.

지역의 문제를 혁신적인 아이디어로 해결하려는 젊은이들에 대한 지자체의 정책과 각별한 지원이 필요하다. 청소년과 청년에 대한 전폭적인 행정적, 재정적 지원과 안전망 구축을 해야 한다. 청년 기본소득과 창업자금이 필요하다. 코로나19를 겪으며 다행히 우리 사회에는 기본소득에 대한 사회적 합의와 공감대가 형성되었다. 청년들이 의식주 걱정 없이 도전과 모험에 참여할 수 있도록 최소 2년 정도는 월 150만 원 정도의 생활비를 보장해주자.

또한, 정책과 예산 지원을 넘어 지역 내에는 연대와 신뢰라는 사회적 자본이 작동하고 있어야 한다. 청년들이 지역에 남거나 찾아오면 따뜻한 시선으로 바라보고 지지해주어야 한다. 완주군 고산면에 청년들이 찾아오는 이유를 눈여겨볼 필요가 있다. 고산면 사람들은 청년들에게 삶의 선배로서 대안적 삶을 살아가는 모습을 직접 보여준다. 청년들을 채근하지 않고, 자립할 기회를 만들어주고 있다.

교육지원청과 지자체,
함께 지역으로 찾아가다

지방선거, 모든 지역에 4년에 한 번 오는 기회

2017년은 완주교육 변화에 한 획을 그은 해였다. 그해 가을, 약 두 달 동안 교육지원청과 지자체가 관내 12개 읍, 면에 함께 찾아가서 약 2,000명의 학부모와 지역주민 등을 직접 만났다. 굳이 2017년에 찾아간 이유는 지자체와 맺은 혁신교육특구 협약[29]이 그 이듬해에 종료되기 때문이었다.

그런데 사실 이보다 더욱 중요한 이유가 숨겨져 있었다. 그 이듬해인 2018년은 6·13 지방선거를 실시하는 해였다. 완주는 지난 2014년에 실

---

29   완주군은 '창의적교육특구'라는 명칭을 사용하고 있다. 이 협약을 2015년에 맺었는데 4년을 기한으로 하고 있다.

시한 6·4 지방선거를 지역교육 변화의 중요한 변곡점으로 활용한 경험이 있다. 완주 지역의 교육환경을 획기적으로 바꾸기 위해 정책토론회를 열었는데 당시 완주군수직에 도전한 5명의 후보를 모두 초청하였다. 이때 완주군의 교육 현실과 어려움을 낱낱이 공개하고, 지역교육환경을 근본적으로 바꾸기 위해 로컬에듀 교육운동을 제안하였다.

정책토론회를 마치고 나니 예상대로 후보 대부분이 이를 교육 분야 공약으로 채택하였다. 이 정책은 당시 선거의 중요한 의제가 되었다. 선거를 마치고 약 6개월 동안 지자체와 협의 끝에 혁신교육특구 협약을 체결하였다. 그 결과 혁신교육특구를 운영하는 전라북도의 다른 시·군보다 예산의 규모와 내용 면에서 매우 앞서나갔다.

풀뿌리 지역교육 실현을 위해서는 교육지원청과 지자체의 실질적인 협업이 이루어져야 한다. 그 척도는 예산이다. 가장 좋은 방향은 양 기관이 교육예산을 함께 분석, 조정, 통합하여 예산을 확보하는 것이다. 이렇게 확보한 예산을 학교와 마을의 필요와 어려움에 따라 적절히 지원해야 한다. 만약 이를 한 번에 이루기 어렵다면 문화·예술·체육과와 마을교육 지원 등 일부 항목이라도 시도해야 한다. 그리고 점진적으로 확대해 나가야 한다. 그래야 중복이나 누락되는 부분 없이 지역교육을 촘촘하게 지원할 수 있다.

이렇게 통합된 예산을 활용하려면 중간지원조직이 반드시 필요하다. 완주군의 13개 읍·면 단위를 지원하는 마을별 교육지원센터와, 완주군 전체의 교육을 총괄하여 지원하는 지역교육지원센터를 공동으로 운영하면 가장 효과적이다.

완주군은 전주를 외곽에서 타원형으로 넓게 둘러싸고 있다. 면적도 전북에서 가장 넓고, 이동 거리도 길다. 이러한 지리·지형적 특성 때문에 한두 개의 센터나 기관으로는 완주 전체를 담당하기 어렵다. 그래서 마을이나 권역 단위로 담당 센터나 활동 공간이 필요했다.

완주교육지원청은 우여곡절 끝에 지난 2017년부터 고산과 소양면에서 마을별 풀뿌리교육지원센터를 설치해 운영하고 있다. 3장에서 언급하겠지만 이곳에서 중요하고, 의미 있는 사례가 제법 나오고 있다. 학교와 마을, 그리고 무엇보다 아이들의 만족도가 높다. 그러나 여기에 머물러서는 안 된다. 이 두 곳이 목표가 아니기 때문이다. 이곳은 일종의 시범 운영 지역이다. 하루빨리 완주 전체, 또는 전북의 타 시·군, 나아가 전국으로 확대 운영되어야 한다.

이렇게 양 기관의 교육예산을 통합하고 중간지원조직을 운영하려면 지자체의 참여가 필수이다. 그러려면 지자체장과 담당 공무원의 교육철학과 인식 변화가 필요하다. 아울러 인건비와 프로그램 운영 등에 필요한 예산을 추가로 확보해야 한다. 이 두 가지를 모두 이루려면 지방선거에서 후보자 공약으로, 그리고 선거의 주요의제로 만드는 것이 가장 빠르면서도 효과적이다. 지역교육의 근본적인 변화를 꿈꾸는 지역은 2022년 지방선거를 지금부터 차근차근 준비하기 바란다.

아직 갈 길이 멀다

혁신교육특구를 운영한 지난 4년 동안 완주에서는 의미 있는 변화가 있었다. 혁신교육특구 예산은 연 12억 남짓으로, 4년간 총 50억 가량이 투입되었다. 지방의 작은 교육지원청에서 추진하는 단일 사업으로는 상당한 규모였다. 시흥, 의정부 등 경기도 혁신교육지구보다는 턱없이 적은 금액이지만, 완주군이 지방의 작은 소도시임을 감안하면 상대적으로 많은 예산이었다.

완주군에는 약 50개의 초중고등학교가 있다. 혁신교육특구 정책을 펼치기 이전에는 관내에 혁신학교가 8개교 있었다. 그런데 이 정책을 추진하면서 '완주군과 함께 만드는 따뜻한 학교' 과제에 참여한 학교가 혁신학교로 속속 지정되었다. 이 과제가 혁신학교 교육과정과 유사하게 운영되었기 때문이다. 다만 혁신학교와 달리 과제 운영에 필요한 예산을 모두 지자체가 지원하였다. 일종의 지자체 협력 예비 혁신학교라고도 볼 수 있다. 그러다 보니 2017년에는 혁신학교가 20개교로 관내 전체 초중고등학교의 약 40%로 확대되었다. 당시 자료를 보면 완주군이 전라북도 14개 시·군 중에서 혁신학교 비율이 가장 높았다.

학교와 마을의 협업도 활발하게 전개되었다. 교육지원청이 발굴하고, 지자체가 예산과 업무처리를 지원하는 '학교와 마을이 함께 만드는 교육과정'에 전체 학교의 95% 정도가 참여한다. 방과후 마을학교도 20여 개 운영하고, 마을 선생님도 60명 정도 활동한다. 고산향과 소꿈사 등 자생적인 마을교육공동체도 활발하게 활동 중이다.

관내 중학교를 졸업하고 나서 관내 고등학교에 진학하는 비율도 다소 늘어났다. 2014년과 2017년 중학교 졸업생의 고등학교 진학 현황을 살펴보면, 완주군 진학은 24.7%에서 32.2%로 약 7.5% 증가하였고, 전주시 진학은 9.0% 감소하였다.

표5 2014년과 2017년 졸업 중학교 학생의 고등학교 진학 현황

구분	완주군 진학	전주시 진학	기타 지역	타 시도 진학	계
2014년 2월	246명(24.7%)	525명(52.7%)	153명(15.3%)	73명(7.3%)	997명
2017년 2월	299명(32.2%)	406명(43.7%)	148명(15.9%)	77명(8.3%)	930명

　개별 학교를 보더라도 고산중학교·삼례여자중학교·완주중학교는 오히려 전주보다도 완주 관내 고등학교로 진학하는 학생이 많아졌다. 완주에서 가장 규모가 큰 봉서중학교도 관내 고등학교로 진학하는 비율이 3년 전보다 약 20% 이상 높아졌다. 고산고·완주고·한별고 등 인문계 고등학교만 보더라도 관내 중학교에서 진학한 학생 비율이 약 30% 이상 높아졌다.[30] 이는 완주의 아이들이 완주의 학교에서 성장할 수 있도록 지원하자는 로컬에듀의 방향에 비추어볼 때 매우 의미 있는 변화라고 평가할 수 있다.

　그러나 아직 갈 길이 멀다. 전주 건너편에 있는 구이면·상관면·이서면·소양면 지역의 아이들은 아직도 대부분 전주 지역에 있는 고등학교로 진학하고 있다. 삼례읍의 남학생들도 그렇다. 학교 교육과정과 수업의 변화 속도도 전체적으로 더디다. 왜 그럴까? 여기에는 어떤 이유와 어려움이 있을까? 바로 그 이유와 현장의 어려움을 듣고, 로컬에듀를 실현하는 데 한 걸음 더 나아가기 위해 완주교육지원청과 완주군이 12개 읍, 면 지역으로 찾아갔다.

30　　고산고, 완주고, 한별고 등 3개 일반계 고등학교 기준.

지역 혁신교육을 위한 공감 토크

—

2017년 9월, 구이면을 시작으로 공감 토크를 실시하였다. 완주군의 교육정책과 학교교육, 진로·진학의 어려움에 대한 현장의 의견을 직접 듣기 위해 교육지원청과 지자체가 공동으로 마련한 자리였다. 여기에 지역의 양대 행정기관 리더인 교육장과 군수가 대부분 자리에 함께했다.[31] 교육장과 군수가 함께 지역에 찾아가서 현장과 직접 소통한 사례는 전국적으로도 찾아보기 드물다.

공감 토크는 크게 5가지의 세션으로 진행되었다. 먼저 로컬에듀의 철학과 방향에 대한 안내와 함께 완주군에서 진행하고 있는 다양한 교육지원 사업을 안내하였다. 이어서 완주 관내 중고등학교의 특색 있는 교육과정과 강점을 각 학교에서 직접 소개했다. 이 자리에 참석하지 않는 학교도 있어서 관내 모든 중고등학교의 교육과정을 담은 책자를 만들어 자세히 안내하였다. 이어서 대학입학 제도의 변화와 중요한 시사점을 도내에서 활발하게 활동하고 있는 진로·진학 전문가가 직접 설명해 주었다. 마지막으로 지역의 교육을 책임지고 있는 박숙자 교육장과 박성일 군수가 한 시간 이상 진솔한 토크를 진행하였다. 자치단체장과 교육장이 함께 지역을 순회하며 주민들과 교육 현안을 놓고 머리를 맞댄 사례는 이제까지 전국 어디서도 없었다.

---

31   군수는 공감 토크 총 12회 중 7회 참석하였는데 일정상 군수가 참석하지 못한 자리는 지자체의 교육담당 과장이 역할을 대신했다.

2017 지역으로 찾아가는 공감 토크 개요

- 기간 : 2017.09.18. ~ 10.31. (총 12회), 회차별 약 3시간 내외
- 장소 : 초중등학교 강당 또는 외부 시설
- 대상 : 교원, 학부모, 지역주민, 시민사회단체 등
- 인원 : 약 2,000명 (포럼 참석 인원 포함)
- 내용 :
  - 로컬에듀의 철학과 방향, 내용에 대한 안내 (완주교육지원청)
  - 지자체 교육지원사업 및 프로그램 안내 (완주군)
  - 완주 관내 중등학교 교육과정 소개
  - 대학입시 제도의 변화와 완주군 고등학교 진학의 강점
  - 교육장과 군수와의 대화

12번의 공감 토크와 포럼에 약 2,000명의 교원, 학부모, 지역주민 등이 참여하여 완주의 꿈인 로컬에듀의 방향과 내용을 공유했다. 이 자리에서 우리 아이들에게 정말 필요한 교육은 무엇이고, 지역사회는 무엇을 어떻게 지원해야 할까에 대하여 의견을 제시하고 토론하였다. 교육장과 군수는 현장의 의견과 어려움을 경청하고, 그것을 풀 수 있는 대안을 제시하였다.

여기에 참여한 학부모들은 로컬에듀의 방향과 가치를 이해하고 동의하였다. 그리고 관내 중고등학교가 대학입학 등에 많은 강점이 있다는 것을 알았다. 게다가 지역의 교육수장과 행정수장이 함께 현장의 이야

기를 듣고 어려움에 공감하며 해결 방안을 찾는 모습을 보고 깊은 연대와 신뢰감을 느꼈을 것이다. 그 결과는 고스란히 교육환경의 변화로 이어지고, 지역의 학교에서 아이들을 잘 키울 수 있다는 믿음으로 이어졌으리라 기대한다.

공감 토크의 가장 중요한 목적 중의 하나는 완주군의 중고등학교 교육과정을 정확히 소개하고 대학입시 측면에서도 강점이 있다는 사실을 알림으로써 지역 내 학교에 진학하도록 설득하는 것이었다. 이를 위해 대입 최고 전문가들이 매회 동참했다. 그리고 학부모에게 정확한 정보와 자료를 제공하여 이해를 도왔다. 학부모들은 물론 초중등학교의 교사들도 많은 도움을 받았다고 했다. 심지어 수시와 정시의 개념과 차이점이나, 농어촌 특별전형에 응시하려면 적어도 중고등학교 6년을 지역에서 다녀야 한다는 내용을 처음 알았다는 교사도 있었다.

이번 행사 진행 과정에서 다양한 형태의 설문을 병행했다. 설문에 응답한 사람 중 73%의 사람들이 완주군의 중고등학교에서 아이를 키우는 것을 긍정적으로 인식하였다. 이 설문 결과가 실제 완주군 학교 진학에도 반영되었는지는 모르겠지만, 당시 분위기는 뜨거웠다. 많은 사람이 완주군의 중고등학교 진학에 대하여 긍정적으로 생각하는 계기가 되었다고 응답했다.

표6 공감 토크 만족도 설문 조사 결과

대상	학부모	교원	기타	응답없음	합계
응답자 수	143	28	1	3	175(명)
비율	82	16	0	2	100(%)

내용	1. 공감 토크의 내용, 방법, 시간에 대하여 만족하십니까? 73% 2. 매년 공감 토크가 필요하다고 생각하십니까? 86% 3. 공감 토크가 자녀의 중고등학교 결정에 도움이 되었습니까? 76% 4. 공감 토크 후 완주 관내 중고등학교에 대한 인식이 긍정적으로 바뀌었습니까? 73% 5. 공감 토크를 통해 완주 관내 중고등학교에 아이를 보낼 생각이 생기셨습니까? 62% 6. 이후 자녀를 실제로 완주 관내 중고등학교로 보내실 예정입니까? 56%

공감 토크 후 학부모 만족도 조사

- 아이 넷 키우면서 이런 공감 토크는 처음인 것 같은데요. 이런 기회를 통해서 우리 지역이 교육적으로도 낙후되지 않고 모두 가 행복한 학교를 만들어갔으면 합니다.

- 이번 토크를 통해 관내 중학교에 아이를 진학시키려 하면서 느꼈던 불안감을 날려버릴 수 있었습니다.

- 중학교 진학 때문에 전주로 이사를 나가야 하나 고민하고 있 었는데 고등학교 선생님들이 오셔서 자세한 설명을 해주시니 좋았습니다. 대학입시에서 수시가 중요하고 내신성적을 잘 받 으려면 지역의 학교에 진학하라 하시니 이곳에서 계속 살아야 겠어요.

- 특별한 형식 없이 털어놓고 얘기하는 자리가 만들어졌다는 자 체가 대단한 일입니다. 예산, 공간, 프로그램 등 지원을 하려 면 교육장님과 군수님은 머리 아프겠어요.

- 질의했을 때 진솔하게 대답해주신 두 분에게 감사드립니다. 도저히 해결하기 힘든 부분에 대해서는 죄송해하면서도 다른 방법으로 문제점을 해결할 방안을 말씀해주셔서 고맙습니다.

학부모의 이야기에 공감해주시는 군수님, 교육장님께 감사드립니다.

- 교육지원청과 지자체가 협치를 하니, 앞으로 우리 완주군이 지금보다 더 잘될 것 같아서 지역민으로서 자부심을 느꼈습니다.

- 지자체와 교육청, 학교와 학부모가 학생들의 교육을 위해서 함께 머리를 맞대고 고민하고 배려하는 모습이 인상 깊고 감동적이었습니다.

- 도시 아이들보다 사교육 혜택이 적은 이곳 아이들은 공교육이 정말 중요합니다.

완주군에서 공부하면 대학도 잘 갈 수 있다

완주군은 자연환경이 아름답고, 천연자원도 풍부하다. 교통·산업·재정·문화예술 등에서 정주 여건이 좋다. 혁신도시·기업도시가 있어 성장 잠재력도 높다. 다양한 분야의 전문가와 실천가들이 속속 귀농, 귀촌하면서 마을도 활기차다. 여러 면에서 살기 좋은 지역이다.

그런데 완주군에 약점이 하나 있다. 중학교까지는 완주군의 학교에 다니지만, 고등학교는 대개 인근에 있는 전주시로 진학한다.[32] 전주시

---

32   중학교 입학은 재배정을 받아서 연 100여 명, 고등학교는 약 70% 정도가 다른 지역으로 진학하고 있다.

의 학교가 가까운 거리에 있다는 이유도 있지만, 진로·진학에서 아이들에게 도움이 될 것이라는 믿음이 있어서다. 전국의 많은 농산어촌이 비슷한 어려움을 겪고 있을 것이다.

지자체에서는 이 문제를 해결하기 위하여 다양한 교육사업을 펼치며 많은 예산을 지원하고 있다. 완주군에서는 교과 성적이 우수한 중학생을 선발하여 영어와 수학 교과 특별수업을 하는 인재스쿨을 운영한다. 참여 업체 대부분이 서울의 유명학원과 강사이기에 최소 수억의 예산이 들어간다. 고등학교 졸업생들이 서울 유명 대학에 입학하면 장학금을 개인당 최대 1,000만 원까지 지급하는 등 수월성 교육을 강조하고 있지만 이는 올바른 방향이 아니다. 지금은 국·영·수 등 교과 성적 중심의 수능을 잘 봐서 대학을 가는 시대가 아니다. 설령 일부 상위권 성적의 학생이 그렇더라도, 완주군의 대다수 학생은 다른 방법으로 대학에 가고 있다.

대학에 들어가는 방법은 크게 정시와 수시 입학으로 나눌 수 있다. 정시는 수능시험 중심 전형이고, 수시는 내신성적과 생활기록부 중심 전형이다. 2017년에 대학은 신입생의 약 76.2%를 수시에서 선발했다. 이는 완주군을 비롯한 농산어촌의 중고등학교에 매우 유리하게 작용하고 있다.

수시전형 중에서도 내신 비중이 큰 학생부종합전형이 지속적으로 증가하고 있다. 이러한 상황에서 완주군의 중학교 학생들이 전주를 비롯한 도시 지역으로 진학하는 것은 대입에 매우 불리하다. 내신 위주의 수시전형에서는 농산어촌학교가 절대적으로 유리하다. 얼마 전 교육부에서는 수능 최저 학력 기준 폐지를 대학에 권고하겠다는 계획을 발표

표7 완주와 도시 지역 고등학교 진학 비교 분석 자료

구분	완주	도시	비고
수능점수 (수능최저등급)	불리	유리	수능 상대 평가 시
	불리 완화	유리 감소	수능 절대 평가 시
내신등급	유리	불리	학생부 전형 증가로 인한 내신비중 상승
수시전형	유리	불리	수시전형 증가
정시전형	불리	유리	정시전형 감소

했다. 그 결과, 농산어촌 지역에서 공부한 학생이 수시입학 등에서 더 많은 기회를 가질 수 있는 것은 분명한 사실이다.

　수시전형의 핵심은 개인이 국·영·수 공부를 열심히 하는 것이 아니다. 학교가 교육과정과 수업을 내실 있게 운영하고, 아이들이 그 과정에 얼마나 잘 참여하여 활동했느냐이다. 이 과정에 대한 관찰과 기록이 내신성적과 학교생활기록부이다. 대학은 이 두 가지를 잘 살펴봐서 자신들의 기준에 맞는 아이들을 선발하고 있다. 이러한 관찰과 기록을 도시 학교에서는 쉽게 진행하기 힘들다. 학생 수가 수백 명인 학교에서는 너무나 벅찬 일이다. 이런 맥락에서 완주군처럼 농산어촌에 있는 학교가 대학입시에서도 절대적으로 유리하다. 단, 수시모집에서 수능과목 최저등급 맞추기, 학생부종합전형을 위한 학교 교육과정의 혁신이 과제로 남는다. 학생 중심의 특색 있는 교육과정(수업과 평가의 혁신), 심화된 교과목 운영 등 학교 교육과정의 변화가 병행되어야 한다.

　학부모에게 자녀의 진로·진학만큼 중요한 것은 없다. 지역에 있는 학교에 자녀를 보내도록 하려면 감성에 호소하기보다 객관적 사실과 정보를 정확히 알리는 것이 중요하다. 그래서 대학입시와 진로진학 교육을 공감 토크의 주요 세션으로 배치하였다. 이 분야의 최고 전문가가 직접 구체적인 자료와 객관적인 데이터를 가지고 설명하였다. 강사는 전라북도교육청 학교교육과 진로진학팀의 추천을 받았다. 모두 현직 고등학교 3학년 담임 내지 진학 부장으로 전라북도교육청 단위에서 활동하는 전문가였다. 이 프로그램이 끝나면 관내 고등학교에서 직접 나와 진로진학 자료와 장학금 등을 학부모에게 구체적으로 안내했다. 학부모들이 쉽게 이해할 수 있도록 관내 모든 중고등학교의 교육과정 운영 내용과 진로진학 현황, 장학금 등 관련된 모든 자료를 책자로 만들어 배포하기도 하였다.

지역교육의 궁극적 지향점, 로컬에듀[33]

학생부 위주 전형으로 대표되는 입시 환경의 변화로 인해 찾아온 농산어촌 고등학교의 기회를 어떻게 하면 이어가고 발전시킬 수 있을까요? 저는 그 답을 로컬에듀 교육운동에서 찾고자 합니다.

완주교육지원청에서 근무하시던 장학사님의 전화를 받고 참여하게 된 로컬에듀 공감 토크는 학부모들을 모아놓은 흔한 입시설명회일 거라는 저의 편견을 처음부터 깨버렸습니다. 군수가 직접 패널로 나서서 교육장과 함께 지역교육을 얘기하고 학부모들의 다양한 요구를 수용하는 모습이 낯설고 신선했습니다. 우리가 흔히 제도와

---

33   공감 토크에 강사로 참여한 임실고등학교 3학년 담임교사 강세웅 선생님의 글이다. 지금은 전라북도교육청 진로·진학 담당 장학사로 근무하고 있다.

예산 때문에 주저했던 기획들이 어쩌면 열정의 문제였을지 모른다는 생각도 들었습니다.

또한, 지역민들이 왜 우리 학교를 외면하는지에 대한 구체적인 이유를 생각해보지 못하고, 열패감과 무력감에 빠져 적극적인 공감을 회피하고자 했던 것은 아닌지 근본적으로 성찰하게 되었습니다. 아마 마을에서 태어난 아이가 마을의 교육을 받고 성장하여 마을의 인재가 된다는 지극히 당연한 과정을 무시하고, 조금이라도 우수한 성적과 역량을 보이면 외부로만 내보내려고 했던 것에 대해서도 많은 사람이 한 번 더 생각하게 된 계기가 되었을 것입니다.

물론 지역과 학교를 연계시키고 마을의 인재를 우리 손으로 직접 길러내기 위해서는 여러 전제가 필요합니다. 학부모들뿐만 아니라 지역민들의 공감을 얻어야 하고, 빈약한 마을 자원을 활용해야 한다는 난제들을 극복해야 합니다. 하지만 무엇보다 지역의 학교가 아이를 먼저 믿고 맡길 수 있는 곳이어야 된다는 조건이 충족되어야 합니다.

다행히도 입시에서 학생부종합전형과 고른기회전형의 확대는 농어촌 교육과 교육기회의 형평성을 지원하고 있습니다. 덕분에 농어촌 고등학교는 대학입시에서 절대적으로 유리한 위치를 점하게 되었습니다. 또한, 혁신학교와 성장평가제, 참학력 등으로 대변되는 전북교육의 노력은 단순히 입시의 유리함만으로 치부될 수 없는 교육의 변화를 가져오고 있습니다.

농산어촌 학교가 교육과정과 입시에서의 절대적 유리함이 검증된 현재 상황에서 아이를 굳이 대도시로 보내려는 지역의 학부모들은 많지 않습니다. 또한, 농어촌 지역 고등학교는 교육의 변화에 대해 상대적으로 유연한 편입니다. 현재 전북지역의 농어촌에 위치한 고등학교 중에는 혁신학교가 많이 있지만, '혁신학교'의 가치를 이미 혁신학교 지정 이전에도 이해하고 수긍했기에 긍정적인 변화가 나타나고 있습니다.

최근에 대학의 학생부종합전형 평가에 있어 가장 중요시되고 있는 학교생활은 수업입니다. 따라서 학교에서 어떤 수업이 이루어졌고, 그 수업을 통해 성장한 학생의 역량과 호기심이 비교과로 확장되고 심화되어가는 과정에 평가의 중점을 두는 추세입니다. 또한, 학생의 배움과 성장에 기반을 둔 학생 중심 활동이 수업에서 다양한 형태로 이루어지고 있습니다. 이 과정에서 모둠 활동을 비롯한 협력 학습이 활발하게 이루어지고 있으며, 이러한 공동체 중심의 학습을 통해 타인에 대한 이해와 공감, 배려와 협력 등의 긍정적인 요소가 형성됩니다.

현재 전북의 고등학교는 학생부종합전형의 질적 확대에 발맞춰 도교육청의 참학력과 연계된 수업과 평가를 실시하기 위해 노력하고 있습니다. 전문적 학습공동체의 활성화와 수업 개선을 위한 적극적인 연수 참여, 그리고 각 학교 학생의 상황에 맞는 적극적인 진학지도 등이 이를 뒷받침하고 있습니다.

수능 중심이던 과거의 입시 상황과 비교했을 때, 수업의 분위기와 학생의 적극성뿐만 아니라 교사와 학생과의 관계에 있어서 크게 진일보했다고 생각합니다. 수능 성적으로는 진학할 수 없는 대학에 학생부종합전형으로 합격하는 사례가 많아지면서 학생들의 진학

의지도 더욱 높아진 상태입니다. 이는 특히 그동안 입시에서 소외됐던 농산어촌 학교를 중심으로 더욱 두드러지는 현상입니다.

이러한 학교교육의 변화는 현재진행형입니다. 이제는 학교교육만으로는 충분치 않습니다. 특히 농산어촌 고등학교는 지역의 최상위 교육기관인 경우가 많으므로 고등학교에서의 교육은 진학에 더욱 중점을 둘 수밖에 없다는 한계가 있습니다. 지역과 교육이 함께 성장할 수 있는 근본적인 대책으로 로컬에듀 교육운동에서 이야기하는 학교와 마을이 함께 만드는 교육과정이 필요한 이유입니다. 이러한 교육과정은 학교 구성원만의 힘으로는 이루어질 수 없습니다. 지자체의 예산 지원만으로 해결되는 것도 아닙니다.

최근 2022학년도 대입제도 개편에 대한 여론이 뜨겁습니다. 신뢰성이 부족한 학생부종합전형보다는 공정성을 확보할 수 있다는 수능 전형을 확대하자는 여론에 대해 일단 교육부가 서울 지역 정시 수능 전형 40% 이상 확대로 답한 모양새입니다. 하지만 그 수는 그리 많지 않습니다. 시대 변화와 혁신교육 등 여러 상황을 고려했을 때 현재의 학생부 위주 대입정책은 앞으로도 흔들리지 않을 것입니다.

중요한 것은 이런 변화에 대해 지역교육지원청과 지자체가 분명히 인지하고 있어야 합니다. 완주를 포함하여 다른 지역에서도 로컬에듀 교육운동에 대한 적극적인 지지를 바탕으로 지금까지 시행하고 있는 관련된 정책들을 지속적으로 추진해 나갔으면 합니다.

각 학교에서도 지역과 함께하는 프로그램을 알차게 운영해서 학부모들과 학생들의 요구에 답할 수 있어야 합니다. 다만 방만한 운영으로 교사가 행정 업무에 지쳐버리지 않도록 세심한 배려가 필요합니다. 교육지원청과 지자체에서는 지역의 인적·물적 지원과 적극적인 컨설팅을 해주고, 학교의 교육활동을 믿으며 교사 개개인과 교육공동체의 점진적인 변화 노력을 인내를 가지고 지켜봐 주셨으면 합니다.

아무쪼록 로컬에듀 교육운동이 어려운 현실에서도 열심히 꿈을 찾아 노력하는 농어촌 학교의 학생들과 지도하는 선생님들에게 큰 희망의 싹이 될 수 있기를 기대합니다.

발로 뛰는 학부모 네트워크

공감 토크의 결정적 역할은 학부모가 하였다. 완주 전체 학부모 네트워크 집행부 및 지역별 모임이 다시 가동되었다. 지난 2014년의 정책토론회와 지자체와 혁신교육특구 협약을 체결하는 과정에서 가장 큰 역할을 했던 학부모 조직의 힘이 여기에서도 빛을 발했다.

공감 토크를 시작하기 전에 완주군 전체 학교의 학부모 대표들이 모였다. 그리고 지역 및 전체 네트워크를 만들어 공감 토크 지원에 나섰다. 특히 지역별 모임에서는 공감 토크를 어떻게 지원할 것인지 구체적인 방안을 세워서 실천했다.

학부모들은 밴드와 카톡으로 소통하고 응원하면서 공감 토크에 많은 힘을 실어주었다. 자신의 지역이 아님에도 불구하고 많은 학부모가 다른 지역 공감 토크에 참여하여 응원하였다. 이러한 행사에서 가장 중요한 것은 참석 인원수다. 지자체의 관심과 참여를 촉진하기 위해서는 일정한 세가 필요했다. 이를 잘 아는 학부모들은 서로서로 연락하여 참석을 독려하였고, 이를 위해 다른 지역에도 기꺼이 참석하였다. 당시는 이러한 학부모들에게 최소한의 교통비도 보전해주지 못하는 상황이었다. 그럼에도 꺾일 줄 모르는 학부모들의 열정은 어쩌면 완주가 아니면 볼 수 없는 광경일지 모른다.

완주군의 학부모들은 내 아이를 잘 키우기 위해서는 내 아이의 친구, 나아가 마을의 아이들이 잘 자라야 한다는 것을 경험적으로 알고 있었다. 여기에서 그치지 않고 우리 학교가 잘되기 위해서는 이웃 학교, 나아가 지역의 학교가 잘되어야 한다고 생각했다. 로컬에듀의 다양한 운영 과제에 참여한 학교의 변화를 보면서, 지역교육 전체의 변화를 몸으로 느끼고 있었기 때문이다.

참여하는 학부모, 공부하는 학부모[34]

저는 로컬에듀 학부모 활동을 하면서 여러 가지를 고민했습니다. 그동안 학부모의 학교 참여나 교육정책 참여는 소수 몇 학부모만 했었기에, 일반 학부모에게는 기회가 아주 적었습니다. 학부모 활동을 일부에게 주어지는 시혜나 선택으로 여겨왔던 것도 사실입니다. 그러다 보니 전문성이 떨어지고, 내 자녀만을 생각하는 이기심

---

34   황인순, 2017 로컬에듀 포럼 학부모 대표 발제문 일부.

도 있었고, 실천보다는 말을 앞세웠던 것 같습니다.

아는 만큼 보인다는 명제는 학부모 활동에도 적용되는 것 같습니다. 학부모 역시 알아야 학부모 활동에 참여할 수 있습니다. 역으로 참여하기 위해 배워야 하고, 참여할 때 비로소 배워야 할 필요를 느끼게 되는 것 같습니다.

로컬에듀 운동은 참여하는 학부모, 공부하는 학부모로의 변곡점을 찍어주었습니다. 여기에 참여하면서 우리는 내 아이에서 벗어나 다른 아이까지 바라보게 되었습니다. 완주 지역의 아이들이 적어도 중고등학교까지는 지역 내의 학교에서 성장할 수 있도록 함께 고민하기 시작했습니다. 비슷한 관심과 걱정을 가진 학부모가 모여서 활발하게 의견을 나누었습니다. 그러다 보니 내 아이와 내 아이가 다니는 학교만을 생각하는 좁은 마음에서 벗어나 다른 아이, 완주의 다른 학교를 생각하게 되었습니다. 함께 고민하고 길을 찾아가면서 나와는 다른 생각과 행동을 하는 사람들을 만났습니다. 그들과 만나면서 때로는 경탄하기도 하고, 때로는 모르는 것을 깨닫기도 했습니다.

다양한 생각이 모이니 조금만 생각을 달리하면 우리 아이들 모두가 행복해지는 길이 있다는 것을 알게 되었습니다. 고립된 개인이 아닌 로컬에듀를 통해 공동체의 구성원이 됐을 때 삶의 대안과 희망이 보이기 시작했고 사회적인 책임감도 생기게 되었습니다. 이것이 바로 로컬에듀 공동체 참여의 힘이라고 생각합니다.

학부모 참여와 교육의 선순환을 위해 더욱 고군분투해야 할 시점이 바로 지금부터라고 생각합니다. 멈춤 없이 다 함께 참여하는 학부모, 공부하는 학부모로서의 자리매김을 더욱 단단하게 해야 할 것입니다.

우리 학부모는 로컬에듀 운동을 통해 교육은 교육청과 학교가 알아서 한다는 생각과 확실하게 결별했습니다. 그리고 입시경쟁교육에서 전인교육으로 과감하게 방향을 틀었습니다. 아이들이 행복하고 즐거운 학교를 위해서는 학교의 노력만으로, 교육청의 노력만으로는 불가능합니다. 교육지원청과 지자체가 함께 고민하고 학교와 학부모가 함께 노력할 때만이 가능하다는 것을 로컬에듀 운동을 해나가면서 알게 되었습니다.

리더의 역할을 몸으로 보여주다

—

공감 토크에서 특히 양대 행정기관 수장의 리더십이 빛을 발휘했다. 공감 토크는 약 두 달여 동안 완주 전역에서 진행되었는데 대부분 저녁 시간에 이루어졌다. 오후 6시에 시작하면 9시를 넘기는 경우가 많았다. 완주교육지원청 박숙자 교육장은 공감 토크 12회 전 일정에 참석하였다. 박성일 완주군수는 7회 참석하여 학부모와 지역주민, 교직원을 직접 만났다. 그리고 적어도 한 시간 이상 대화했다. 어쩌면 공감 토크의 하이라이트였다고 볼 수 있다.

교육과 행정기관의 양 리더가 지역주민을 직접 만나 교육정책을 설명하고, 현장의 목소리를 듣는 것은 매우 큰 의미가 있었다. 학부모 설문을 보면 리더가 학부모 의견을 경청하고, 어려움에 공감하고, 대안을 제시하는 모습에서 깊은 신뢰를 느꼈다는 대답이 많았다. 지역교육이 변화하려면 리더가 어떤 마음을 가지고, 어떤 역할을 수행해야 하는지 직접 몸으로 보여준 셈이다.

몇 가지 작은 변화

공감 토크를 하면서 뜻하지 않은 성과도 일부 거뒀다. 지자체와 지난 4년 동안 혁신교육특구를 공동으로 진행했지만, 방향이나 관점, 운영 방식이 많이 달랐다. 눈에 보이지 않는 갈등도 있었다. 그런데 공감 토크 과정에서 여러 번 만나고 협의하는 동안 신뢰를 쌓을 수 있었다. 그래서인지 이듬해 혁신교육특구 지자체 예산이 약 30% 정도 증액되었다.

상관 지역에서는 학생들이 학교를 마치고 활동할 수 있는 공간이 부족하다는 어려움이 나왔다. 지역에도 마땅한 공간이 없었다. 학교에 남는 부지는 있었지만, 학교 안 시설에 지자체가 예산을 지원한 사례는 단 한 번도 없었다. 그러나 현장의 어려움을 군수가 직접 듣고 담당 공무원에게 방법을 마련하도록 지시했다. 훗날 지자체와 도교육청이 예산을 공동으로 확보하여 조립식 건물을 짓고, 이를 기부하였다는 소식을 전해 들었다. 완주군과 전북교육청이 협력하여 아이들이 활동할 수 있는 방과후 마을학교 공간을 만든 사례로 대단한 의미가 있다.

소양 지역에서는 주민자치센터 건물을 청소년이 활동할 수 있는 공간으로 만들어주겠다는 확답을 받기도 하였다. 그 건물은 올해 리모델링 공사를 시작하여 내년 쯤에는 소양 지역의 아이들이 온전히 쓸 수 있는 공간으로 새롭게 태어날 것이다.

봉동 지역의 공감 토크에는 김승환 전라북도 교육감이 참석하여 힘을 실어주었다. 완주고등학교에서 진행되었는데 교육감이 이 학교의 노후 된 교육환경을 살펴보면서 시설 개선을 위한 예산 지원을 약속하였다. 그 약속이 이행되어 약 2억 원 정도의 지원을 받았다는 소식을 훗날에 들었다.

> 지속 가능한 선순환의 지역교육공동체를 꿈꾸는 완주에서는 완주군청과 완주교육지원청이 손을 잡고 교육과 마을을 연결하는 작업을 꾸준히 진행해오고 있습니다. 한번 일기 시작한 변화의 물결은 매우 구체적으로 완주 교육과 완주 지역민들의 삶을 변화시키고 있습니다. 완주에서 초등학교나 중학교를 졸업하고 상급학교 진학은 전주로 가는 오래된 패턴이 서서히 무너지고 있습니다. 실제로 최근에는 완주군에서 중학교를 졸업한 학생들이 완주군 관내의 고등학교로 진학하는 비율이 약 30% 정도 늘어났습니다. 아이들의 배움과 성장을 위해서 지역과 학교가 하나되는 완주의 상황은 우리나라에서는 무척 희귀한 사례입니다.[35]

공감 토크 성과의 압권은 한별고등학교의 남녀 공학 전환이었다. 3년 동안의 로컬에듀 진행 과정에서 관내 중학교를 졸업한 학생들이 관내 고등학교로 진학하는 비율이 매우 높아졌다. 그런데 삼례 지역은 큰 변화가 없었다. 이유를 분석해보니 삼례지역에 여고인 한별고등학교만

---

35   김승환 교육감이 5회차 봉동지역 공감 토크에 참석한 뒤 페이스북에 올린 글의 일부.

있고 남자 고등학교가 없는 것이었다. 그러니 삼례중학교를 졸업한 남학생이 갈 수 있는 고등학교가 없어 부득이하게 전주로 나가야 하는 상황이었다.

이 문제가 공감 토크에서 자주 언급되었다. 여러 지역을 다니며 학부모와 지역주민들로부터 한별고를 남녀 공학으로 전환해달라는 요청을 많이 들었다. 지역에 있는 학교로 아이를 보내라면서 정작 지역에 학교가 없는데 어찌 보내느냐는 원성과 함께였다. 여러모로 한별고의 남녀 공학 전환은 반드시 풀어야 할 숙제였다. 그러나 이는 교육지원청이나 지자체가 단독으로 처리할 일이 아니었다. 교직원, 학부모, 학생은 물론 동창회와 지역사회 등 학교 안팎의 다양한 구성원들의 합의가 있어야 했다. 학교를 하나 세우는 것보다 더욱 어려운 일이었다.

그런데 7회차 삼례 지역 공감 토크 때 반전이 있었다. 삼례 지역의 첫번째 학부모 질문이 한별고 남녀 공학 전환 문제였다. 이 문제를 풀지 않으면 우리는 완주를 떠나겠다는 협박성 발언이었다. 답변에 나선 교육장도 속시원한 대답을 할 수 없어 도교육청이나 학교와 협의해보겠다는 다소 원론적인 답변을 할 수밖에 없었다.

공감 토크 말미에 한별고 장우익 교장이 자청하여 마이크를 잡았다. 다른 지역 공감 토크에서 한별고 남녀 공학 문제가 자주 거론되었다는 말을 듣고 오늘 부장교사 회의를 열어 남녀 공학을 추진하기로 했다는 내용이었다. 다만 학교가 너무 좁아 남학생들이 뛰어놀 운동장이 없고, 화장실 문제가 있으니 삼례중과 삼례여중이 통합되는 2020년 이후에 통합하여 새로 개교하면 좋겠다는 구체적인 일정도 제시해주었다.

이 발언이 끝나자마자 객석에서 큰 박수 소리가 터져 나왔다. 이 문제는 그동안 정말 큰 난관이었고, 반드시 해결해야 하는 문제였다. 그런데 그 자리에서 이 문제가 거짓말같이 풀려버렸다. 사실 이전에도 여러 차례 남녀 공학 전환을 추진하였지만 학교가 반대했었다. 그런데 이번에는 지역의 요구와 염원을 받아들여 학교에서 전환을 추진하는 쪽으로 결론을 내렸다. 공감 토크의 가장 큰 성과라고 해도 손색이 없었다.

3장

교육자치와
지방자치에서
시민교육자치로

마을교육 플랫폼,
풀뿌리교육지원센터

마을학교, 방과후에 아이들을 품어주다

———

전국의 많은 지역에서 마을교육공동체를 추진하고 있다. 이는 교육부 주요 정책 중 하나이기도 하다. 혁신교육지구도 공교육 정상화에서 마을교육공동체를 활성화하는 방향으로 급속히 전환되고 있다. 이는 학교와 마을, 교육과 삶의 경계를 허물어가야 하는, 현시대의 필요와 요구에 적합한 방향이다.

마을교육공동체의 중심에 마을학교가 있다. 마을학교는 학교를 마친 아이들에게 갈 곳을 마련해주고, 마을에서 아이들을 보살펴준다는 측면에서 중요한 의의가 있다. 학교에서는 쉽게 담당하기 어려운 역할이다. 최근 몇 년 사이에 전국의 마을학교는 숫자를 세기도 어려울 정도로 빠르게 늘어나고 있다. 완주도 혁신교육지구를 시작할 무렵부터 지금까지 학부모와 주민들이 해마다 약 20개의 마을학교를 운영하고 있다.

마을학교에서는 대체로 학부모와 마을 주민들이 아이들을 맞이하고, 때로는 강사 역할도 한다. 대부분 동네 사람이라서 아이들의 가정환경에서부터 삶의 이력, 개인적인 특성, 교우 관계 등을 잘 알고 있다. 학교 교사들처럼 공식적인 관계는 아니지만 동네에서 늘 마주치기 때문이다. 이도 교사가 쉽게 가질 수 없는 강점 중 하나이다.

마을학교에서 운영하는 프로그램의 종류는 매우 다양하다. 교과보다는 주로 문화, 예술, 체육과 체험 등 특기 적성과 관련된 것이 많다. 동화책을 읽어주거나, 아이들과 함께 등산하는 곳도 있다. 굳이 일정한 프로그램을 운영하지 않고 아이들이 편히 쉴 곳을 마련해주기도 한다. 경기도에서는 학습자 주도 프로그램으로 운영하는 '몽실학교'도 마을학교의 큰 범주에 포함시키고 있다.

표8 마을학교 운영 흐름

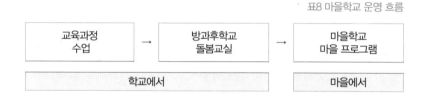

위 표와 같이 마을학교 또는 이곳에서 운영하는 마을 프로그램은 주로 방과후에 마을에서 운영한다. 아이들은 학교에서 정규 수업을 받고 방과후학교나 돌봄교실에 참여하고, 이 과정을 모두 마쳐야만 비로소 학교에서 나와 마을학교에 올 수 있다. 가정이나 학원으로 가는 아이도 있지만, 일부 아이는 마을학교나 마을 프로그램에 참여한다. 아마 전국 대부분 지역에서 이와 비슷하게 진행될 것이다.

마을학교는 학교가 담당하기 어려운 부분을 마을에서 담당하고, 마을의 돌봄 기능을 회복한다는 측면에서 중요한 역할을 하고 있다. 우리 사회는 앞으로도 마을의 교육적 기능과 돌봄 활동을 필요로 하고, 그 역할은 계속 증대될 것이다.

풀뿌리교육지원센터, 방과후학교를 학교에서 빼내다

—

그런데 엄밀히 따지면 마을학교에서 진행하는 교육활동은 학교 교육과정이나 수업의 변화와는 직접적인 관련이 없다. 마을학교에서 아무리 의미 있는 교육활동을 지원하더라도 학교는 방과후학교와 돌봄을 운영하느라 여전히 바쁘고, 교사는 그 일을 담당하느라 허덕일 것이다. 학교에서 교육과정과 수업의 변화를 시도하고, 교사가 아이들 한 명 한 명에게 집중하기 어려운 이유다. 학교의 교육과정과 수업, 생활교육의 변화 없이 교육의 변화를 기대할 수 없다.

완주 로컬에듀의 주된 관심사는 학교의 교육과정과 수업의 변화였다. 교사의 과중한 업무를 덜어 수업과 아이들에게 집중하도록 돕는 것이었다. 그것이 교육을 바꾸는 출발점이라 여겼다. 그래서 지난 2017년도부터 완주군의 일부 마을에서 학교 교육과정 운영과 교사의 수업에 부담을 주는 방과후학교와 돌봄[36] 등을 학교에서 빼내었다. 마을이 이

---

36   2017년 운영 초기에는 돌봄교실도 마을에서 모두 담당하였다. 그러나 이듬해 정부의 정책이 돌봄을 학교 안에서 진행하는 것으로 바뀜에 따라 지금은 돌봄 특성화 프로그램 정도만 담당하고 있다. 소양면에서는 지자체가 지원하는 온종일 돌봄교실을 위탁받아 운영하고 있다.

를 수탁받아 운영하고, 학교는 교육과정과 수업·생활교육 등 본질적인 활동에 힘을 쏟도록 하는 풀뿌리교육지원센터를 몇 개 마을에서 시범적으로 운영하고 있다.

이 센터의 주된 기능은 일종의 학교와 마을의 역할 분담이라고 할 수 있다. 학교는 정규교육과정과 수업에 집중하고, 마을은 방과후학교를 운영하면서 돌봄 기능을 강화하는 것이다. 학교와 마을이 자신의 고유한 영역, 잘할 수 있는 영역에서 자신의 역할을 충실히 수행하는 것이다.

그러나 학교와 마을이 경계를 세워 '분업'을 하자는 것은 아니다. 아이들이 잘 성장할 수 있도록, 24시간 내내 교육과 돌봄의 공백이 없도록 도와주는 '협업'을 목표로 하고 있다. 학교, 마을, 가정이 아이들의 성장에 적절한 지원을 함으로써 협육 시스템을 구축하는 것이다. 학교의 정규교육과정과 수업에 성실히 참여하고, 마을에서 적절한 여가 지원과 보살핌을 받고, 가정에서 충분한 휴식과 수면을 한 아이와 그렇지 않은 아이는 분명 다를 것이다. 이러한 지원을 받은 아이는 다음 날 학교에 가서 교육과정과 수업에 적극적으로 참여할 것이다. 그래서 완주혁신교육지구에서는 학교와 마을, 가정이 자신의 역할에 충실하고, 상대를 적절히 지원하도록 방향을 설정하고 있다.

표9 학교, 마을, 가정의 협육 시스템

학교교육 (수업과 생활교육)	마을교육 (방과후학교와 돌봄, 여가 생활)	가정교육 (휴식과 수면)
09:00~15:00	15:00~20:00	20:00~09:00

방과후학교는 학교 밖에서

—

　　방과후학교는 1995년 정부가 사교육비를 절감하고 교육격차를 해소하기 위하여 도입했다. 그러다 2005년 특기적성교육과 방과후교실, 수준별 보충학습으로 운영되던 것을 방과후학교로 통합하여 시범 운영한 뒤 2006년부터 모든 학교에서 전면적으로 실시하였다. 그러나 정부가 고시한 국가교육과정 총론에 "학교는 학생과 학부모의 요구를 바탕으로 방과후학교 또는 방학 중 프로그램을 개설할 수 있으며(하략)"와 같은 일부 조항이 있었을 뿐 법률적 근거는 없었다.

　그동안 국회에서는 정규 교육과정 외의 교육과정을 운영하는 '방과후학교'를 법제화하려는 움직임이 여러 차례 있었다. 지난 2017년과 2019년에 더불어민주당 김한정, 김진표 의원이 각각 방과후학교 관련 초중등교육법 일부 개정안을 대표 발의하였다. 김한정 법률안에서는 교육부 장관과 교육감이 방과후학교가 안정적으로 운영되도록 매년 운영 계획을 수립해 시행하도록 했다. 김진표 법률안은 방과후학교의 체계적이고 안정적인 운영을 위해 법률적 근거를 구체적으로 마련하고, 학교에서 프로그램 위탁 시 계약방법과 조건, 해당 업체에 대한 지도·감독에 대한 부분을 명시해 학생들의 학습권 보장 및 강사 처우 개선 등을 도모하기 위한 것이라고 제안 이유를 밝혔다.

　그러나 국회는 학교교육의 질을 떨어뜨리는 방과후학교의 법률적 근거를 마련하는 일보다, 지역사회가 어떻게 협력하여 아이를 잘 키울지부터 고민해야 한다. 학교에서 방과후학교를 빼내어 운영하는 것이 학

교교육을 정상화하는 첫 단추를 끼우는 일임을 직시해야 한다.[37]

지역사회가 서로 협력하여 아이들이 건강하게 시간을 보낼 수 있는 다양한 활동을 제공하는 것이 필요하다. 아이들의 삶의 만족도와 행복도에 큰 영향을 미치는 학습시간과 학교에 머무르는 시간을 줄이면서도 아이들이 여가를 즐길 수 있게 정책의 방향을 바꾸어야 한다.

3개 마을의 방과후학교를 지역에서 수탁 운영하다
—

완주혁신교육지구에서는 방과후학교를 학교에서 빼내어 지역에서 운영하는 것을 최우선 과제로 설정하였다. 2017년도에 고산풀뿌리교육지원센터를 설립해 관내 3개 초중등학교에서 방과후학교를 빼냈다. 이어서 2018년도에는 소양풀뿌리교육지원센터를 설립해 관내 2개 초중등학교에서 방과후학교를 빼내었다. 2020년도에는 상관풀뿌리교육지원센터가 2개 초중등학교의 방과후학교를 빼내어 운영 중이다.

고산면에서는 온누리살이 사회적협동조합이 3개 초중등학교의 방과후와 돌봄을 수탁하여 운영하고 있다. 소양면에서는 '소양의 꿈을 키우는 사람들'이라는 협동조합이 2개 초중등학교의 방과후학교와 돌봄 특성화 프로그램을 수탁하여 운영하고 있다. 이 두 지역은 방과후학교 외에도 평일과 주말 특별 프로그램, 여름과 겨울 방학 풀뿌리 프로그램 등을 운영하고 있다. 풀뿌리교육지원센터 운영 초기에는 학교와 마을에서 교사와 학부모 등 교육 주체 간에 다소 의견과 시각 차이가 있어

---

37   『로컬에듀』, 에듀니티, 2017, 336쪽.

서 진통도 있었지만, 지금은 두 지역 모두 안정기에 접어들고 있다.

혁신교육지구에서 지원하는 인건비와 프로그램 운영 예산은 2018년 도까지는 교육지원청에서 직접 집행하였다. 단위학교에도 도교육청과 지자체에서 지원하는 방과후학교 예산이 일부 교부되다 보니 학교에 방과후학교 업무가 일부 남아 있었다. 그러나 2019년도부터는 방과후 학교 운영 관련 예산을 학교로 일절 보내주지 않아 학교에 관련 업무 도 거의 발생하지 않게 되었다. 이들 지역에서는 방과후학교 위탁업 체 공모 선정에서 계약·예산 집행·정산까지 모두 교육지원청에서 담 당한다. 방과후학교 프로그램 기획·공고·강사모집 및 선발·운영·출 석부 관리·수당 지급 등을 모두 마을공동체에서 진행한다.

표10 2020학년도 마을별 풀뿌리교육지원센터 운영 현황 (단위 : 천 원)

마을	학교	방과후학교 운영 예산			혁신지구 (②)	합계 (①+②)
		도교육청	지자체	계(①)		
고산면	고산초	10,800	4,500	15,300	70,000	112,000
	삼우초	10,800	4,500	15,300		
	고산중	8,400	3,000	11,400		
소양면	소양초	11,800	7,000	18,800	70,000	115,600
	소양서초	10,800	5,000	15,800		
	소양중	6,000	5,000	11,000		
상관면	상관초	22,600	8,000	30,600	60,000	107,400
	상관중	10,800	6,000	16,800		
계		92,000	43,000	135,000	200,000	335,000

마을교육활동가에게 정당한 인건비를 지급하다

　풀뿌리교육지원센터 운영에서 가장 중요한 것은 사람이다. 센터 운영자, 또는 실무자는 학교와 마을의 교육활동 전반을 꿰뚫는 전문성과 경험이 있어야 한다. 학교 교육과정을 이해하려는 마음가짐이 필요하다. 아이에 대한 사랑과 너그러움은 기본이다. 아이들을 앞에서 끌어줄 리더십과 뒤에서 기다려 줄 수 있는 마음가짐과 여유도 필요하다. 어쩌면 학교의 교사와 같은 법적인 권한도 없으면서 그에 못지않은 역할을 해야 하기 때문에 전문성과 경험이 더욱 필요하다. 센터 운영자, 또는 실무자는 기본적으로 마을 주민이나 학부모여야 한다. 마을을 잘 알고 있어야 하며, 마을 사람들과 긴밀한 관계를 맺고 있어야 한다.

　풀뿌리교육지원센터는 완주가 전국에서 최초로 시도한 곳이다. 그래서 센터 운영과 관련된 매뉴얼이나 참고할 만한 사례가 별로 없었다. 누구도 가보지 않은 길을 가야 했기에 대부분 새롭게 시도하고, 도전해야 했다. 지난 몇 년 동안 고산과 소양 지역 풀뿌리교육지원센터 운영자와 실무자는 마을 사람을 만나고, 현장을 발로 뛰면서 마을의 일상을 교육적 상상력으로 재구성하기 위해 노력했다. 마을의 다양한 사람과 장면을 학교나 교육, 아이들의 삶과 연결하기 위해 열정적으로 일했고, 그 과정에서 마을교육에 대한 전문성과 통찰력을 축적할 수 있었다.

　이러한 전문성과 경험, 열정과 통찰력을 가진 사람이 센터 운영에 참여하려면 마을교육 활동을 전문 분야로 인정해야 한다. 그리고 그들의 시간, 노력, 노동에 대한 정당한 급여를 지급해야 한다. 그들의 노력과 시간을 충분히 인정하는 것이 가장 좋으나 여의치 않을 경우, 적어도 최저 임금은 보장해야 한다. 마을교육활동가가 자투리 시간에 짬을 내어 봉사하는 것이 아니라, 이 일에 안정적으로 집중하여 역량을 발휘할 수 있도록 여건을 마련해주어야 한다.

그래서 이 모델을 초기에 기획할 때부터 풀뿌리교육지원센터 운영자 두세 명에게 급여를 지급하도록 설계하였다. 운영 예산의 60%를 상근자의 인건비로 지급하고, 40%는 프로그램 운영비로 사용하도록 기준을 마련했다. 이 기준은 다른 지역이나 어떤 매뉴얼에서도 참고하지 않았다. 당시 완주교육지원청의 교육장을 비롯한 전문직, 일반직 공무원이 감사 지적 등 위험 부담을 무릅쓰고 만든 것이다. 지난 몇 년 사이에 완주에서도 여러 우여곡절이 있었지만, 이 원칙은 지금도 지켜지고 있다. 어쩌면 풀뿌리교육지원센터 운영의 핵심이라고 볼 수 있다.

해마다 학기 초면 전국의 마을은 분주하다. 마을교육 활동 분야에서 일하고자 하는 사람은 점차 늘어나는데, 일자리가 별로 없기 때문이다. 그들은 늘 교육(지원)청이나 지자체, 학교 등 공공기관의 사업이나 프로그램 위탁 공고나 강사 채용 안내문 등을 유심히 살펴보면서 일자리를 얻고자 한다. 운 좋게 얻은 일자리는 대부분 급여도 낮고, 신분도 불안정하다.

마을교육 활동은 지자체나 교육청, 학교 등 대부분 관이 주도하는 경우가 많다. 마을교육활동가들은 생업에 종사하면서 시간을 쪼개어 관이 운영하는 프로그램에 참여하는 경우가 많은데 그마저도 일자리가 충분하지 않다. 간신히 일자리를 얻고 나면 요구하는 서류도 지나치게 많고 복잡하다. 그만두고 싶기도 하지만, 농산어촌에서 그만한 일자리를 찾기가 쉽지 않다.

마을이 살고 지역이 살기 위해서는 마을교육 분야에 안정적인 일자리가 더 많이 생겨야 한다. 일자리의 질도 높아져야 한다. 학교와 교육청을 넘어 지자체의 전폭적인 관심과 지원이 필요하다. 지자체가 가진 권한과 예산을 최대한 활용하여 학교와 마을을 지원해야 한다. 이 과정에서 질 좋은 일자리가 생기고, 마을 사람들이 이 일자리에 참여할 수 있는 정책을 구사해야 한다. 아이들은 지역에서 배울 수 있어야 하고, 지역의 청년과 어른은 지역에서 일할 기회가 있어야 한다.

마을교육 플랫폼

—

풀뿌리교육지원센터는 학교와 마을이 협업하여 아이를 키우는 로컬에듀의 구체적 실천 모델이다. 학교는 교육과정에 집중하고, 마을은 방과후학교와 돌봄을 운영함으로써 학교와 마을이 협력과 분권의 교육자치 공동체를 구현한다는 측면에서 의의가 있다.

풀뿌리교육지원센터는 처음에는 방과후학교와 돌봄 운영을 주목적으로 설립되었다. 그런데 막상 뚜껑을 열어보니 방과후학교나 돌봄교실 운영보다도 더 광범위한 역할을 하게 되었다. 고산과 소양의 양 지역에서 풀뿌리교육지원센터는 마을과 학교를 연결하는 플랫폼 역할을 하고 있다. 학교는 마을의 도움이 필요하면 이곳에 연락하고, 센터에서는 마을의 다양한 전문가와 자원을 연결해주었다. 마을 사람들이 늘 이곳에 모여 지역의 학교와 아이들을 주제로 이야기를 나눴다. 센터는 마을 사람들이 교육을 주제로 뭔가 꿈꾸고, 도모하기 좋은 곳이다. 마을의 역할을 새롭게 모색해보려면 마을에 사람들이 모여 함께 이야기할 수 있고, 무엇이든 시도해볼 수 있는 언덕과 같은 역할을 하는 곳이 필요하다. 풀뿌리교육지원센터가 딱 그런 역할을 한다.

제2의 학교

풀뿌리교육지원센터는 제2의 학교이다. 평일 방과후학교뿐만 아니라 학교가 문을 닫는 주말과 방학 중에도 프로그램을 운영한다. 지역별 여건과 상황에 맞는, 아이들 한 명 한 명에 적합한 활동과 프로그램을 운영하고 있다.

아이들은 오후 2시쯤부터 4시 사이에 학교를 마친다. 그리고 삼삼오오 모여 집이나 학원으로 간다. 그러나 특별히 갈 곳이 없는 아이도 많이 있다. 그들은 변변히 쉴 곳이 마땅치 않다. 이를 현재의 공교육시스템에서 학교가 담당할 수는 없다. 마을과 지역마다 이러한 공간과 시설을 마련해야 한다. 마을이 이를 운영하고, 지자체가 지원하는 방향이 바람직하다.

전주를 타원형으로 넓게 둘러싸고 있는 완주의 전 지역을 한두 군데의 센터로는 감당할 수 없다. 이러한 완주군의 지형 및 지리적 특성에 적합한 지역별 교육, 여가, 돌봄 시스템 마련이 절실했다. 이는 면적이 넓은 농촌이 공통으로 겪고 있는 문제이다. 따라서 완주 지역만이 아니라 대부분 농산어촌 지역에 가장 적합한 교육지원 모델이라고 할 수 있다.

소양 지역 사례를 일부 소개하겠다. 우리 학교 학생들이 학교를 마치면 가는 곳이 있다. 걸어서 5분 남짓 되는 가까운 곳이다. 일부 학생은 집이나 학원에 가기도 하지만, 적어도 절반 정도는 매일 그곳에 간다.

지자체 돌봄에 참여하는 초등학교 아이들까지 합하면 꽤 많은 우리 학교 아이들은 약속을 특별히 하지 않아도 으레 하교 후 거기서 다시 만난다. 아이들만 있지 않다. 적어도 매일 5명 이상의 마을 사람들이 아이들을 기다리고 있다. 예전에는 주민자치센터로 사용했는데 지금은 소양풀뿌리교육지원센터가 들어와 있다. 이 센터에서는 '소양의 꿈을 키우는 사람들'(이하 소꿈사)이라는 협동조합이 소양중학교의 방과후학교를 위탁받아 운영하고 있다. 학생들은 이곳에서 목공과 수공예 등 5개 방과후학교 프로그램, 밴드 등의 다양한 동아리 활동, 마을 탐사 등의 특화 프로그램에 참여한다. 이 풀뿌리교육지원센터를 운영하는 사람은 모두 마을 주민과 학부모이고, 강사도 절반 정도는 마을 사람들이다.

소양중학교가 학습에 어려움을 겪는 학생을 지원하는 영어와 수학 맞춤형 학습도 이곳에서 마을 강사가 진행한다. 오래전부터 지자체가 지원하는 예산으로 영어, 수학, 글쓰기 수업이 진행되고 있었다.

건물 1층에는 작은도서관이 자리 잡고 있다. 도서관 운영을 지자체가 직접 하지 않고 마을공동체에 위탁하여 운영하고 있다. 당연히 사서 선생님도 마을 사람이다. 지자체가 지원하는 '도도한 놀이터'라는 온종일 돌봄교실도 운영되고 있다. 소양 소재 초등학교에서 약 20명 정도의 아이들이 수업을 마친 후 매일 이곳에 온다.

마당에는 작은 컨테이너가 하나 있는데 이곳의 이름이 '들락'이다. 아이들이 마음 놓고 들락날락할 수 있는 곳이라는 뜻으로 지은 이름이라고 한다. 이곳에서는 마을 사람들이 아이들에게 매일 간식을 만들어 먹인다. 아이들은 간식을 먹기 위해서도 이곳에 온다. 입맛에 맞는 간식이 나올 때랑 그렇지 않을 때랑 이곳을 찾는 아이들 수도 차이가 있다고 한다. 그래도 작은 공간이다 보니 매일 북적거린다. 마을에 사실상의 제2의 학교가 운영되고 있는 셈이다.

이 공간은 주말과 방학 동안에도 문을 닫지 않는다. 학교는 이런 역할을 할 수 없다. 오로지 마을에서 살아가는 마을 사람, 학부모만이 할 수 있다. 예산은 교육지원청과 완주군으로부터 나온다. 프로그램 운영 예산과 인건비를 지원하고, 유휴 공간을 내준 것이다. 덕분에 5명 이상의 일자리도 생겼다. 2020년도에는 완주군에서 12인승 작은 버스도 한 대 보내주었다. 큰 힘이 될 것이다. 소양중학교에서도 우리 학생이 가는 곳이기 때문에 필요한 예산을 지원하면서, 학교 교육과정 운영에서 마을과 무엇을 더 함께할 수 있을지 자주 협의하고 있다.

농촌의 아이들은 학교를 마치더라도 집에 쉽게 가기 어렵다. 집으로 가는 버스를 타야 하기 때문이다. 아이들은 집에 가는 버스가 올 때까지 이곳에서 머무른다. 방과후학교 등에 참여하여 무엇인가 배우는 아이도 있지만 그렇지 않은 아이가 더 많다. 특별히 배우지 않아도 다른 아이들이 있어서 그다지 심심하지 않다. 설령 심심하더라도 괜찮다. 그래야 무엇을 할지 작당을 한다.

소꿈사 공동체는 올해 들어 사회적 협동조합으로 전환되었다. 단지 교육만이 아니라 환경 문제 등 마을의 크고 작은 일에 참여하고 있다. 아직은 역할이 미미하지만 나도 조합원에 이름을 올리고 있다.

학교 주변에 부모들이 마음 놓고 아이를 맡길 수 있는, 아이들이 마음 놓고 드나들 수 있는, 특별히 배우지 않아도 마음 편히 쉴 수 있는, 집으로 가는 버스가 올 때까지 기다릴 수 있는 이런 공간 하나쯤은 있어야 하지 않을까 싶다.

학교 먼저? 마을 먼저?

　고산과 소양은 풀뿌리교육지원센터를 운영하면서 교육 분야에서 중요한 변화를 겪고 있다. 마을도 마찬가지다. 고산과 소양의 변화 양상은 비슷하게 전개되고 있다. 학교 교육과정과 수업의 변화, 학부모와 지역 주민 등 마을의 교육활동 참여, 교육지원청과 지자체의 예산과 공간 지원, 그리고 센터 운영과 프로그램을 진행할 다양한 외부 전문가와 활동가의 유입, 내부 구성원의 성장, 사회적 협동조합의 출범 등이 그것이다. 이들이 앞서거니 뒤서거니 하면서 서로가 서로를 지원하고, 네트워크를 형성한다. 이들 모두 궁극적으로는 학교를 지원하고, 아이들의 성장과 삶에 의미 있는 영향을 준다. 그리고 지역의 삶과 발전에 긍정적인 영향을 미친다. 이러한 선순환의 흐름을 마을교육공동체, 또는 지역교육생태계라고 부를 만하다.

　한편으론 분명한 차이점도 보인다. 서로 출발 지점이 다르다. 고산은 폐교 위기의 삼우초등학교에서 선생님이 아이 중심으로 수업을 바꾸는 것에서 시작하였다. 반면에 소양은 학부모들이 마을의 아이들에게 쉴 곳을 마련해주고, 간식을 준비해주는 것에서 시작하였다. 전자는 학교의 변화요, 후자는 마을의 참여이다. 하지만 그 결과는 같았다. 두 곳 모두 아이가 학교와 마을에서 잘 자라고, 행복하게 살아가도록 지원하면서 지역 교육환경의 변화를 이끌었다.

　이 두 지역의 공통점과 차이점이 내포하고 있는 의미는 무엇일까? 지금, 이 순간에도 전국의 수많은 학교와 마을에서 다양한 사람들이 마을교육공동체를 시도하고 있다. 그러나 모두 잘 되는 것은 아니다. 교육공동체를 시도하는 분들이 내게 많이 하는 질문 중의 하나는 학교가 먼저 시작해야 하는가, 아니면 마을이 먼저 시작해야 하는가였다. 물론 가장 좋은 모습은 학교와 마을이 동시에 시작하는 것이지만 그런 경우는 거의 없다. 그럼 어떻게 해야 할까?

그 해답이 고산과 소양에 있다. 학교든 마을이든 누가 먼저 시작하는 것은 중요하지 않다. 준비된 쪽, 또는 더욱 절실한 쪽에서 먼저 시작하면 된다. 그럼 한 사람이 두 사람이 되고 두 사람이 다섯 사람, 열 사람이 된다. 그리고 나면 학교든 마을이든 호응하기 마련이다. 교육지원청과 지자체도 가만히 두고 보지 않는다. 고산 지역은 삼우초 학부모들이 주축이 돼 먼저 시작하였지만, 지금은 고산초는 물론 지역 전체가 교육을 중심으로 다양한 활동에 참여하고 있다. 고산향교육공동체와 고산의 변화는 굳이 설명이 필요가 없을 정도이다. 마을교육공동체의 모범으로 손꼽힌다. 고산은 지금 전국에서 방문한 사람들로 늘 붐빈다. 소양 지역에서 초기에 참여한 사람은 네다섯 사람이었지만, 지금 소꿈사 조합원은 30여 명에 이른다. 마을의 행정기관 등에서도 기부와 봉사활동 등 다양한 형태로 지원하고 있다. 학교가 가장 늦게 합류하였지만, 지금은 소양중학교의 담장을 낮추고, 교육과정의 변화 등으로 화답하고 있다. 나아가 '소양혁신학교벨트'라는 이름으로 마을의 전체 초중등학교가 연대하는 실험적 시도를 하고 있다.

풀뿌리교육지원센터의 과제
—

풀뿌리교육지원센터는 초기부터 큰 우려와 어려움을 안고 시작했다. 학부모는 방과후학교 운영의 질과 안전을 우려했고, 선생님들은 학교에 또 다른 짐을 지우는 것은 아닌지 의심했다. 우여곡절이 있었지만, 다행히 학교와 마을 사람들의 소통과 협업으로 어느 정도 자리를 잡아가고 있다. 특히 토요일과 방학 중에도 방과후학교와 돌봄이 이어지면서 학부모들의 지지를 받고 있다.

그럼에도 아직 풀뿌리교육지원센터는 여러 가지 어려움과 풀어야 할 과제를 안고 있다. 내부의 힘으로 풀 수 있는 것도 있지만, 어떤 것은 지자체를 비롯한 외부의 지원과 참여가 없으면 불가능하다.

1) 방과후와 돌봄을 위탁하여 운영할 시설과 공간이 필요하다

다행히 소양 지역은 주민자치센터 공간을 확보하여 운영하고 있지만, 고산은 그렇지 못하다. 지자체에서 운영하는 청소년 센터인 '고래'를 활용하고자 했으나 벽에 부딪혔다. 경기도 의정부 아이들이 몽실학교에서 다양한 자치 활동을 하고 있는 것은 서우철, 김현주 선생님을 비롯한 수많은 길잡이 교사의 헌신과 더불어 경기도교육청이 북부청사를 아이들에게 내어줬기에 가능했다. 이 공간에서 아이들은 마음껏 꿈꾸고 상상하고 도전하였다. 어느 지역이든 아이들이 스스로 무엇인가 해보고 싶어 모이고 기획하고 실천할 수 있는 몽실학교와 같은 공간, 시설이 필요하다.

2) 풀뿌리교육지원센터의 역할과 운영 방향에 대한 중장기 로드맵을 그려야 한다

단지 학교에서 방과후와 돌봄을 빼 오는 것으로 만족해서는 안 된다. 학교에서 이들을 빼 오는 것도 의미가 있지만, 새로운 운영 시스템과 별도로 내용을 채워야 한다. 전문가 토론회와 같은 행사를 여는 가장 큰 이유이다. 초기에는 여러 가지 제약과 한계가 있어 방과후학교와 단기 프로그램을 돌리는 것으로도 버겁다고 할 수 있다. 아이들과 지역을 연결할 고리를 찾지 못하고 헤매기도 한다. 그러나 늘 풀뿌리교육지원센터 출범 초기의 초심을 잃지 말고 아이들의 진로교육과 자치 활동, 지역교육과 지역사회 이해 등에 어떤 역할을 해야 할지 끊임없이 고민하고, 토론하고, 실천해야 한다.

3) 학교 교육과정 운영과 수업의 변화가 필요하다

방과후학교와 돌봄을 학교에서 빼낸 이유는 결국 학교가 본질에 집중할 수 있도록 지원하기 위한 것이다. 그러나 방과후학교와 돌봄을 빼낸 이후의 학교의 교육과정 운영과 수업 변화에 대하여 아직 구체적인 논의를 하지 못하고 있다. 완주교육지원청에서 풀뿌리학교와 풀뿌리교육과정 운영을 위한 예산을 일부 확보해 놓고 있지만 쉽지 않은 일이다.

4) 교육 주체들 간 거버넌스를 구축해야 한다

풀뿌리교육지원센터는 학교와 마을을 연결하는 징검다리 역할을 해야 한다. 학교에서 교과 지식과 역량, 품성, 태도를 충분히 배우고 지역에서 소질과 적성을 계발하는 데 필요한 다양한 활동을 함으로써 학교와 마을이 유기적으로 협력하여 실질적인 교육 분권과 자치를 만들어가야 한다. 센터를 중심으로 마을의 아이 한 명 한 명을 자세히 살펴 그들의 적성과 능력에 적합한 진로, 직업 교육을 지원해야 한다. 이 과정에서 아이들이 지역을 충분히 접하고, 지역의 다양한 사람과 만나게 하는 것도 놓쳐서는 안 된다.

센터가 이런 역할을 해내기 위해서는 실무를 담당하는 한두 사람으로는 불가능하다. 지자체, 지방의회, 교육지원청과 같은 행정기관은 물론 지역 주민, 학부모, 다양한 분야의 전문가와 활동가, 그리고 교육 기부나 자원봉사를 할 수 있는 청년 등이 참여해야 한다. 이들이 정기적으로 만나 논의하고 결정할 수 있는 거버넌스가 필요하며, 이 전반적인 운영 방향을 지원할 수 있는 종합적인 시스템이 작동하도록 방법을 모색해야 한다.

5) 지자체를 비롯한 지역사회의 참여와 지원이 더욱 요구된다

완주에서 교육지원청이 운영할 수 있는 풀뿌리교육지원센터는 기껏해야 한두 개 정도이다. 지자체가 참여하여 확대하지 않는다면 일부 지역의 시범 사업으로 그칠 것이다. 지자체가 가지고 있는 예산과 인원, 자원 등을 활용한다면 이를 연차적으로 완주 전역으로 확대할 수 있다.

풀뿌리교육지원센터는 로컬에듀의 핵심이 담겨 있어서 개인적으로도 남다른 애착이 있다. 도내의 다른 시군과 타 시도에서도 소양과 고산의 사례를 많은 관심을 가지고 지켜보고 있다. 문재인 정부 공약 중 하나인 '온종일 마을학교'와도 관련이 깊다. 완주에서 성공한 사례를 확산시켜야한다.

풀뿌리교육지원센터는 아직 갈 길이 멀다. 풀어야 할 문제가 한둘이 아니다. 어쩌면 채 한 걸음도 떼지 못했을 수도 있다. 그러나 센터 운영은 아이들의 바른 성장, 행복한 삶, 그리고 지속 가능한 지역을 위해 필요할 뿐만 아니라 지역 교육환경의 획기적인 변화로 이어질 것이다. 아이들이 지역을 떠나지 않고 지역에서 살 수 있는 지속 가능한 지역을 만드는 열쇠가 될 것이다.

고산의 변화,
학교에서 마을로

폐교 위기의 두 학교가 하나로

—

2000년대 초반의 일이다. 완주 고산면에는 고산서초등학교라는 작은 학교가 있었다. 여느 농촌학교처럼 해마다 학생 수가 줄어들다 보니 면 소재지에 있는 고산초등학교로 통폐합될 위기가 찾아왔다. 그러나 일부 선생님과 학부모, 지역 주민은 어떻게든 이 학교를 살려보고자 노력했다. 교육청에 탄원서를 내기도 하고, 직접 찾아가 시위도 했다. 그들의 노력과 뜨거운 열정으로 역시 통폐합 대상이었던 인근의 삼기초등학교와 통합을 하게 되었다.

통합학교는 신축 과정에서 교사와 학부모, 지역 주민의 의견에 따라 아이들 중심으로 공간을 만들었다. 우리가 흔히 보는 네모난 건물 대신

둥글고 부드러운, 곡선의 아름다움이 살아 있는 건물을 지었다. 모든 학급 교실을 1층에 배치하여 교실 문을 열면 바로 운동장이나 놀이터, 작은 숲으로 뛰어나갈 수 있다. 건물 중앙에는 넓고, 아늑한 도서관이 있어 언제든 아이들이 쉽게 찾아와서 편하게 책을 읽도록 하였다. 교무실, 행정실 등 사무공간은 모두 2층으로 보냈다.

농촌의 작은학교에서 새로운 교육을 꿈꾸는 교사들
—

2000년대 초반에 경기도 남한산초등학교의 변화 사례가 알려지면서 전국적으로 작은학교에서 희망을 만들어가려는 움직임이 있었다. 전북에서도 한 교사 연구 모임이 학교 변화를 '개인 차원의 노력'에서 벗어나 '학교 차원의 문화'로 만들기로 했다. 그들은 여러 차례의 논의 끝에 '결합학교'로 삼우초등학교를 선택했다. 학교 통합과 교원 전보, 지역사회의 공감대 형성 등에 유리했기 때문이다. 2004년 무렵까지 2~3년간 일반 학교에서는 시도하지 못했던 수업을 해보겠다는 꿈을 가지고 여러 선생님이 모여들었다. 그들은 농촌학교의 환경적·정서적 이점을 살려 체험 중심의 농촌 교육과정을 구상했다.[38] 새로 부임한 선생님들은 아이들을 데리고 산과 들과 개울로 나갔다. 그리고 아이들이 하고 싶은 것을 하며 마음껏 뛰어놀게 했다. 밖에서 볼 때는 노는 것처럼 보였을지 몰라도, 사실 이것은 교육과정을 분석하고 교육목표에 따라 교과서를 재구성한, 새로운 형태의 수업이었다. 교실에서 일방적으

---

38   서근원, 『학교혁신의 선구자들』, 교육과학사, 172쪽(삼우초 송수갑 교사 글 중에서).

로 지식과 정보를 전달하는 수업, 시험에 대비하여 문제집만 푸는 수업이 아니라 활동 중심, 체험 중심, 아이들 중심 수업을 한 것이다.

선생님들은 아이가 세상을 살아가는 데에 꼭 필요한 능력과 덕목이 무엇인지 자주 모여서 협의하고 토론했다. 그것을 수업 속에서 배울 수 있도록 교육과정을 분석하고, 교육목표에 따라 교과서를 재구성하였다. 아이들을 데리고 학교 밖으로 나가 직접 만져보고, 찾아보고, 탐구하는 수업을 해나가면서 일상수업 공개와 수업 협의회를 끊임없이 열었다. 그렇게 수업을 아이들 중심으로 바꿨더니 아이들이 학교 가는 것을 즐거워하기 시작했다.

고산향교육공동체의 태동

—

완주군 고산면에 이러한 학교가 있다는 소식이 언론 등을 통해 전주 등 인근 도시 학부모들에게 조금씩 알려졌다. 그러자 기존의 주입식 학교교육에 불만을 가진 학부모들이 자신의 자녀를 이 학교에 보내기 시작했다.

처음에는 이곳에서 살지 않더라도 주소만 옮기면 전학을 받아줬다. 그러나 너무 많은 아이가 찾아오면서 실제로 거주하지 않으면 전학을 받아주지 않게 되었다. 그러다 보니 학교 주변에 더는 외부에서 사람들이 들어올 만한 집이나 땅이 없게 되었다. 실제 고산 지역에서 활동하는 젊은이조차 땅을 구하지 못해 인근의 용진읍이나 봉동읍에서 출퇴근해야 할 정도였다.

이 학교가 경기도 남한산초등학교와 함께 작은학교 모델로 명성을 얻은 삼우초등학교이다. 학교가 바뀌니 아이들이 찾아오고, 집값과 땅값이 오르고, 지역에 사람들이 붐비며, 경제가 살아나는 것을 우리는 직접 눈으로 목격했다.

이 무렵 완주군에서는 읍·면 단위별로 장기발전과제를 세우면 지원하는 정책을 추진했다. 고산면에서는 교육을 주요과제로 정하고 추진하였다. 삼우초등학교의 성공 사례를 고산 전 지역으로 확대하기 위하여 교원·학부모·지역 주민·지자체 공무원·군 의원 등이 참여하는 고산향교육공동체를 만들었다. 고산 교육포럼을 열면서 전체 학교와 학부모, 마을 주민을 대상으로 고산 교육의 방향을 묻는 설문을 실시했다. 설문 결과 '학교에서는 입시와 경쟁교육 대신 학생들이 행복하게 성장하며 함께 살아가는 교육을 해야 한다'라는 문항이 70% 이상의 지지를 받았다. 새로운 교육을 향한 지역사회의 압도적인 지지의 힘으로 고산은 그때부터 지금까지 여타의 지역과는 사뭇 다른, 자신만의 길을 만들어가고 있다.

학부모, '고산 내 상급학교 보내기 운동'을 하다
—

몇 해가 지난 후 이 학교 학부모들에게 새로운 고민거리가 생겼다. 아이들이 초등학교를 졸업할 무렵이었다. 중고등학교 진학 문제였는데, 고산 지역의 중고등학교는 여전히 입시와 경쟁 중심, 또는 교사 중심 수업을 진행하고 있었다. 학부모들은 삼우초등학교처럼 좋은 학교를 찾아 떠날지, 아니면 지역의 중고등학교를 삼우초등학교와 같은 좋은 학교로 만들지 선택의 기로에 서게 되었다.

짐작한 바와 같이, 학부모들은 고산을 떠나지 않았다. 지역에 있는 고산중학교에 자녀들을 보내고, 지역의 중고등학교를 삼우초등학교처럼 바꾸려고 노력했다. 그 과정에서 도교육청에 강한 압력을 넣어 고산 지역 중고등학교가 혁신학교로 지정되도록 만들었다. 그 후의 이야기지만 고산고등학교도 공립형 대안학교로 만들어 자녀를 보냈다.

여기에 그치지 않고 학부모들은 학교 교육과정 운영에 다양한 방식으로 참여하면서 많은 도움을 주었다. 고산 지역 5개 학교 선생님들이 학년 초에 모두 모여 인사를 나누거나, 공동 체육대회를 하는 등의 자리를 마련했다. 학부모들이 지역의 아이들을 데리고 인문학 기행, 자전거 기행을 가기도 하였다. 학부모들은 마을의 청년들과 함께 지원과 도움이 필요한 사회적 배려 대상 아이들에게 간식도 먹여주고, 놀아주기도 하고, 돌봐주기도 했다. 아울러 학부모 자체 강좌와 세월호 추념 행사, 시 낭송과 영화감상 등 문화행사를 주기적으로 개최하는 등 자체적으로 공동체적인 연대의 힘을 축적해갔다.

지자체와 교육지원청이 주목하다
—

고산향교육공동체의 활동은 점차 교육지원청과 지자체의 주목을 받기 시작했다. 완주교육지원청에서는 풀뿌리교육지원센터를 고산에 지원하였다. 고산풀뿌리교육지원센터는 고산 지역 3개 초중등학교의 방과후학교와 돌봄을 수탁 운영한다. 그리고 주말과 방학 동안에도 문을 닫지 않고 토요풀뿌리, 방학풀뿌리 프로그램을 운영하며 사각지대에 놓인 아이를 맡는다.

지자체에서는 아이들이 방과후에 모여서 놀고, 동아리 및 취미 활동을 할 수 있는 공간과 프로그램을 만들어주었다. 옛 양곡센터 창고를 개조하여 만든 고산 청소년센터 '고래'가 바로 그곳이다. 고래는 겉에서 볼 때는 낡은 건물처럼 보이지만 안에 들어서면 전혀 달라진다. 산뜻한 인테리어에 노래방, 탁구장, 편안한 공부방과 직접 음식을 해먹을 수 있는 조리공간에 쾌적한 화장실까지 갖추고 있다. 농산어촌 교육의 가장 큰 문제는 아이들이 학교를 마치고 갈 데가 없다는 것이다. 경제 사정이 허락할 때는 도시로 나가면 되지만 그렇지 못한 아이도 있고, 마땅히 갈 곳이 없어 배회하는 아이도 있다. 이런 아이들이 쉽게 찾아갈 수 있는 곳, 한창 커가는 아이들에게 맛있는 간식을 줄 수 있는 곳, 어른들 눈치 안 보고 마음껏 놀 수 있는 곳, 그곳이 바로 고산 청소년센터인 '고래'다.

풀뿌리교육지원센터와 청소년센터를 운영하려면 예산과 사람이 필요했다. 프로그램 개설도 해야 했는데 전주 등 외부에서 이러한 교육에 관심이 많은 사람들이 찾아왔다. 다양한 분야의 직업인들과 전문가들이었다. 청년도 일부 포함돼 있었다. 고산 지역의 학부모와 주민들이 일정한 프로그램이나 교육 훈련에 참여한 후에 자체적으로 협동조합이나 공동체를 만들기도 했다. 그리고 학교 교육과정과 청소년들을 다양한 형태로 지원했다. 덕분에 방과후학교와 돌봄 프로그램, 진로 활동 프로그램이 날로 풍성해져갔다. 최근에는 숟가락 공동육아, 공유 부엌, 청년 창업지원, 미디어공동체지원센터 등이 생기고, 외부에서 다양한 전문가들이 들어와 학교를 지원하면서 동시에 지역의 삶의 방식을 새롭게 만들어가고 있다. 현재 고산풀뿌리교육지원센터를 운영하고 있는 선생님의 이야기를 직접 들어보자.

지속 가능한 학교 밖 교육공동체[39]

고산풀뿌리교육지원센터가 생긴 지 어느덧 4년 차가 되었다. 과거 교육의 주체가 교사, 학생, 학부모였다면 최근에는 지역(마을)이 새로운 교육의 주체로 떠오르고 있다. 이런 현실 속에서 전국에서 마을교육공동체의 가장 앞서가는 모델로 거론되는 곳 중 하나가 고산일 것이다.

고산풀뿌리교육지원센터는 완주교육지원청과 학교, 학부모와 지역 주민들의 과감한 결단이 있었기에 시작할 수 있었다. 하지만 녹록지 않은 현실 속에서 우여곡절도 많이 겪었다. 아무도 가지 않은 길을 가는 자의 숙명으로 모든 시행착오를 오롯이 겪었다. 그러나 지금은 위기를 지역의 성숙 기회로 바꿔가며 느린 걸음이지만 꾸준히, 그리고 즐겁게 걸어가고 있다. 이것이 바로 고산의 힘이 아닐까? 고산에서 처음 풀뿌리교육지원센터를 시작한다고 했을 때 지역이 품었던 비전은 매우 다양하고 컸다. 그것을 간단히 정리하면 다음과 같다.

• 초중등 연계 방과후 수업

• 마을 돌봄

• 학교 밖 교육공동체

• 학교의 변화

---

[39]   김애란 고산풀뿌리교육지원센터장의 글이다.

초중등 연계 방과후 수업

대다수 학교에서 진행되는 현재의 방과후학교 수업은 한 학기나 일 년 단위의 특기 적성 프로그램으로 이루어지고 있다. 이런 형태의 방과후 수업은 아이들의 성장과 진로에 의미 있는 영향을 끼치기 어렵다. 그러나 풀뿌리교육지원센터가 지역의 초중등 방과후 수업을 전담하게 되면 상황이 달라진다. 초중등 시간 9년을 단순 취미나 초보적인 기능 습득이 아닌 소질과 적성을 계발하는 기회로 활용할 수 있다. 초등학교에서 중학교로 연계됨으로써 분절이 아니라 지속성과 통합성을 확보할 수 있다.

고산풀뿌리교육지원센터 운영 2년 차에 방과후 수업을 두고 지역에서 첫 논의의 장을 마련하였다. 제1차 방과후 수업 간담회에 초중등학교 교장 선생님을 포함한 교사, 학부모 80여 명이 참석하였다. 이 자리에서 고산풀뿌리교육지원센터 운영, 다음 학년도 방과후 수업, 초등과 중등 연계로 진행하고 싶은 활동 등을 이야기했다.

이 자리에서 단위 학교의 교육과정과 고유문화를 고산면 전체 학교가 공유하자는 의견까지 나왔다. 학교 밖 논의가 학교 안 의제가 되어가는 상황으로 자연스럽게 연결되었다. 한 번의 논의로는 성숙한 합의를 이룰 수 없다는 의견이 있어 제2차 간담회를 열자는 합의도 하였다. 마을교육공동체의 가장 중요한 주체인 학생의 의견을 듣는 자리도 있었으면 좋겠다는 의견도 나왔다. 이에 각 학교에서 아이들을 만날 수 있는 시간과 자리를 기꺼이 내어주었다. 지역의 다양한 교육 주체가 참여하여 논의하는 의미 있는 자리였다.

마을 돌봄

우리나라는 생애 주기별 돌봄 시스템이 갖춰져 있지 않다. 교육에만 국한시키더라도 이 문제는 도시나 시골이나 모두 마찬가지다. 학교의 정규 교육과정만으로는 돌봄이 필요한 아동, 학생, 청소년을 품을 수 없다. 마을로 확장하면 노인 문제는 더욱 심각하다. 비교적 공동체적 전통이 살아 있는 농촌 지역도 사정은 같다. 오히려 이주민과 토착민, 귀농인과 귀촌인, 전업농과 취미농, 어른과 아이, 청년과 노인 다양한 계층의 문제가 섞여 한층 복잡한 문제들이 발생한다. 문제가 일어나면 작은 지역의 특성상 크게 두드러지고 사회적 비용도 더 들어간다. 작은 일도 그냥 지나칠 수가 없다. 농촌의 돌봄 문제 역시 지역의 다양한 주체들이 같이 고민해야 한다.

고산풀뿌리교육지원센터에서는 돌봄 문제를 해결하는 일련의 시도를 하였다. 먼저 취학 전 아이부터 청년, 동네 어르신까지 모두 함께 모여 즐겁게 놀아보는 자리를 마련했다. 상황과 이해관계가 다른 구성원들 사이에 접점을 만들기 위해서는 만남이 있어야 한다고 생각했기 때문이다.

고산풀뿌리교육지원센터의 대표적인 프로그램인 토요풀뿌리는 이렇게 기획되었다. 토요일 오후에 '아이부터 어르신까지 함께 놀아요.'라는 슬로건을 걸고 놀이마당을 만들었다. 물, 불, 흙을 놀이의 기본 재료로 삼아 결과물도 없고 진행자도 없는 자유 놀이의 장을 펼쳤다. 지역의 공동육아 모임 '숟가락'과 결합하여 취학 전 아이들도 참여하도록 했다. 행사 진행에 필요한 인력 지원은 고산고 학생들과 청년들에게 도움을 받았다. 적으나마 비용을 지급했는데, 마을행사에 참여해 아이들을 만나본 청년들이 자연스럽게 방학 풀뿌리 프로그램의 길잡이 선생님으로 합류하였다. 무형식의 자유로운 놀이는 아이들과 어른들 모두에게 만족도가 높았다. 놀이라는 형식과 완주 지역경제순환센터 운동장이라는 매력적인 놀이터가 지역 주민들과 만나는 순간 또 다른 꿈이 생기기 시작했다.

이 행사를 계기로 정규 교육과정을 마친 아이들에게 억지로 배우지 않고, 오직 자신의 오감을 이용해 자연과 함께 지내는 시간을 마련해주면 어떨까 생각한 것이다. 이 꿈을 실현하기 위해 '놀이를 지지하는 어른들의 모임'을 만들어 다양한 활동을 전개하고 있다. 또한, 초등학교 학부모 중심으로 '놀이창고'를 결성하여 아이들을 함께 돌보고 있다. 놀이를 주제로 한 자생적인 모임과 돌봄 활동이 마을에서 진행되고 있다. 너무 멋지지 않은가!

우리 아이들이 친구들과 약속을 하지 않아도 놀 수 있는 골목이 마을에 생긴다면 어떨까요? 자기들만의 이야기로 이루어진 아지트가 있다면 어떨까요? 집안에 사정이 생겨도 지역의 이웃들이 함께 우리 아이들을 따뜻하게 봐줄 공간이 있다면 어떨까요? 뚝딱뚝딱, 지글지글, 시끌벅적 아무리 어질러도 아무리 떠들어도 야단치는 사람이 없다면 어떨까요? 하고 싶은 것들을 다 할 수 있는 공간이 있다면 어떨까요? 초등 정규 교육과정 이후 아이들의 골목 놀이 문화가 정착될 수 있도록 아이들의 놀이를 지지하는 모임에 초대합니다. (놀이창고 안내문 중 일부)

학교 밖 교육공동체

처음 완주교육지원청에서 풀뿌리교육지원센터라는 모델을 고산에 제안했을 때 지역은 열광했다. 그 비전과 나아갈 방향이 너무나 매력적이었다. 다만 현실적인 이유로 지역에서의 논의는 촉박하게 이루어졌고, 준비 시간도 짧았다. 열정과 꿈만으로는 한계가 있었다. 평범한 마을 주민이 센터 운영실무를 감당하기 힘들다는 것을 깨닫는 데는 오랜 시간이 걸리지 않았다. 지역은 그 대가를 톡톡히 치렀다. 그 문제를 해결하는 과정에서 마을활동가나 지역 강사로 활동하려는 분들을 위한 교육의 필요성이 제기됐다.

고산에서 교육을 기반으로 활동하는 단체들이 모여 이런 문제의식을 공유하고, 해결하기 위한 논의를 시작하였다. 각 단체가 가지고 있는 예산을 모아 지역 활동가 양성 교육을 함께 운영하기로 하였다. 그러다 보니 수준 높은 강사를 초빙할 수 있었고, 장기적인 교육도 가능하게 되었다. 교육과정 80% 이수를 조건으로 참여자를 공모했다. 진행자 입장에서 참여하는 사람이 적을까 봐 걱정이 컸지만 애초 목표인 10~15명보다 훨씬 많은 24명의 교육생과 함께 마을교육 아카데미를 열 수 있었다. 매주 금요일 저녁마다 뜨거운 열기 속에서 진행되었다.

일각에서는 마을의 교육공동체들과 마을교육활동가의 전문성 부족에 대한 걱정이 많은 것이 사실이다. 마을교육 아카데미는 이런 부분에 대한 염려를 어느 정도 해결해줄 수 있었다. 하지만 교육 내용과 방법에서 부족한 부분이 많았다. 지역의 교육 역량을 높일 마을 교육활동가를 꾸준히 발굴, 육성하기 위한 체계적인 과정을 장기적으로 진행해야 할 것이다.

마을교육공동체들의 초기 역량 부족은 교육 주체들이 함께 극복해 나가야 할 문제이다. 학교 현장과 학부모가 기대하는 수준의 역량을 갖추기까지 마을활동가에 대한 따뜻한 배려와 기다림의 시간이 필요하다. 그렇지 않으면 지역에서 활동하면서 이런저런 시선과 평가로 활동가가 마음의 상처를 입는다. 지역이 작아서 그 상처는 쉽게 아물지 않는다. 공동체를 지원하고자 선의로 시작한 일이 오히려 지역의 공동체성을 해칠 수도 있다. 성숙과 발전을 위해 시간은 지역공동체에도 반드시 필요하다. 그래야 지속 가능한 학교 밖 교육공동체를 만들 수 있다.

학교의 변화

사실 학교의 변화가 가장 중요하다. 지역이 학교 밖 교육을 담당하게 된 가장 큰 이유이자 로컬에듀가 나아갈 궁극적인 목표이다. 지역은 어느새 학교의 애물단지가 되어버린 방과후 수업을 맡음으로써 학교가 본래의 기능에 충실하게 할 수 있게 지원하였다. 지역이 학교가 담당하던 부수적인 과업을 기꺼이 감당한 것이다. 그렇다면 학교는 교육과정의 정상적인 운영, 공교육의 질적 성장, 수업 혁신으로 지역의 기대에 답해야 한다.

고산의 학교는 비록 충분하지 않지만, 변화를 위한 일련의 시도를 하고 있다. 그 변화는 지금은 잘 보이지 않지만, 곧 많은 영향을 미칠 것이다. 가장 큰 문제는 현실에 안주하거나 비판이나 불평만을 늘어놓으며 작은 시도조차 하지 않는 것에 있다.

교육 전문가는 학교나 교사 집단에만 있다고 생각하여 학부모나 학생, 마을 주민을 동등한 파트너로 생각하지 않는 사람들이 여전히 많이 있다. 그들은 지역을 필요할 때 사용하는 소모적 자원으로 보고 있다. 이런 시각은 많은 마을교육공동체에 상처를 줄 수 있다.

고산은 단위 학교들의 협조와 교육지원청의 관심에 힘입어 위기의 순간을 함께 극복할 수 있었다. 앞으로 학교 내부 변화 움직임을 지역은 공동과제로 인식하고, 지지하며, 함께 연대할 것이다. 학교와 지역교육공동체의 변화가 서로에게 유기적으로 영향을 미쳐 건강한 교육생태계를 이룰 수 있게 되기 위해 지역과 학교가 함께 노력할 것이다.

많은 지역의 교육공동체가 지자체와 교육지원청이 협력하고 있는 완주를 부러워한다. 고산풀뿌리교육지원센터는 그 상징적 모델이다. 마을교육공동체는 이제 더는 꿈이 아니다. 교육의 한 축을 담당할 파트너로서 나날이 성장하고 있다.

전국의 학교, 또는 교육 당국에 요청한다. 마을, 또는 마을의 활동가를 관심과 사랑으로 소중히 키워나가야 할 교육의 중요한 주체로 인정해주기를 간절히 바란다. 이 지면을 통해 그동안 안정적 지원 없이도 묵묵히 자신의 지역에서 자발적으로 활동하고 있는, 수많은 마을교육공동체들과 활동가들의 노고에 깊은 존경을 보낸다.

소양의 변화,
마을에서 학교로

모두가 힘든 학교

—

　　완주군 소양면 지역에 중학교가 하나 있었다. 이 학교는 최근
몇 년 사이에 여러 가지 어려움을 겪었다. 기초학력 미달 비율이 높았
다. 학교폭력도 끊이지 않고 발생하여, 해마다 강제전학을 보내곤 했
다. 선생님의 교육적 지도가 전혀 먹히지 않는 난감한 상황을 겪기도
하였다. 설상가상으로 일부 선생님은 학부모로부터 상처를 많이 받아
서 심한 무력감을 느끼고 있었다. 시간이 지날수록 학생과 교사, 학부
모와 교사, 지역사회와 학교의 관계도 날이 갈수록 악화했다.

　이런 상황이 지역에 알려지면서 관내 초등학교를 졸업한 학생들은 중
학교 입학을 기피하게 되었다. 학부모도 자신의 자녀를 보내려 하지 않

았다. 대신 인근에 있는 전주시로 보냈다. 그 결과, 불과 3~4년 사이에 전체 학급이 6학급에서 3학급으로 감축되었다. 선생님들도 이 학교 근무를 기피하고, 발령이 나면 최대한 빨리 떠나려 하였다. 심지어 최근 6년 사이에 교장도 네 번이나 바뀔 정도였다.

학교를 마치면 아이들은 버스 정류장 뒤에 모여 담배를 피우며 온갖 말썽을 부렸다. 학부모들이 어쩌다 길에서 아이들을 만나면 어찌나 험상궂은 표정으로 바라보는지 아이들의 눈을 제대로 쳐다보지 못할 정도였다고 한다. 학교와 마을은 아이들의 크고 작은 폭력으로 어느 하루도 조용히 지나가는 날이 없었다.

마을, 학교에 도움의 손길을 내밀다

이런 아이들을 차마 그냥 지나치지 못한 학부모와 지역 주민 등 마을의 어른 몇 명이 모였다. 그 자리에서 자신들이 나서서 아이들을 직접 돌보는 방법을 찾기로 의견을 모았다. 그 방법은 학교를 마친 아이들이 모여서 쉴 곳을 마련해주는 것이었다.

농산어촌 아이들이 공통으로 겪는 문제는 학교를 마쳐도 바로 집에 돌아갈 수 없다는 것이다. 집에 돌아갈 버스가 제때 없기 때문이다. 대개 한두 시간은 기다려야 하고, 멀리 떨어진 마을에 사는 아이는 서너 시간 기다려서 캄캄해질 때 버스를 타기도 한다. 대개 이 시간에 아이들에게 많은 일이 일어난다. 담배 피우는 것은 기본이고, 음주, 싸움 등 온갖 탈선이 난무한다.

학부모들은 당시 소양면장을 찾아가서 이런 상황을 설명하고, 도움을 요청했다. 면장은 주민들의 반대가 심했지만, 우여곡절 끝에 주민자치센터 1층 동아리실을 내어주었다.

학부모들은 학교를 마치고 배회하는 아이들을 이곳에 불러 모았다. 학교와 농협 앞에 포스터를 붙였는데 첫날에 아이들 30명 정도가 왔다. 그때부터 지금까지 아이들에게 간식을 먹이기 시작했다. 간식은 주로 밥이었는데, 취사 시설이 없어서 집에서 일부 준비해와 아이들과 함께 만들어 먹고, 화장실에서 설거지를 했다. 당시 그들은 외부의 지원을 전혀 받지 않았다. 자신들의 호주머니를 털어 회비를 걷고, 그 돈으로 식재료를 샀다. 경비가 넉넉하지 않으니 쌀을 사서 양을 많이 할 수밖에 없었다.

학부모들이 나름의 규칙을 만들었는데, 그중 하나가 '아이들에게 절대로 무엇을 가르치지 말자'였다고 한다. 그냥 아이들이 편히 쉴 수 있는 공간, 허기를 달랠 수 있는 약간의 간식 정도만 마련해주기로 했다. 그렇게 몇 해가 흘렀다.

학부모들의 정성이 통했는지 시간이 지나면서 조금씩 아이들이 바뀌기 시작했다. 담배를 끊지는 못하더라도 적어도 자신들에게 밥을 챙겨주는 어른들이 보는 앞에서는 담배를 피우지는 않았다. 얼마의 시간이 지난 후에 아이들이 춤을 추고 싶다고 해서 음악 선생님을 연결해주고, 공부하고 싶다는 아이들이 생겨 학습에 도움을 주는 프로그램도 만들었다.

지자체와 교육지원청, 힘을 보태다

이러한 과정을 지켜본 소양면사무소에서는 아이들에게 간식을 만들어줄 수 있는 작은 컨테이너를 하나 마련해주었다. 간식 마련에 도움이 될 수 있는 약간의 경비도 지원해주었다. 그 공간의 이름이 '들락'이다. 소양의 아이들이 누구나, 아무 때나 드나들 수 있도록 하자는 취지였다.

나는 그 무렵 완주교육지원청에서 전문직으로 근무하고 있었다. 이런저런 경로로 소양에서 이러한 움직임이 있다는 소식을 들었다. 그래서 소양에 찾아가서 그들을 직접 만난 적이 있다. 그들의 진심을 들여다보고 그때부터 순차적으로 마을학교, 마을교과서 제작 등과 같은 로컬에듀 프로그램에 참여할 수 있도록 하였다. 이런 과정을 거쳐 2018년에 드디어 소양풀뿌리교육지원센터를 만들 수 있었고, 소양초와 소양중의 방과후와 돌봄을 이 센터에서 수탁받아 운영하도록 하였다.

풀뿌리교육지원센터, 소양 교육의 한 축을 담당하다
—

풀뿌리교육지원센터는 학부모 활동을 보다 체계적이고, 탄탄하게 운영하는 데 큰 도움을 주었다. 소양풀뿌리교육지원센터가 생기면서 센터를 운영할 활동가 2명의 인건비를 지원해주었다. 이 지원이 아이들 간식을 마련해주시는 분들께 약간의 도움이 되었을 것이다. 그분들은 지금도 아무런 대가 없이 각자 회비를 내어가며 생업으로 바쁜 와중에도 시간을 쪼개어 돌아가면서 아이들에게 간식을 마련해주고 있다.

소양풀뿌리교육지원센터 활동은 '소양의 꿈을 키우는 사람들'이라는 사회적 협동조합 결성으로 이어졌다. 협동조합에서 지자체가 지원하는, 초등학생을 대상으로 하는 온종일 돌봄을 위탁받아 본격적인 운영에 들어갔다. 더 나아가 소양면 작은 도서관인 철쭉도서관도 지자체로부터 수탁받아 운영하게 되었다.

온종일돌봄센터, 작은도서관, 학습지원센터, '들락' 등이 자리 잡은 소양풀뿌리교육지원센터는 소양 지역의 학생이 학교를 마친 뒤 거의 매일 찾는 곳이 되었다.

풀뿌리교육지원센터에서 활동한 학부모들은 소양중학교 진로 탐색 프로그램인 '소나무 프로젝트'에 마을교사로 참여하였다. 학습에 어려움을 겪는 아이들을 돕는 영어, 수학 맞춤형 학습에 강사로 참여하기도 한다. 또한, 소양 5개 학교 학부모연대, 학부모 한마당, 마을 축제, 자전거 캠프 등을 열어 학교와 학생을 지원하는 일에 앞장서고 있다.

마을의 변화, 학교의 변화로 이어지다

1) 아이들에게 물어보면 어떨까요?

2018년부터 소양중학교는 교육과정 운영 면에서 몇 가지 의미 있는 변화를 시도하고 있다. 그 변화의 핵심 동력은 구성원 모두가 학교의 '주체'로 서는 일이다. 그 해의 어느 날, 선생님 몇 분에게 우리 학교가 어떤 학교가 되면 좋겠는지 가볍게 물은 적이 있다.

나 : 선생님은 우리 학교가 어떤 학교가 되길 바라나요?

선생님 A : 학생, 교사, 학부모 등 모두가 '존중받는 학교'가 되면 좋겠어요.

나 : 아, 그렇군요. 그런 학교를 어떻게 하면 만들 수 있을까요?

선생님 A : 예? 글쎄요….

나 : 대답하기 어렵나요? 그럼 선생님은 어느 때 존중받는다는 생각이 드나요?

선생님 A : 잘 모르겠지만 학교에서 '제 생각과 느낌을 물어볼 때'인 것 같아요.

그 무렵의 일이다. 인성·인권교육을 담당하는 선생님이 부장 회의에서 현장체험학습 계획을 발표하는 자리였다.

선생님 B : 현장체험학습을 어디로 갈지 아이들에게 설문 조사해봤는데 서울로 가자는 의견이 가장 많이 나왔습니다. 그래서 서울로 가긴 해야 하는데, 갈 데가 참 없네요. 이미 초등학교 때부터 어지간한 데는 대부분 다녀왔을 거예요.

나 : 아, 정말 그럴 수도 있겠네요. 만약에 그렇게 갈 데가 없다면 아이들에게 물어보면 어떨까요? 어디에 가서, 무엇을 하고 싶은지 말이에요.

이날부터 약 한 달 동안 학교에 많은 일이 일어났다. 대부분의 학교에서는 현장체험학습을 교사 주도로 추진한다. 제일 먼저 담당교사가 전체적인 계획을 수립하고, 일정과 장소, 경비 등에 대하여 약간의 설문조사를 한다. 그 결과를 바탕으로 학교운영위원회의 심의를 거쳐 학생과 학부모에게 안내하고, 현장체험학습을 실시한다. 물론 소양중학교도 이전까지는 그러했다. 그러나 그해는 사뭇 달랐다.

먼저 전체 선생님들의 회의를 거쳐 현장체험학습 둘째 날의 일정을 아이들이 직접 짜도록 했다. 단, 사회 선생님이 서울의 역사, 문화 체험 장소를 15곳 제시하고, 이 중에 5곳을 반드시 포함하도록 했다. 그리고 나머지 일정은 모둠에서 알아서 결정하도록 방향을 잡았다. 아이들은 이 소식을 듣고 환호했다. 그때부터 학급별로 모둠을 구성하고, 모둠별로 현장체험학습 둘째 날 일정을 짜느라 학교가 들썩였다.

당일 아침에 학교에서는 학생 1인당 경비 2만 5천 원씩 계산하여 모둠 활동비를 대표에게 지급하였다. 아이들은 모둠별로 버스나 지하철을 타고 목적지로 향했다. 자신들이 선택한 5곳의 필수 체험지를 방문하여 미션을 수행하고, 인증사진을 찍었다. 그리고 모둠에서 미리 논의한 대로 대형서점, PC방, 대학로, 한강 유람선 등 자유롭게 일정을 진행했다. 아이들은 해 질 무렵에 모두 무사히 숙소로 돌아왔다.

이날 일정에 전체 선생님이 모둠별 지도교사로 참여하였다. 그런데 아이들을 데리고 다니지 않고, 아이들 뒤만 따라다녔다. 설령 아이들이 길을 잘못 들어도 절대로 개입하지 않도록 사전에 약속했다. 아이들이 어디에서 무슨 활동을 하고 있는지 단체 카톡방에 공유만 했다. 선생님들은 혈기왕성한 아이들 뒤를 따라다니느라 녹초가 되었다. 이날 하루에만 무려 이만 보를 걸었다는 선생님도 있었다. 당시 우리 학교 선생님의 평균 나이가 약 55세였다는 것을 감안하면, 쉽지 않은 일정이었다. 선생님들은 다들 피곤하고, 지쳤지만 지금까지 다녀온 현장체험학습 중에 가장 보람 있었다는 의견이 많았다.

아이들은 현장체험학습을 마치고 학교에 돌아와서 모둠 보고서를 작성했다. 자신들이 이번 여행에서 직접 보고 듣고 느낀 것을 적고, 사진도 붙여가며 정성껏 만들었다. 내용을 자세히 살펴보니 아무래도 일정을 무리하게 잡아서 그런지 힘들었다는 의견도 있었다. 그런데 이런 문구가 눈에 띄었다. "이번 현장체험학습은 그 어느 때보다 힘들었지만, 우리가 결정한 일정이니 괜찮다."

이 해부터 우리 학교의 교육과정 운영은 아이들을 포함하여 교사, 학부모의 의견을 묻는 것이 일종의 '문화'가 되었다. 특히 외부에서 지급하는 장학금 대상자와 금액을 선정하는 일부터 시작해서 대부분을 전체 선생님이 협의하여 결정하였다. 선생님들이 쉽게 모일 수 있는 작은 학교의 강점을 최대한 활용하여 수시로 모여서 회의를 진행했다. 이 자리에는 반드시 내가 참석하여 의견을 개진하였다. 대개는 선생님 다수의 의견을 따랐는데, 내 생각을 관철한 경우도 더러 있었다. 이 회의에서 결정된 것은 학교장 결재 과정에서 지금까지 단 한 번도 뒤집힌 적이 없었다. 학교장의 역할이 무엇인지 쉽게 짐작해볼 수 있는 대목이다.

우리 학교는 교육과정을 운영할 때, 선생님들의 '전원 협의와 전원 참여' 문화는 일관되게 견지하고 있다. 그해 봄 체육대회에서도 마찬가지였다. 체육 선생님이 1학기 체육대회를 어떻게 하면 좋을지 선생님들과 먼저 협의하였다. 그 결과를 바탕으로 아이들과 논의하여 경기 종목과 운영 방법을 결정하였다. 그리고 모두가 참여하였다. 사실, 이전까지의 체육대회는 체육 선생님의 '업무'로서, 일부 학급 담임과 아이들만 즐거워했다. 담임을 맡지 않은 선생님들은 자신이 담당한 종목의 심판만 보고는 교무실로 돌아왔다. 그러나 이 해는 달랐다. 담임은 물론 비담임 선생님도 온종일 운동장에서 흙먼지를 뒤집어쓰며, 아이들 곁을 지켰다. 점심시간에는 모둠별로 삼겹살을 구워 먹었다. 이때도 학교장을 포함하여 전체 선생님이 모둠을 맡아 아이들과 시간을 보냈다.

2) "우리가 무척 중요한 일을 하는 것 같아요"

우리 학교는 2018년도에 전라북도교육청에서 공모한 학생자치실 설치 사업에 참여해서 약간의 예산을 지원받았다. 우리는 그동안의 관례를 깨고, 학생자치실 설치와 관련한 모든 과정을 아이들 주도로 진행했다. 학교에서는 예산 총액과 허드레 물건을 보관하는 빈 교실에 설치할 수 있다는 '두 가지' 정도만 안내하였다. 나머지는 모두 아이들이 논의하여 결정하도록 했다.

이 과정은 약 두 달이 걸렸는데, 우리 학교의 모든 학생이 참여하였다. 아이들은 학급별로 모둠을 만들어 학생자치실 '공간'을 어떻게 구성할 것인지, 무엇을 살 것인지, 어떻게 활용할 것인지 토론했다. 모둠별로 전지 두 장을 나눠주고 한 장에는 자신들이 만들고 싶은 '공간'을 그림으로 그리고, 나머지 전지 한 장에는 사고 싶은 기자재와 활용 방안을 구체적으로 적게 했다. 학급 내에서 모둠 토론 결과를 발표하고, 학급 투표를 통해 모둠 2개를 선정하였다. 각 학급에서 선정된 모둠은 일주일 후에 열린 전체 학생 토론회에 학급 대표로 참여했다. 이 자리에서 그들은 PPT를 활용하여 발표하는 등, 내용과 형식을 좀더 세련되게 다듬었다. 최종 투표를 거쳐 선정된 2개 모둠이 학생자치실 설치 '학교 TF'로 활동하였다. 이들은 인근 학교 3곳을 방문하여 학생자치실을 둘러보고, 그 학교의 학생회 임원들을 만나 조언을 들었다. 학교 TF는 수차례 논의를 거쳐 최종안을 전체 학생회 임원 워크숍 때 발표하여 공식적으로 추인받았다. 여름방학 때 이 안을 바탕으로 학교에서는 실내 공사를 하고, 필요한 물품을 샀다. 아이들이 원하는 대로 학생자치실을 만들어주려면 도교육청 지원 예산으로는 부족해서 학교 예산 일부를 지원했다.

이렇게 만들어진 학생자치실은 '소행복'이라는 학생 카페, 보드게임,

학생자치 회의, 영화 감상 등 다목적 공간으로 만들어졌다. 아이들이 학교에 오면 편히 쉬거나, 차를 마시거나, 자유롭게 놀 수 있는 자신들만의 공간이 하나쯤 필요하다. 학교에 그런 곳이 있을 때 아이들은 자신들이 존중받는다고 느낀다.

'소행복' 카페에서는 학생자치회에서 운영위원회를 구성하여 인근 농협에서 물건을 사 오거나, 슬러시 등을 만들어 판매했다. 점심시간이면 우리 학교 학생들이 가장 즐겨 찾는 공간이다. 학급별 토론회에서 1학년 학생에게 소감을 물었더니 이렇게 답했다. "우리가 학교에서 무척 중요한 일을 하는 것 같아요. 우리의 말과 행동에 책임감이 느껴져요."

3) 정규교육과정 내의 학습자 주도 프로젝트

이런 문화는 2019년에도 '소나무' 프로젝트로 줄곧 이어졌다. '소나무'는 '소양에서 나를 찾아 떠나는 무한도전'의 약자이다. 학생들이 모둠별로 진로희망이나 관심 분야에 관한 주제를 설정하여 소양을 배경으로 1년 동안 수행하는 장기 프로젝트다.

학교에서 진행하는 활동은 대부분 단기로 운영된다. 교과별 학습과제를 비롯하여 수행평가도 대부분 1회성으로 끝나거나, 단기간에 이루어진다. 아이들은 당연히 무엇인가 꾸준히 해본 경험이 거의 없다. 그래서인지 학습이든, 놀이든 오랫동안 수행하는 것을 무척 힘들어한다.

이 프로젝트는 여기에 질문을 던지면서 시작했다. 적어도 소양중학교에 들어오면 짧게는 6개월, 길게는 1년에서 3년짜리 장기 프로젝트를 수행하고 졸업하도록 하고 싶었다. 어느 한 가지를 꾸준히, 그리고 오랫동안 수행해본 경험은 아이들이 상급학교에 가서 좀더 수준 높은 내용을 공부하거나, 세상에 나가서 어려움에 직면했을 때 도움을 줄 수 있을 것이다.

소나무 프로젝트는 학생들이 관심 분야와 흥미에 따라 스스로 목표를 설정하고, 계획을 수립하고, 실천하는 과정을 거치도록 설계하였다. 경기도 의정부의 몽실학교 등에서 진행하는 학습자 중심 프로젝트와 성격이 같다. 그러나 분명히 다른 점이 있다. 그것은 학교에서 진행한다는 것이다. 정규교육과정이니 우리 학교에 다니는 모든 학생이 격주로 2시간씩 참여해야 했다.

이 프로젝트를 기획할 때부터 완주 관내의 진로교육 전문가 등 여러 사람과 협의했다. 그들은 대부분 이 프로젝트는 성공하기 힘들 것이라면서 부정적으로 바라봤다. 특히 몽실학교처럼 의정부 전체에서 뜻을 가진 아이들이 자발적으로 참여하는데도 쉽지 않은 일인데, 우리 학교의 전체 학생이 이런 프로젝트를 수행한다는 것은 불가능하다고 말했다. 학습자 주도 프로젝트에서는 아이들의 태도와 의지가 가장 중요하기 때문이다.

학교 내외에서 부정적인 의견이 훨씬 많았지만, 포기하지 않았다. 이 프로젝트는 성공하든, 실패하든 의미가 있을 것으로 판단했기 때문이다. 우리는 그동안 성공에 너무 길들어져 있다. 실패를 용인하지 않는 문화가 어른, 아이 할 것 없이 광범위하게 작동하고 있다. 그런데 실패의 과정을 거치지 않는 성공은 모래 위에 집을 짓는 것과 같다. 조그마한 충격과 변수에도 쉽게 무너져 내리기 때문이다.

더구나 아이들이 학교에서 실패의 경험을 하지 않는다면 어디에서 하겠는가. 학교 차원에서도 올해 설령 다소 미흡할지라도, 그 경험을 바탕으로 내년에 좀더 진일보한 프로젝트를 시도하면 된다. 어차피 아이들은 내년에도 학교에 계속 들어온다. 개인이 실패를 통해 성장하듯이, 학교 또한 시행착오와 실패의 경험이 교육과정을 더욱 풍성하게 운영하는 데에 도움이 될 것이다.

예상한 대로 소나무 프로젝트는 교사나 학생 모두에게 낯설었다. 그래서 지난 1년 동안 우여곡절이 많았다. 지금까지의 학교 활동의 대부분은 교사가 가르치고, 학생이 배우는 방식으로 이루어졌다. 그런데 이 프로젝트에서는 아이들에게 친절히 가르쳐주는 사람이 없었다. 단지 옆에서 지켜보며 지지해주고, 조언해주고, 필요한 도움을 주는 '어른들'만 있었다.

아이들은 자신이 배우거나, 수행하고 싶은 주제를 인터넷이나 유투브, 또는 다른 경로를 통해 직접 자료를 찾아서 배우고, 만들어내야 했다. 이런 경험이 거의 없는 아이들에게는 무척 힘든 일이었을 것이다. 실제 많은 아이가 이 시간을 버거워했다. 프로젝트 수행 과정에서 주제가 바뀌는 모둠도 일부 있었다. 어떤 아이는 차라리 그냥 교실에 앉아서 진로 수업을 받았으면 좋겠다고 말하기도 했다.

그것은 선생님 역시 마찬가지였다. 아이들이 방향을 제대로 잡지 못하니 선생님들은 늘 불안해했다. 마을교사의 역할과 전문성에 물음표를 던졌다. 심지어 프로젝트 자체에 회의를 품기도 했다. 어쩌면 현재의 학교 체제와 수업방식으로 볼 때 이러한 불안과 비판이 당연한지도 모르겠다.

다행스럽게도 아이들의 프로젝트 수행 과정을 도와주기 위해 마을에서 팔을 걷어붙이고, 나섰다. 소꿈사 협동조합원들이 길잡이 교사로 참여했다. 그들은 아이들이 수행하고자 하는 요리, 방송, 디자인, 연극, 밴드, 웹툰 등에 전문성과 경험은 없었다. 그러나 마을 사람들이라서 아이들의 특성과 마음을 잘 알고 있었다. 그들은 아이들이 포기하지 않고 프로젝트를 수행할 수 있도록 늘 따뜻한 시선으로 바라보면서 지지해 주었다. 이 과정에서 마을의 길잡이 교사들은 독서, 연수, 성찰과 협의회 등을 끊임없이 반복했다. 아이들만이 아니라 마을교사 역시 성장의 과정을 경험했다는 면에서도 이 프로젝트는 중요한 의의가 있다.

여름방학 직전에 중간발표회, 12월에 개최한 학교축제에서 최종발표회를 열었다. 선생님들의 우려와 달리 대부분의 모둠이 자신들이 계획한 목표를 수행했다. 수준이 높고 낮음을 떠나서 아이들은 자신들이 만든 프로젝트에 마침표를 찍었다. 선생님들도 아이들이 그동안 많이 노력했고, 많이 성장했다고 말하기도 했다.

이 프로젝트는 어쩌면 성공보다 실패로 결론지을 수도 있다. 실제 겨울 교육과정 워크숍에서 선생님들은 이 프로젝트를 부정적으로 평가하고, 이듬해에는 외부강사를 활용한 동아리 수업으로 전환했다. 나는 선생님들의 의견을 존중하였다. 아이들이 스스로 배우도록 설계한 소나무 프로젝트든, 전문 강사로부터 일정한 내용을 배우는 동아리 수업이든, 나름의 의미가 있을 것이다.

다만 1학기에는 외부 강사 주도 동아리 수업을 진행하고, 2학기에는 같은 시간에 소나무 프로젝트를 다시 시도하기로 잠정적으로 합의하였다. 그 내용과 방식은 아직은 미정이지만, 선생님들과 충분히 협의하여 결정할 것이다. 그리고 올해 학년 말에 진행할 교육과정 워크숍에서 두 과정에 대해 치열하게 평가해보려고 한다.

이 프로젝트는 아이들이나 학교, 마을교사 모두에게 수많은 질문과 과제를 안겨주었다. 그것을 해결하기 위해 다시 시도하는 과정 자체가 공부이며, 학교의 변화이며, 마을의 교육 역량 축적이다. 아이들이 언제, 어느 지점에서 성장할지는 아무도 모른다. 단지 어른들의 눈에 보이지 않는다고 해서 성장하지 않는 것은 아니다.

이 프로젝트를 기획할 무렵 가장 중요한 질문은 교사가 가르치고, 학생이 배우는 학교 수업의 틀을 어떻게 바꿀 것인지였다. 다만 현재의 학교 구조와 수업의 관행으로 볼 때 쉽지 않은 일이기에 일부 '진로시간'에 '마을교사'의 도움을 받아 제한적으로 실시했다. 그러나 소나무 프로젝트의 궁극적인 지향점은 정규교육과정과 수업의 변화이다. 비록 우리 학교는 지금은 '일반적인' 수업으로 전환했지만, 다른 학교에서는 한 번쯤 시도했으면 좋겠다. 이런 맥락에서 학교든, 교사든 아래 질문을 스스로 해보는 것을 제안한다.

- 우리 학교의 아이들은 일상의 장면에서 질문을 품고, 목표를 설정하고, 계획도 수립하고, 실행 방법도 짜고, 실제 그것을 장기간에 걸쳐 수행할 수 있는가?
- 우리 학교의 교육과정은 아이들이 스스로 배울 기회와 상황을 마련해 주었는가?
- 수업은 아이들의 다양한 차이, 요구와 흥미에 맞게 구성되고 있는가?

4) 도대체 소양중학교에 무슨 일이 있는 걸까?

어느 학부모님이 마을 사람과 대화 과정에서 나온 이야기라고 한다.

우리 학교가 교육과정 운영에서 대단한 변화를 꾀하고 있지는 않다. 다만 학교가 예전에 비해 달라진 것은 사실이다. 우리 학교도 최근 몇 년 사이에 여느 농촌학교처럼 학급이 줄면서 6학급에서 3학급으로 줄어들었다. 그런데 2018년부터 학교에 변화의 바람이 불면서 2019년에는 4학급, 2020년에는 5학급으로 다시 늘어나고 있다. 아이들의 등굣길 표정이 바뀌고, 선생님들도 계속 학교에 근무하기를 원하고 있다. 학부모와 지역주민도 물심양면으로 학교를 지지하고, 지원하고 있다.

여러 이유 중에 가장 중요한 것은 선생님들이 아이들을 사랑으로 품어주고, 아이들이 그것을 느낀다는 것이다. 선생님의 시간과 에너지는 총량이 있다. 그것을 어디에 어떻게 배분하느냐에 따라 학교가 달라진다. 2017년 이전까지 선생님들은 아이들과의 관계에서 상처를 받고, 학부모나 지역주민과 갈등을 겪었다. 그 과정에서 자신의 감정을 추스르고, 방어하는 데에 많은 시간과 에너지를 쏟았다. 일부 선생님은 결국 학교를 떠나기도 했다.

그러나 지금은 학교가 빠르게 안정되면서 선생님들의 시선과 관심이 아이들을 향해 있다. 적어도 선생님들이 학교에 오면 시간과 에너지를 온전히 아이들한테 쓰고 있다. 어쩌다 아픈 아이가 발견되면 모든 선생님이 달라붙어 함께 그 문제를 논의하고, 해결 방법을 찾는다. 대부분 아이가 선생님 시야에 있다. 이러한 선생님들의 마음을 무엇보다 아이들이 가장 잘 알고 있다.

사람은 자신이 존중받는다고 느낄 때 자존감이 가장 상승한다. 상대를 존중한다는 것은 상대의 생각과 감정을 묻는 것이다. 그럴 때 비로소 주체가 될 수 있다. 학교는 더욱 그렇다. 뛰어난 한 사람의 탁월한 능력보다 평범한 열 사람의 작은 몸짓이 더욱 빛을 발한다. 학교의 변화는 구성원이 서로를 존중하고, 모두가 주체로 설 수 있는지에 달려있다고 해도 지나치지 않다.

혁신학교벨트, 농산어촌 교육의 대안으로

전국의 농산어촌 학교가 공통으로 겪고 있는 문제는 절대 인구가 감소하면서 학생수가 감소하고, 그로 인해 학교의 교육여건이 악화되는 것이다. 전라북도 역시 학생 수 60명 이하인 작은학교가 많다. 이들 작은학교는 강점과 약점을 동시에 갖고 있다. 도시 대규모 학교로 아이들을 내보내는 학부모가 있지만, 일부러 농산어촌의 소규모 학교로 찾아오는 학부모도 많다. 학교에서는 어떤 부분에 학부모가 동의하고, 공감하여 자녀를 보내는지 눈여겨봐야 한다. 소규모 학교가 대규모 학교의 교육과정 운영과 차이가 없거나, 변화를 시도하지 않는다면 학부모의 요구와 기대를 외면하는 것과 같다.

대규모 학교든, 소규모 학교든 완벽하게 좋은 학교는 없다. 학교의 어떤 가치를 중요하게 보는지에 따라 다르다. 선택의 문제다. 따라서 농산어촌에 위치한 학교에서는 작은학교의 강점을 최대한 살리면서, 동시에 약점을 보완하는 교육과정을 운영해야 한다. 동시에 마을과 지역에서도 작은학교 교육과정 운영에 대한 전폭적인 관심과 실질적인 지원이 필요하다.

그중의 하나는 인근 학교 간 공동교육과정 운영이다. 조금 더 상상력을 발휘하면 초중고 연계 교육과정이고, 가장 좋은 그림은 초중고 통합학교다. 지금 전라북도에서도 초중등학교, 중고등학교, 초중고등학교로 운영하는 통합학교가 몇 개 있기는 하다. 그런데 내밀히 들여다보면 공간만 같이 쓰는 경우가 대부분이다. 교육과정 연계와 통합은 엄두도 못 내고 있다. 만약 교육청이 학교교육의 변화와 나아가 근본적인 혁신을 꾀한다면 적어도 이러한 학교 한두 개쯤은 모델로 운영해도 좋겠다. 이 학교에 인사, 예산, 교육과정 편성·운영 등에 독립적인 권한을 부여하고, 마음껏 꿈꾸고 시도하도록 여건을 마련해주고, 여기에서 만든 사례를 조금씩 공유하고, 확산하면 좋겠다.

소양에서 매우 더디지만, 그 첫걸음을 떼고 있다. 소양중학교는 2018년 말에 혁신학교에 도전했다. 전라북도교육청에서는 우리 학교처럼 규모가 작은 학교는 혁신학교를 지정하지 않고 있었기 때문에 쉽지 않았다. 그런데 다행스럽게도 인근 초중고등학교가 공동으로 교육과정을 운영하면 혁신학교벨트로 지정해주는 정책이 있었다.

우리 학교는 관내에 있는 소양초, 동양초와 함께 전라북도 최초로 혁신학교벨트로 지정되었다. 여기에 이미 혁신학교를 운영하고 있는 소양서초와 송광초와 함께 소양의 5개 초중등학교는 혁신학교벨트를 2020년 기준으로 2년째 운영하고 있다.

소양 지역의 학교가 혁신학교벨트로 지정된 원동력은 교원 네트워크이다. 소양 5개 학교 선생님들은 혁신학교벨트 지정 이전부터 자주 만났다. 선생님들은 이미 도교육청과 완주교육지원청이 지원하는 각종 연구회에 참여하여 이런저런 모임을 자주 가졌다. 특히 내가 완주교육지원청에서 근무한 경험과 인연이 도움이 많이 되었다. 고산과 소양풀뿌리교육지원센터 운영 관련하여 이미 지역과 일정한 관계망을 구축하고 있었기 때문이다.

사실 초등학교 선생님들끼리도 자주 만나지 않는데, 중학교 선생님들과의 만남은 보기 드문 일이었다. 선생님들은 처음에는 다소 어색하고, 몸에 안 맞는 옷을 입은 듯했지만 자주 만나면서 친해졌다. 그 연결고리는 아이들이었다. 소양 지역에는 4개 초등학교가 있는데 대부분 우리 학교에 입학한다. 선생님들이 만나는 아이들이 같다는 것이다. 아이들을 주제로 이야기를 하다 보면, 시간 가는 줄 모른다. 그렇게 자주 만나다 보면 친해진다. 친해지면 혁신학교벨트 참여라는 아주 중요한 이야기도 꺼내볼 수 있고, 신뢰가 쌓이면 어렵더라도 함께 해보자는 분위기도 만들 수 있다.

2019년에 소양혁신학교벨트에서는 지역교육과정 연수, 월 1회 아카데미, 체육대회, 혁신학교 교육과정 운영 사례 나눔 등을 진행하였다. 동시에 학교장 모임, 교무 연구 모임, 각종 연구회 등을 운영하였다. 특히 아카데미는 혁신교육과 마을교육, 미래교육 등에 저명한 강사진들로 구성되어 있는데, 일부는 학부모에게 개방하기도 하였다.

2020년에는 아예 소양 5개 학교 교원이 대부분 참여하여 월 1회 공동으로 맞춤형 연수를 운영하고 있다. 이 연수는 학교 교육과정 운영의 전체적인 방향을 맞춰간다는 의미가 있다. 우리가 무엇인가 꿈꾸려면 사업도 필요하지만, 방향을 맞춰가는 것이 가장 중요하다.

특히 2020학년도에는 5개 학교 학생회 임원 네트워크를 조직하여 아이들이 스스로 활동 내용과 방법을 결정하면, 학교에서 지원하도록 방향을 설정했다. 아울러 초중등 교육과정 연계의 일환으로 아이들이 가장 힘들어하는 수학과 과학 교과의 기초학습 향상을 위해 함께 노력하

표11 소양 혁신학교벨트 아카데미

2019년			2020년		
회차	주제	강사	회차	주제	강사
1회차	주민교육자치	박현숙	1회차	성장을 지원하는 평가	김 선
2회차	그래도 혁신학교	김성천	2회차	삶을 위한 수업	오연호
3회차	학습자 주도 프로젝트	서우철	3회차	혁신교육을 혁신하다	서근원
4회차	교육과 지역	고병헌	4회차	민주학교와 지역교육	하태욱
5회차	혁신학교와 미래교육	곽노현	5회차	마을교육공동체	김용련

기로 했다. 초등학교 5, 6학년 담임과 중학교 수학과 과학 교사가 만나 급별 교육과정에 대해 공유하고, 아이들이 어려워하는 단원 등에 대해 공동으로 방안을 마련하기로 계획했다. 그러나 안타깝게도 코로나19로 인해 아직 이루어지지 못하고 있다.

또한 소양혁신학교벨트는 학교 연계에 그치지 않고, 마을과 함께 운영하고 있다. 도교육청에서 지원하는 예산의 절반 정도는 마을에서 활용할 수 있도록 방향을 설정하였다. 이 예산으로 5개 학교 학부모 연대, 학부모 소양 장터, 마을 축제 등 학부모 활동을 하는 데에 약간의 도움을 주고 있다. 그러다 보니 웅치 프로젝트 수업, 우리 마을 탐구 프로젝트 수업, 소양 마라톤, 맞춤형 학습 지원 강사 및 공간 활용 등 우리 학교가 마을과 연계하는 일은 이제 자연스러운 일이다. 심지어 학교가 급식을 할 수 없는 날이 있었는데, 소꿈사 협동조합에서 학생 및 교직원 100여 명분의 식사를 마련해주기도 하였다.

지금 소양에서는 학교의 부족한 면을 마을이 채워주고, 마을의 부족한 면을 학교에서 채워주고 있다. 아직 미흡한 수준이지만, 마을에서 필요한 것이 있으면 스스럼없이 학교에 찾아오고, 학교도 마을의 도움을 받을 일이 있으면 언제든 연락을 하고 있다. 그렇게 학교와 마을이 동시에 변화의 과정을 겪고 있다.

쩨를 내보자, 우린 소양 스타일로 논다[40]

마을교육의 목표를 '쩨를 내보자'로 생각한 이유는 어디에나 통용될 수 있는 보편적인 교육의 내용이나 방법이 있다기보다, 결국 지역의 여건과 그 지역 아이들의 특성에 맞는 교육활동이 중요하기 때문입니다. '가장 한국적인 것이 가장 세계적이다'는 말을 많이 하는데, 교육도 마찬가지가 아닐까 합니다. 우리가 사는 고장이 처한 현실과 그곳에서 어른들의 삶과 생활, 그들의 희망과 고충이 바로 아이들이 처한 환경이고, 아이들의 꿈과 희망도 그런 현실의 제약 속에 있습니다. 현실을 직시하고 현실을 인정하고 현실을 극복하고자 하는 의지를 피워낼 수 있을 때, 아이들의 꿈은 좋은 꿈이 됩니다.

아이들이 제일 자주 받는 질문이 꿈이 뭐냐는 것이고, 가장 난감해 하는 질문도 바로 그것입니다. 어른들이 아이들에게 꿈을 찾으라고 할 때, 가장 많이 권하는 것이 위인전을 비롯한 책이지만, 가장 영향을 받는 것은 영화나 드라마, 애니메이션 등입니다. 실제로 그런 것을 접하면서 꿈을 키우는 아이들도 적지 않습니다. 그러다 보니 아이들의 꿈은 대부분 환상적이거나 막연합니다. 부모님이 하

---

40   소양풀뿌리교육지원센터에서 수학을 가르치는 이성연 선생님의 글이다.

는 일에 대해서도 잘 모르고, 부모님의 고민도 잘 모르는 아이들의 꿈이 현실적일 수는 없습니다.

천편일률적인 기준에 따라 이루어지는 학교교육에서 당장 극복하기 쉽지 않은 문제가 바로 지역의 특색에 맞는 교육입니다. 과학자, 대통령, 의사, 법률가, 교사, 공무원 등 사회적 통념에 따라 일률적으로 아이들에게 꿈이 주어지는 것은 온당하지 않습니다. 내 가족, 주변 친구들, 살고 있는 지역이 처한 현실을 직시하는 것으로부터 당당하고 구체성 있는 미래 계획을 가질 수 있도록 돕는 일이야말로 마을교육이 할 수 있고, 해야 할 가장 중요한 일입니다.

1) 소양의 꿈을 키우는 사람들을 만들다

소양에서는 '소양의 꿈을 키우는 사람들'(약칭 소꿈사)이라는 학부모 단체에서 마을교육이 싹트고 성장해왔으며, 현재도 여전히 소꿈사가 중심이 되어서 다양한 활동을 하고 있습니다. 소꿈사는 임의단체에서 협동조합을 거쳐 얼마 전에는 사회적협동조합 설립을 마쳤습니다.

소꿈사가 직간접적으로 관여하고 있는 사업은 크게 5가지입니다. 소양지역 초중등학교의 방과후 교육을 담당하고 있는 풀뿌리교육지원센터, 일하는 부모들을 위해 초중등 학생들의 방과 후 돌봄을 하는 '다함께 돌봄 센터'(일명 도도한 놀이터), 초중등 학생들의 보충학습을 지원하는 학습지원센터(소양에는 없는 학원을 대신함), 철쭉작은도서관(청소년을 위해 독서 등 다양한 프로그램 제공), 들락에서의 방과 후 간식 제공(소꿈사의 시작이자 지금도 가장 중요한 사업 중 하나)이 그것인데, 방학을 포함하여 1년 내내 진행되고 있는 사업입니다.

그밖에 지역 행사 참여와 다양한 봉사활동, 아이들이 주가 되어 치르는 봄, 가을 동네 축제, '남도수묵기행'과 같은 여행, 여름방학 자전거 캠프, 6년 동안 매해 연말에 해온 마을 축제 '소양 마당', 소식지 발행, 지역 여행사나 반찬가게 같은 경제활동 모색 등의 활동으로 소꿈사 회원들 모두가 늘 바쁘게 생활하고 있습니다.

소꿈사가 지역사회에서 어느 정도 인정을 받고 나름대로 정착할 수 있게 된 가장 주된 이유는 아이들의 변화입니다. 대부분의 마을 사람이 '소양 아이들이 달라졌다, 엄청나게 좋아졌다'고 인정하기 때문입니다. 소양중학교에는 2년 동안 흡연하는 아이가 없었고, 학폭위도 열린 적이 없습니다. 왕따나 집단 괴롭힘 같은 문제가 전혀 없다고 단정할 수는 없지만, 크게 문제가 된 경우가 거의 없습니다.

소꿈사를 시작하게 된 계기가 바로 심각할 정도로 좋지 않은 소양 아이들의 상황이었습니다. 2013년 겨울 소꿈사를 만들자는 논의를 시작할 즈음, 학교에서는 선생님이나 교장 선생님에게 심한 욕설까지 퍼부으며 대드는 아이들이 한둘이 아니었고, 수업은 거의 정상적으로 이루어지지 않았습니다. 학교를 마치고 나오면 마을의 구석진 곳으로 모여들어 담배를 피우거나 싸움을 벌이고, 남녀 학생들이 몰려다니는 모습에 동네 어른들이 혀를 차곤 했습니다. 우리 애는 공부를 좀 시켜야 하겠다 싶은 부모들은 중학교를 전주로 보냈습니다.

최근 몇 년 동안 도시 농촌 할 것 없이 학생 수가 급격히 감소하는 상황에서 소양도 예외는 아니었습니다. 전교생이 100명 밑으로 내려가면서 학급수도 해마다 줄어 전 학년이 한 학급으로 운영되었습니다. 하지만 최근 조금씩이나마 학생 수가 늘어나고 있습니다. 2019년도에 1학년이 다시 두 학급이 되었고, 올해 신입생도 두 학급으로 편성됩니다. 특별한 경우가 아니면 전주의 중학교에 진학하는 학생이 거의 없기 때문에 나타나는 현상입니다. 원래 집이 전주인데 소양의 초등학교에 다니는 학생들도 꽤 되는데 그런 학생들이 소양중학교에 계속 다닐 수 있는 방법을 찾고 있습니다. 현행 의무교육 제도에서는 주소지의 중학교에 갈 수밖에 없기 때문입니다.

소양에는 여느 농촌처럼 조부모 가정이나 한부모 가정, 다문화 가정이 많은 편입니다. 학교생활보다는 다른 쪽에 관심을 둔 아이들도 많습니다. 지금은 많이 나아졌다고 해도 학업을 거의 포기하다시피 한 아이들의 비율도 높습니다. 시험 기간이 되면 시험공부를 해야 한다는 분위기가 형성된 것도 겨우 2년 정도밖에 되지 않았습니다.

소꿈사의 가장 기본적이고 주된 활동은 아이들에게 간식을 제공하는 일입니다. 처음 시작할 때부터 아이들에게 가장 필요한 것은 '관심과 사랑이다'는 생각에 모두가 동의했고, 지금도 소꿈사 회원들에게 바탕이 되는 생각이기도 합니다. 그 관심과 사랑이 끊이지 않게 할 수 있는 고리가 바로 방과 후에 출출한 아이들에게 먹을 만한 간식을 제공하는 일입니다.

2015년과 2016년에는 소꿈사 활동이 약간의 정체를 보였습니다. 그렇게 된 주된 이유는 기본적인 사업인 간식 제공을 전적으로 회원들의 자발성과 헌신에 의존했기 때문입니다. 일주일에 하루나 이

틀씩 회원들이 역할을 나눠서 하다 보니 시간이 갈수록 동력이 소진되어 갔습니다. 아이들과의 갈등도 생기고, 개인적인 사정이 생기고 하다 보니 빠지는 경우가 점차 늘어났습니다. 고마운 줄 모르고 먹고 나서 뒷정리도 하지 않거나 음식을 함부로 대하는 아이들의 모습에서 실망감을 느낀 회원들도 많았습니다. 그런 중에도 몇 사람의 헌신적인 노력으로 간식이 끊기는 일은 없었습니다.

간식과 함께 소꿈사의 명맥을 이어나갈 수 있게 해준 것은 지자체의 지원으로 운영된 학습지원센터였습니다. 원래의 명분은 보충학습을 위해 전주에 있는 학원에 다니는 아이들에게 학원 대신에 보충학습의 기회를 마련해준다는 것이었으나, 학습지원센터의 운영이 그리 순탄하지는 않았습니다. 찾아오는 아이들의 수준과 성향에서 너무 차이가 나고, 적절한 수업 방식을 모색하고자 시행착오도 많이 겪었습니다. 아이들이 한두 명밖에 오지 않거나 도저히 공부할 수 없는 분위기가 되어버리고 마는 경우도 많았습니다.

한편으로 생각하면 어려운 과정을 거치면서 회원들 간에, 회원들과 아이들 간에, 그리고 소꿈사와 학교 사이에 수많은 갈등과 우여곡절을 거치면서 활동의 틀과 방향을 세우는 기간이기도 했습니다. 소꿈사 회원들의 탄탄한 믿음과 서로를 격려하고 배려하는 분위기가 꾸준한 활동으로 이어질 수 있는 원동력이었지만, 변함없이 소꿈사를 믿고 지원을 해준 군과 면 관계자들의 믿음이 큰 힘이 되었던 것도 사실입니다.

2) 소양풀뿌리교육지원센터에 참여하다

2018년부터 소양에서는 고산에 이어 두 번째로 '로컬에듀'를 실현하기 위해 풀뿌리교육지원센터가 만들어졌습니다. 이제는 풀뿌리교육지원센터는 자연스럽게 소꿈사가 참여하는 가장 중요한 사업이 되었지만, 처음부터 순조롭게 참여한 것은 아니었습니다. 교육지원청의 재정 지원을 받아서 시행되는 사업인지라 자발적인 학부모단체인 소꿈사가 관에 휘둘리게 되는 것 아닐까 하는 우려도 있었습니다. 또한, 우리의 역량이 학교에서 이루어지던 방과후학교를 모두 맡아서 할 만큼 충분한지에 대한 의문도 있었습니다.

결과적으로 풀뿌리교육지원센터가 운영되면서 나타난 효과는 기대 이상이었습니다. 소꿈사가 열심히 한다고는 하지만, 학부모들의 자발성에만 의지하다 보니 시간이 지날수록 여러 가지 한계가 나타났습니다. 몇몇 사람들의 헌신에만 의지할 수 없는 문제가 곳곳에서 드러났습니다. 인력과 예산이 부족하여서 할 수 있는 일도 극히 제한적이었습니다. 학교와 소통할 수 있는 통로가 거의 없는 상태여서 마찰과 오해가 끊이지 않았습니다.

준비가 충분하지는 않았어도 풀뿌리교육지원센터가 가동되자 빠르게 모든 활동의 중심적 역할을 하기 시작했습니다. 그동안 정기적, 비정기적 회의를 중심으로 이루어지던 활동은 계획도 많고, 여러 의견도 많았으나 실제 실행되는 일은 극히 일부였습니다. 그러나 이러한 부분이 상근자가 생기면서 상당 부분 해소되었습니다. 대부분의 방과후학교 수업이 우리가 사용하는 공간에서 진행되면서 학생들과의 접촉면이 넓어지고, 거의 매일 자치센터에 오는 아이들이 두 배 이상으로 늘었습니다. 방과후학교의 운영과 관련해서 학교 및 선생님과 만남이 빈번해지면서 적극적으로 소통하게 되었습니다. 마을도 선생님의 입장 이해도가 높아지고, 선생님들도 소꿈사의 활동과 취지에 대해 적극적으로 받아들이는 경우가 늘었습니다.

이전까지 소꿈사가 간헐적으로, 혹은 실험적으로 해왔던 여러 가지 활동들이 풀뿌리교육지원센터와 만나면서 내용과 형식에서 훨씬 풍부해졌습니다. 특히 풀뿌리교육지원센터의 공식적인 프로그램으로 정착되면서 더 다양하고 심도 있는 시도를 해볼 수 있게 되었습니다. 앞서 말씀드린 기자단과 밴드, 댄스 동아리가 모두 풀뿌리교육지원센터 주관 프로그램으로 편입되면서 비교적 탄탄하게 운영되었습니다. 아이들과 함께 한 활동들이 학교의 지원을 받으면서 지역의 행사에 더욱 적극적으로 참여할 수 있었습니다. 모든 면에서 새로운 방식의 시도가 가능해졌습니다.

학부모 활동이 저변을 넓히면서 지역 내 모든 초중등학교 학부모가 참여하는 학부모연대회의가 활동을 시작했고, 학부모와 아이들이 주도하는 지역 축제까지 기획하여 운영하기도 하였습니다.

소양풀뿌리교육지원센터는 단순히 마을교육활동가들이 방과후학교를 맡아준다는 의미를 훨씬 뛰어넘습니다. 형식과 관계의 면에서는 학교와 지역이 교육문제를 같이 고민하고 문제를 풀어나갈 수 있는 마당을 만들어주었습니다. 내용적으로는 아이들에게 학과 공부를 효과적으로 할 수 있도록 한다는 지엽적인 목표를 뛰어넘어 아이들의 진로문제를 지역 특성을 고려하여 구체적으로 모색하고 교육에 대한 새로운 접근 가능성을 열어주었습니다.

최근에는 과연 소양이 아이들이 어른이 되어서도 계속 살아갈 만한 터전이 될 수 있느냐의 문제를 구체적으로 고민하기 시작했습니다. 서울로, 서울로만 향하던 고도성장기의 과거와는 다르게, 특출난 재주를 가지지 않은 아이라면 막연하게 서울로 가기보다는 자기가 자랐고, 부모들이 뿌리를 내리고 있는 지역에서 미래를 모색하는 편이 낫습니다. 물론 그러자면 소양 지역 사람들의 삶의 모습 자체도 많이 달라져야만 할 것입니다. 하지만 이것을 선후의 문제로 생각할 수는 없습니다. 즉, 소양이 살 만한 곳이 되어야 아이들이 남을 수 있을 것 아닌가 하는 문제는 아닙니다. 아이들에게는 당장 닥친 자신의 현실이기 때문입니다.

　학생기자단의 마을교과서 만들기 활동을 기점으로 소양을 더 깊이 알고, 소양 사람들의 삶을 체험을 통해 느껴보고, 우리 지역의 장단점을 생각해보고, 더 나은 삶의 가능성을 모색하기 위한 다양한 실험적 활동들이 있었습니다. 아울러 소양이 가진 장점을 살려 새로운 경제활동의 영역을 창출하거나, 기존의 사업 영역들을 보다 나은 모습으로 발전시킬 수 있는 방안 모색도 소꿈사 회원들을 중심으로 꾸준히 이루어졌습니다.

　물론 현실적으로 모든 아이가 소양에서 자신의 꿈을 실현해보겠다고 나설 가능성은 별로 없습니다. 하지만 어른들이 나서서 모든 여건을 만들어준다는 생각보다는 아이들과 함께 여러 가지 가능성을 타진해보려는 노력이 필요한 시점입니다. 그러자면 기존의 도식적인 교육관을 벗어나서 아이들의 미래가 아닌 현재의 삶이 얼마나 충실한가를 살펴야 하고, 이를 전제로 하여 함께 더 나은 미래를 찾아간다는 자세가 필요합니다.

3) "공감하지 않습니다. 그냥 이대로 쭉 가면 될 것 같아요."

소양에는 고등학교가 없습니다. 그래서 소양중학교를 졸업한 아이들은 전주를 비롯하여 다른 지역 학교로 진학을 합니다. 어딘가 불안정하고 설익은 중학생들의 특성을 생각하면, 이제 좀 철이 들고 어느 정도 대화가 통하기 시작한다 싶으면 아이들이 우리 곁을 떠나게 됩니다. 매년 졸업 시즌이 되면 마음이 착잡하기만 합니다.

올해 졸업하는 아이들을 떠나보내기에 앞서 고등학교 생활을 대비하는 데 도움이 될까 싶어 3학년 아이들과 졸업한 선배들이 함께 하는 1박 2일 수련회를 가졌습니다. 대학생과 고등학생까지 선배들이 소양을 떠나서 경험하고 느꼈던 점들을 들어보고, 중학생들이 궁금해하는 문제를 묻고 답하는 시간도 가졌습니다.

그 자리에서 작년에 대학에 입학한 한 선배가 '소양중학교는 전반적인 학력 수준이 너무 낮아서 고등학교에 가면 고생을 많이 하니 정신 바짝 차리고 맘을 굳게 먹어라' 등 걱정이 담긴 조언을 해주었습니다. 옆에서 지켜보던 어른들도 덩달아 몇 마디씩 거들다 보니 은연중에 아이들을 겁박하는 분위기마저 느껴졌습니다.

오가는 이야기를 조용히 듣고 있던 한 아이가 손을 번쩍 들더니 "저는 전혀 공감할 수 없어요. 그냥 하던 대로만 하면 되는 것 아닌가요?"라고 말했습니다. 작년에 마이스터고에 진학한 아이였습니다. 똑똑한 아이지만 표현력이 아직은 덜 세련되어 있습니다. 아이가 말하는 순간 저는 무슨 말을 하고 싶은지 알 수 있었습니다. 그래서 거의 통역 수준의 해설을 해주고 내 말이 맞는지 물었더니 맞다고 합니다. 바깥 세상도 따지고 보면 별다른 것 없다, 그저 소양에서 하던 대로 자신감 있고 당당하게 자기 할 일 하면 되는 것 아니냐, 미리부터 겁먹고 위축될 필요는 전혀 없다는 얘기였습니다. 그 아이가 무척이나 고마웠습니다. 지난 몇 년 동안 '들락'(아이들을 주로 만나는 자치센터 내의 컨테이너 건물)에서 함께 뒹굴며 '놀았던' 시간이 의미 없지는 않았다는 확신을 주었기 때문입니다.

'가장 한국적인 것이 가장 세계적이다'나 '가장 개인적인 것이 가장 창의적이다'라는 말과 같은 맥락에서 소양이라는 지역의 특성에 따라, 소양에 사는 아이들이 처한 구체적인 현실에 맞게 하는 교육이 가장 좋은 교육일 것입니다. 그런 의미에서 학교교육 자체도 많이 바뀌어야 하겠지만, 당장 학교 자체에서 이루어지기 힘든 그런 교육의 방식과 내용을 지역과 학교와 아이들이 함께 만들어나가려 합니다. 오스카도 무시할 수 없는 '소양 쩨' 교육이 풀뿌리교육지원센터를 중심으로 무럭무럭 자라날 것입니다.

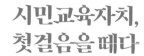

시민교육자치,
첫걸음을 떼다

전국적으로 방과후학교를 학교에서 빼내어 위탁 운영하는 곳은 서울시 도봉구와 전라북도 완주군 정도이다. 이 두 지역은 모두 2017년에 시작하였으나 운영 주체와 내용, 방법 면에서 차이가 있다. 서울 도봉구는 지자체가 직접 일부 학교(12개교)의 방과후학교를 시범적으로 위탁 운영하고 있다. 반면에 완주군은 마을의 학부모와 주민들이 만든 협동조합에서 방과후학교를 위탁받아 운영한다. 양 지역의 모델은 강점과 약점을 모두 가지고 있다.

도봉구처럼 지자체가 방과후학교를 직접 운영하면 예산과 인력, 시설과 공간 등을 충분히 확보할 수 있다. 지자체로부터 풍부한 지원을 받을 수 있기 때문이다. 또한 행정업무에 익숙한 공무원과 조직이 방과후학교를 운영함으로써 매우 매끄럽게 진행될 것이다. 어떤 문제가 발생

표12 도봉구와 완주군 방과후학교 운영 모델의 비교

구분	서울시 도봉구	전라북도 완주군
주체	지자체가 직접 운영	마을의 협동조합(학부모와 주민)이 운영 (교육지원청에서 위탁)
대상	12개 학교	3개 면 7개 학교
운영 조직	마을방과후활동 운영센터	마을별 풀뿌리교육지원센터
인력	7명(공무원1명, 기간제 6명)	7명(마을별 협동조합원 2, 3명 내외)
예산	약 14억	약 2억
강점	– 충분한 예산과 시설 지원 – 담당 공무원의 매끄러운 행정 – 민원에 따른 책임 소재 분명	– 시민 교육자치 지향 – 학부모와 주민들의 역량이 신장됨 – 학부모라 마을 아이들을 잘 알고 있음
약점	– 지자체장에 따라 달라질 수 있음 – 늘 지자체만 바라보고 있음 – 마을과 지역의 성장 한계	– 예산과 시설이 늘 부족함 – 마을의 행정 경험이 없음 – 문제 발생 시 해결이 어려움 (주체도 모호하고, 시간도 오래 걸림)

하면 책임 소재도 분명하고, 학부모의 민원에도 적절히 대응할 수 있다. 이러한 면은 학교 업무 경감에도 상당히 긍정적으로 작용할 것이다.

한편으로는 지자체장이 누가 당선되느냐에 따라 방과후학교 운영이 크게 달라질 가능성이 있다. 교육을 바라보는 리더의 관점과 인식에 따라 지원의 폭과 내용도 차이가 있을 것이다. 방과후학교 운영을 맡긴 학교와 마을은 계속 지자체를 바라볼 수밖에 없다. 운영 과정에서 어려움과 문제가 생기면 지자체에 계속 민원을 내고, 요구할 것이다. 이러한 상황에서 마을, 즉 학부모와 주민의 교육적 역량은 성장하기 어렵다.

완주군의 모델은 예산과 인력, 시설과 공간 등에서 늘 허덕일 수밖에 없다. 지자체로부터 전폭적인 지원을 받기 어렵기 때문이다. 그래서 늘 운영의 어려움을 겪고 있다. 특히 농촌의 면 지역에서 공간과 시설 확보는 가장 중요한 문제이자, 해결하기 어려운 숙제이다.

행정업무 처리도 어려움을 겪을 수 있다. 행정 경험이 거의 없는 학부모와 주민이 업무처리를 해야 하는데 아무래도 매끄럽지 못하다. 그들은 입찰이나 계약, 회계 처리 등에서 비전문가이다. 용어도 낯설고, 과정과 절차도 복잡해서 쉽게 이해하기 어렵다. 행정업무를 처리하는 과정에서 교육지원청과 학교는 이들과 자주 만나서 자세히 설명해야 한다. 불완전한 서류가 오고 가는 과정이 끊임없이 반복된다. 여간 번거로운 일이 아니다.

그러나 마을에서 방과후학교를 위탁 운영하는 완주 모델은 단점도 있지만, 강점도 많다. 고산과 소양 지역의 실제 사례를 중심으로 몇 가지 살펴보면 다음과 같다.

1) 풀뿌리교육지원센터 운영자나 방과후학교 강사는 대부분 학부모나 주민이다

그래서 마을의 상황과 아이들을 잘 알고 있다는 것이 최대 강점이다. 이 센터 실무자는 마을에 살면서 활동하고 있는 다양한 전문가를 네트워킹하여 방과후학교 강사로 참여시킬 수 있다. 이들은 아이들과 이미 다양한 사회적 관계를 형성하고 있다. 그래서 아이들의 특성과 수준에 적합한 교육내용과 방법으로 수업할 수 있다. 우리 아이 친구, 우리 마을 아이들이기 때문에 더욱 관심과 사랑을 쏟고, 하나라도 더 알려주게 된다는 이야기도 마을 강사로부터 여러 번 들었다.

그런데 사실 센터를 지역에 제안했을 때 가장 우려한 것 또한 이 부분이다. 학부모와 주민이 방과후학교를 운영하면 전문성이 떨어질 수 있다는 지적이 많았다. 이분들이 인근 전주 시내에서 오는 강사들보다 능력(기능)이 떨어진다는 것이다.

방과후학교를 단지 기능을 익히기 위한 것이라면 어느 정도는 타당하다. 바이올린이나 드론과 같이 강사의 지식과 기능을 전달하는 분야의 프로그램에서는 마을 사람보다 시내의 강사가 기능 면에서 우위에 있을 수 있다. 그러나 방과후학교의 목적을 달리 설정하면 이야기가 달라진다. 진로 탐색이나 성장, 마을과 지역 이해, 함께 살아가는 공동체성 함양을 목적으로 프로그램을 운영하면 단순한 기능보다는 아이들을 이해하고, 존중하고, 기다려주는 덕목이 중요하다.

많은 학부모가 방과후학교를 기능을 익히기보다는 '보육'의 수단으로 삼는다. 자신들이 직장에 갔다가 돌아올 때까지 안전하게 아이들을 보호하는 것이 중요하다. 덤으로 기능까지 익히면 금상첨화다. 그런데 '보육' 부분에 주목한다면 마을의 청년이나 어른들이 강사로 참여하여 활동하는 것이 훨씬 유의미하다. 그 과정에서 친구와 어른을 만나면서 살아가는 데에 필요한, 다양한 덕목을 기를 수 있기 때문이다.

'교육' 부분도 충분히 경쟁력을 가질 수 있다. 전국적으로 주목받고 있는 경기도 몽실학교의 핵심 가치는 학습자 중심 교육이다. 아이들에게 일방적으로 지식과 기능을 전달하는 것이 아니라 주제 설정에서 방법, 실천, 결과에 이르기까지 전 과정을 아이들이 주도한다. 방과후학교를 포함한 마을학교 프로그램도 이러한 학습자 주도 교육에 관심을 가지고 시도해야 한다. 만약 아이들에게 마을학교에서 무엇인가를 계속 가르치려 들면 공간만 바뀌었을 뿐 학원과 별 차이가 없다. 마을의 청년과 어른들이 길잡이 교사로 참여하여 아이들의 성장에 필요한 경험과 기회를 제공하면 방과후학교에서도 '보육'과 '교육'을 동시에 이룰 수 있다.

2) 마을의 교육 역량이 성장한다

풀뿌리교육지원센터 운영에 어떤 문제나 어려움이 발생하면 그 문제는 스스로 해결해야 한다. 만약 지자체나 외부에서 운영한다면 민원을 내거나, 개선 요구를 할 것이다. 그러나 마을이 운영하기 때문에 자신들의 힘으로 풀 수밖에 없다. 그렇지 않으면 공동체가 깨질 위험이 있기 때문이다.

고산풀뿌리교육지원센터 운영은 애초에 지금처럼 협동조합이 담당하지 않았다. 마을 사람들이 추천한 학부모 두 명이 개인 자격으로 실무를 담당하였다. 이 학부모의 노력과 열정은 대단했다. 자신의 생업과 가정을 뒤로한 채 오로지 이 일에 매달렸다. 위탁 운영 계약 이전에는 급여도 지급하지 못할 상황이었다. 하나에서 열까지 논의하고, 준비해야 하는 일이 끝없이 이어졌다. 아무도 가지 않은 길을 갈 때의 어려움을 짐작할 수 있을 것이다. 두 명은 완주풀뿌리교육지원센터 정착에 가장 큰 공을 세운 사람들이라 해도 지나치지 않다.

그런데 행정 경험이 부족하고, 업무처리가 미숙해서 회계에서 작은 실수가 발생했다. 그것을 바로 잡는 과정에서 오해가 쌓이면서 갈등이 심해졌다. 마을 사람들도 자신의 입장에서 이해하다 보니 양편으로 갈리게 되었다. 그 당시 마을 사람들의 말을 빌리면 고소, 고발 빼고 일어날 수 있는 일이 모두 일어났다고 한다. 심지어 수년간 다져온 공동체가 깨질 수도 있는 위기 상황이었다. 나 역시 공공의 적이 되었다. 풀뿌리교육지원센터가 평온한 마을에 평지풍파를 불러일으킨 셈이다.

이 문제를 풀기 위해 고산향교육공동체 회의가 긴급히 열렸다. 난상토론 끝에 비대위를 구성하기로 하고, 이 자리에서 논의에 논의를 거듭했다. 우여곡절을 겪으며 집단 운영체제를 구축하고, 마을의 협동조합에서 풀뿌리교육지원센터 운영에 관여하기로 했다. 그리고 새로운 실무자를 추천했다. 어쩌면 현 위치에서 가장 최선의 방안을 만든 것이라고 볼 수 있다. 마을의 문제는 누구도 해결해주지 않는다. 오직 마을 사람들의 힘과 노력으로 극복할 수밖에 없다. 이 과정에서 마을이 성장한다. 그것이 곧 마을의 힘으로 축적된다.

3) 어른들이 공동체적 삶을 살아갈 수 있다

최근 마을교육공동체가 활발하게 전개되면서 외부에서 많은 사람이 고산을 방문한다. 도교육청과 교육지원청의 장학사, 학교의 교원을 비롯하여 지자체와 마을교육활동가, 학부모 등 다양하게 분포되어 있다. 그들이 고산에서 보고 듣는 것은 주로 풀뿌리교육지원센터와 고래(고산청소년센터)에 대한 것이다. 마을에서 초중등학교 전체 방과후학교를 위탁 운영하는 것에 놀라고, 이 작은 마을에 청소년을 위한 상당한 규모의 시설과 공간이 있다는 것에 감탄한다. 그리고 부러워한다.

그러나 이는 고산의 진면목을 보지 못한 것이다. 그것은 고산의 사람들이 살아가는 방식이다. 고산 사람들은 서로 끈끈하게 어우러져 살아간다. 이 작은 마을에 협동조합과 공동체가 10여 개 이상 활동한다. 논

농사 두레, 숟가락, 놀이창고, 씨앗협동조합, 온누리살이 협동조합, 한우협동조합, 서쪽 숲 협동조합, 아리송 협동조합, 고산 미소 상인연합회 등이 있다. 모여라 땡땡땡, 홍홍, 동삼이몽 등도 있다. 이 기관과 단체, 공동체들은 서로 연결되어 있다. 그리고 풀뿌리교육지원센터 운영에 직간접적으로 참여하고 있다.

마을에 청년이 들어오면 사람들이 함께 관심을 가진다. 무엇을 하면 좋을지 서로 머리를 맞대고 마을이 무엇을 할 수 있을지 고민하고, 도와준다. 우리가 학교에서 아이들을 가르치던 '공동체적 교육'을 이곳에서는 '공동체적 삶'으로 실천한다.

> 컴퓨터 프로그래머였던 한 청년이 귀농했어요. 그런데 가지고 있는 기술이 없었어요. 우리 마을은 누가 여기 남겠다고 했을 때 어떻게든 방법을 찾아봐요. 어제부터 그 청년은 여러 사람의 도움을 받아 집 짓는 일을 하고 있어요. 기술이 없어도 괜찮다, 일단 와서 같이 하자라는 문화가 있는 거예요. 우리는 서로가 서로를 지켜준다는 마음 같은 거요. 그런 것들이 굉장히 중요할 것 같아요. 여기도 일자리 수만 따지고 보면 봉동에 있는 현대자동차의 일자리가 훨씬 많죠. 하지만 사람들이 그 일자리 때문에 여기에 들어오고 있는 건 아니거든요. 서로를 생각해주는 공동체 문화에서 희망을 많이 봐주시는 것 같아요. 지역이 사람들을 내치지 않고 지켜준다는 믿음이 있으면 충분히 살 수 있어요.[41]

---

41   『로컬에듀』, 에듀니티, 2017, 385쪽

4) 우리 아이는 우리 마을과 지역의 힘으로 키운다

우리 마을과 지역의 교육문제는 우리 마을과 지역의 힘으로 해결한다. 고산교육공동체의 슬로건은 '어디나 학교, 누구나 선생님'이다. 풀뿌리교육지원센터를 운영하면서 기존의 '학교만이 교육의 장(場)이고, 교사만이 교육의 전문가'라는 생각에서 벗어나고 있다.

2017년 겨울의 초입에 풀뿌리교육지원센터를 고산에 처음 제안했을 때 반대가 심했다. 취지와 방향은 좋으나 아직은 준비가 안 되어 있다는 것이 이유였다. 실제로 많은 것이 부족했다. 사람, 예산, 공간, 프로그램 등 모든 것이 부족했다. 그래도 시작했다. 시간이 지난다고 완벽히 준비되지도 않겠지만, 설령 준비된다 하더라도 또 다른 문제가 발생하기 때문이다. 그래서 심한 홍역을 치렀고 값비싼 대가도 지불했다.

결국, 공동체와 지역의 힘으로 점차 극복해가는 중이다. 지금은 풀뿌리교육지원센터의 운영 방향과 진행 과정에 신뢰가 생기면서 지역에서 여러 가지로 도와주고 있다. 학교 교사와 학부모의 인식도 우호적이고, 긍정적으로 변해가고 있다. 그 과정에서 고산의 학부모는 내 자식이 잘되기 위해서는 내 자식만이 아니라 남의 자식까지 잘 키워야 한다는 것을 일종의 마을의 '문화'로 형성하고 있다.

시민교육자치를
실험하다

고산과 소양의 풀뿌리교육지원센터는 마을의 협동조합이 운영하고 있다. 협동조합의 조합원은 대부분 학부모와 마을 주민이다. 이들이 학교와 마을의 교육활동에 직접 나서고 있다. 지역의 교육 환경에 어떤 문제가 있는지, 학교와 교사는 무엇을 요구하는지, 아이들과 학부모의 필요는 무엇인지 듣고, 그것을 해결하고자 노력하고 있다. 지금까지 학부모와 지역주민들은 교육의 대상이거나 수혜자였다. 이들은 학교의 교육활동을 지켜만 보거나 참여하더라도 극히 제한적이었고, 형식적이었다. 학교의 교육활동에 대하여 '무한신뢰'와 '무관심'의 양극단에 있었다.[42] 양쪽 어느 쪽으로 가더라도 실제 상황은 비슷했다. 교육활동에

---

42   고산풀뿌리교육지원센터 김애란 센터장의 인터뷰 내용 중 일부이다.

참여하지 않는다는 것이다.

고산과 소양의 풀뿌리교육지원센터에서는 학교의 방과후수업을 수탁하여 운영하고 있다. 단지 방과후수업 운영에 그치지 않는다. 돌봄, 프로젝트, 마을 놀이, 마을 축제, 청소년 기자단, 다양한 동아리 등 그 영역과 내용 면에서 다양하다. 이 모든 과정을 마을 사람들의 힘으로 해내고 있다.

물론 풀뿌리교육지원센터 위탁 운영 이전에도 소양과 고산에는 이미 공동체가 있었고, 다양한 방식으로 교육활동에 참여해왔다. 그러나 한계가 있었다. 예산·인력·공간·시설 등이 부족할 수밖에 없었다. 주변의 아는 사람들끼리 소소하게 작은 것을 시도해보는 정도였다.

그러나 풀뿌리교육지원센터를 운영하면서 지역의 교육환경에 대한 큰 그림을 그릴 수 있게 되었다. 학교의 교육활동을 지원하면서 마을 교육활동을 체계적으로 진행하였다. 처음에는 행정과 회계 등 업무처리 면에서 다소 매끄럽지 못했지만 해를 거듭할수록 전문성과 경험을 축적해나갔다. 이제는 무슨 일이든 할 수 있겠다는 말을 한다. 여러 번의 행사를 진행하고, 사람들을 모으고, 그들의 요구를 파악하고, 행정처리를 하면서 얻은 값진 자산이다.

시민 자치역량은 어느 날 갑자기 생기지 않는다. 자신들이 직접 마을과 지역의 시민으로서 주어진 역할을 수행하는 삶을 살아보아야 역량과 전문성이 생긴다. 고산향교육공동체는 풀뿌리교육지원센터를 위탁받아 운영하면서 여러 일을 경험했다. 특히 다양한 상황을 맞이하여 지역 문제를 지역의 힘으로, 스스로 해결하는 경험을 했다.

이러한 맥락에서 풀뿌리교육지원센터는 일반자치와 교육자치를 넘어 시민교육자치로 연결될 수 있다. 학부모와 주민, 공동체 등 지역민의 교육력을 강화하여 교육의 주체로 나설 수 있는 역량과 경험을 축적할 수 있다는 측면에서 교육자치의 현실적인 대안으로 자리매김할 수 있다.

우리나라 지방자치제도의 토대는 시·군·자치구 단위의 기초지자체이다. 그런데 풀뿌리 지역교육은 시·군·자치구를 넘어 읍·면·동으로까지 뿌리를 뻗어야 한다. 읍·면·동은 지방자치제도 상 가장 작은 행정단위이지만, 영향력이 가장 큰 조직이다. 읍·면·동은 단순히 시·군·구의 하부조직이 아니라 시·군·자치구를 살아 움직이게 하는 혈관과 같은 역할을 한다. 따라서 이제는 교육도 읍·면·동 단위의 풀뿌리 교육자치를 시도해야 한다.

지역에는 시·군·자치구 단위의 전체 교육을 지원할 수 있는 지역교육지원센터와 읍·면·동교육을 지원할 수 있는 풀뿌리교육지원센터가 필요하다. 두 센터 운영으로 일반자치와 교육자치가 결합될 것이며, 이는 지방자치와 교육자치를 넘어 시민교육자치로 나아가는 길목이 될 것이다. 읍·면·동 단위에서 진행하는 풀뿌리 교육활동을 지역 단위, 즉 시·군·자치구 단위에서 지원하는 것은 매우 필요하고 중요한 일이다. 이 일은 우리 교육의 판도를 바꾸고, 지역을 바꾸고, 삶을 바꾸는 일이다.

4장
—

지역과 로컬,
희망과
기회의 땅

지역에서 꿈을 찾아
도전하는 사람들

　이미 젊은이들 중심으로 일과 성공보다는 개인의 삶과 자유를 더욱 중시하는 문화가 널리 퍼지고 있다. 소확행, 워라벨 등의 단어에는 젊은이들의 가치관이 잘 드러나 있다. 그들은 조금 덜 가지더라도, 조금 덜 인정받더라도 자신이 하고 싶은 일을 하며 자유롭게 살고자 한다. 그들에게는 부와 명예, 성공보다도 중요한 가치가 많이 있다. 꿈, 열정, 협업, 공감, 창의, 도전, 모험 등이 그것이다. 물론 그들은 실패를 거듭하거나, 난관에 부딪히기도 한다. 하지만 좌절하지 않고 다시 도전한다. 우리 사회에서 그들은 더 이상 낯선 사람들이나, 이상주의자가 아니다.

　이러한 영역에서 살아가는 사람들과 그들의 삶을 관통하는 키워드가 있다. 바로 지역 즉 로컬이다. 그들은 서울에 가서 살지 않고 대부분 지역과 로컬[43]에서 살아가고 있다. 그곳에서 자신의 꿈을 찾기 위해, 자신만의 삶의 역사를 만들어가고 있다. 그들은 남들이 인정하는, 좋은 일을 하며 좇는 것이 아니라, 자신이 좋아하는 일을 지역에서 찾아 도전하고 있다.

지역에서 꿈을 찾아 도전하는 사람들, 앞으로 그 길을 가기를 희망하는 사람에게 지역은 어떤 모습으로 화답해야 할까? 나는 그 모습을 완주가 어느 정도는 답을 하고 있다고 생각한다. 지역사회가 어떻게 유대관계를 만들어 상생하는지를 실천적으로 보여준 사례가 완주의 로컬푸드다. 다른 지역의 로컬푸드와는 질적으로 다른 모습으로 자본 중심의 경제 질서를 흔들고 있다. 완주라는 공동체 안에서 생산과 소비, 그리고 삶을 거미줄처럼 촘촘하게 엮어내었다.

완주로 가기 전에 내가 알던 로컬푸드는 직매장이 전부였다. 신선한 먹거리를 저렴한 가격에 구입할 수 있는 곳, 사는 사람도 이익이지만, 제값을 받고 팔 수 있는 농민에게도 이익이 되는 시스템으로만 인식하고 있었다. 완주 로컬푸드가 그 이상의 가치가 있음을 알게 되기까지 그리 오랜 시간이 걸리지 않았다. 교육이 지역 안에서 어떤 역할을 해야 할지 고민하고, 실천하는 와중에 가장 충격적으로 와닿았던 것이 로컬푸드였고, 그와 연관된 공동체들이었다. 그래서 언젠가는 지면으로도 그들을 불러내어 소개하고 싶었다.

다만 지식과 경험이 부족해 이 분야의 고수들이 보면 한없이 빈약한

---

43   지역과 로컬은 같으면서도 다른 의미로 쓰이고 있다. 지역은 서울이 아닌 곳을 말하기도 하고, 행정구역과 관련이 많다. 로컬은 대체로 지역을 가리키는데 경우에 따라서는 서울과 지방을 불문하고, 일종의 '현지'를 말한다. 서울에도 로컬이 있고, 지방에도 로컬이 있다. 지역이 다소 부정적인 의미로 쓰이기도 하지만, 로컬은 청년을 중심으로 새로운 가치와 문화가 있는 곳으로 받아들여지기도 한다.

내용일 것이라 부끄럽다. 하지만 새로운 세상에서, 새로운 방식으로 살아가는 사람들의 삶이 교육의 변화와 아이들의 삶에 대단히 중요한 영향을 미칠 수 있기에 용기를 내었다. 내가 잘 알지 못하는 부분은 그런 삶을 살고 있는 사람들의 입을 빌려 쓰기도 했고, 자료를 참고하기도 했다. 전문가들의 이해를 바란다.

로컬푸드,
신뢰와 연대의 지역경제공동체

　전라북도 완주군은 '로컬푸드 1번지'로 자타가 인정하고 있다. 우리 나라 농업의 생산과 유통구조에서는 불가능하게 여겨졌던 로컬푸드를 전국 최초로 성공시킨 지역이기 때문이다. 정부 관련 부처와 공공기관 은 물론 다른 지역의 지자체와 의회, 연구소, 농업인 단체 등에서 해마 다 많은 사람이 완주군을 방문한다. 몇 해 전까지만 해도 그들을 맞이 하느라 담당 부서의 업무가 마비될 정도였다고 한다.

　방문객들은 완주군에서 로컬푸드가 어떻게 태동했고, 어떤 과정을 거 쳐 오늘에 왔는지, 지금 어떻게 운영되고 있고, 그 효과는 무엇인지 꼼 꼼히 배워갔다. 그리고 일부는 자신의 지역으로 돌아가 실제 적용했다. 로컬푸드는 어느새 전국으로 확대되어, 다른 지역에서도 로컬푸드 직 매장을 쉽게 찾아볼 수 있다. 이제는 사람들 인식 속에 로컬푸드가 자연스럽게 자리 잡았다. 특정 지역에서 생산한 농산물을 짧은 유통 과정을 거쳐 저렴한 가격에 제공하고, 소비자는 신선하고 질 좋은 식료품을 로컬푸드 매장에서 구매하는 것으로 말이다.

그러나 완주군의 로컬푸드는 다른 지역에서 운영되는 것과는 확연하게 다른 점이 있다. 완주 로컬푸드는 생산, 유통, 소비 이전에 철저하게 준비된 기획과 협의 과정, 그것을 바탕으로 한 생산이 있다. 로컬푸드를 운영하고자 하는 여타의 지역에서 이점을 반드시 살펴보기를 희망한다. 또한, 완주군의 학교에서 완주 로컬푸드를 아이들에게 가르치기를 기대한다. 완주에서 자란 아이들이 완주에서 살아갈 수 있는 고리가 완주 로컬푸드와 그와 연관된 공동체에 있음을 어린 시절부터 배울 수 있도록 학교 교육과정에 들여가 주기를 소망한다.

생산과 유통, 소비를 지역 내에서
—

우리나라 농축산물의 일반적인 유통구조는 매우 복잡하다. 산지에서 생산한 농축산물이 소비자의 식탁에 오르려면 최소 서너 단계는 거쳐야 한다. 이 과정에서 필연적으로 가격이 오르기 마련이다. 생산자는 제값을 받지 못하고, 소비자는 지나치게 비싼 가격을 지불한다. 생산자와 소비자 모두 피해를 보고, 중간 상인만 이익을 보는 구조이다.

• 우리나라 농축산물의 유통구조

생산자 → 대도매상 → 경매 → 중도매상 → 소매상 → 소비자

유통 과정에 시간이 걸리는 만큼 상품의 질을 오랫동안 유지하기 위해 약품 처리를 하는 경우도 많아서 제품의 신선도와 안전도 등에서 문제가 발생할 수 있다. 또한, 농축산물을 차량으로 운반하기 때문에 석유 등 화석연료를 사용할 수밖에 없다. 이로 인하여 이산화탄소 등 각종 배기가스를 배출하고, 환경을 오염시키며, 기후변화, 지구 온난화에 영향을 미친다. 이제는 농축산물 이동이 단순히 지역 간 이동으로 그치지 않는다. 전 세계가 글로벌 산업구조에 편입되면서 국가 간, 대륙 간 장거리 이동 시스템이 광범위하게 작동하고 있다. 가공식품은 물론 우리 식탁에 오르는 과일과 채소에 이르기까지 이미 국내에서 재배된 것보다 외국에서 온 것이 더 많은 세상이 되었다.[44]

반면에 로컬푸드는 지역에서 생산한 농축산물을 지역 내에서 소비하는 정책이다. 복잡한 유통 과정을 거치지 않기 때문에 농산물이 생산지로부터 가정의 밥상까지 이동하는 거리가 줄어든다. 이에 따라 생산자는 유통과 판매에 들어가는 불필요한 비용을 줄여 제값을 받을 수 있다. 소비자는 값싸고 신선한 농산물을 가까운 곳에서 직접 구매하여 가정경제와 가족의 건강을 지킬 수 있다. 로컬푸드는 생산자와 소비자의 물리적 거리를 좁힘으로써 식품안전과 가격안정을 보장받을 수 있다. 즉 생산자와 소비자가 모두 윈-윈(win-win)하는 정책이다.[45]

완주군은 로컬푸드로 연 600억 이상의 경제적 효과를 거두고 있다. 약 3,000개 정도의 일자리 창출 효과도 있다. 취업 등 직접적으로 새로 생긴 일자리는 600개 정도이며, 약 2,500가구의 소농이 월 150만 원 남

---

44   2018년 기준 우리나라의 식량 자급률은 겨우 10%도 채 되지 않는다.

45   「로컬에듀」, 에듀니티, 2017, 37쪽

짓 수익을 올리고 있다. 로컬푸드는 완주군의 경제, 산업, 일자리, 공동
체와도 매우 밀접한 관련이 있다. 가히 완주군을 먹여 살리고 있다고
해도 과언이 아니다.

그러나 완주군의 로컬푸드 가치는 단순히 직거래를 통한 가격경쟁력
확보에만 있지 않다. 로컬푸드는 사회적 관계와 신뢰의 자본이 중요한
토대를 이루고 있다. 개인이 각자도생하는 것이 아니라 협력과 나눔의
방식이 작동하고 있다. 로컬푸드에는 개인에서 공동체로, 경쟁에서 협
력으로, 시장지향에서 관계지향으로, 서울에서 지역으로의 삶이라는,
우리 사회에 화두를 던질 수 있는 중요한 가치가 담겨져 있다. 로컬푸
드는 지방에서도 잘 살 수 있다는 것을 보여주고 있다.

인구 약 9만 5천 명의 작은 도시인 완주군이 로컬푸드를 도입하여 운
영한 과정과 성공하게 된 이유, 로컬이 지향해야 할 것 몇 가지를 살펴
보고자 한다.

로컬푸드 일번지, 완주군[46]

2008년에 완주군에서 로컬푸드가 처음으로 논의되었다. 완주군
은 농업에 종사하는 인구가 3만여 명이다. 농경지는 8,889ha로 전
체 면적의 31%를 차지하는 등 농업에 큰 비중을 두고 있다. 당시
완주군은 전체 9,700여 농가 중 1ha 미만 농가가 6,200 농가(72.8%)

46　안대성 (전)완주로컬푸드협동조합 이사장의 글인 '로컬푸드 기반의 농식품 6차산업모델 완주로컬
푸드 사례분석과 정책 제안'을 일부 편집, 인용한 글이다.

인 데다가 65세 이상의 고령농이 36.5%에 달했다. 이들 중 68%가 자가소비로 농산물을 소비하고 있었다. 이는 지역농업이 지속 가능한 생산구조를 만들어가는 데 걸림돌로 작용하고 있었다. 따라서 영세 고령농의 생산적 복지를 통한 삶의 질 개선 사업이 매우 중요한 과제로 대두되었다. 완주군이 이 문제를 풀기 위하여 스스로 던졌던 질문은 다음 여섯 가지였다.

- 소수의 시장 지향적 상업농만으로 지역농업은 유지 가능한가?
- 수요에 부응한 기획 생산을 할 수는 없는가?
- 책임 있는 유통시스템은 어떻게 가능한가?
- 중소농, 고령농의 정책 소외를 어떻게 극복할 것인가?
- 농민이 직접 가공하여 부가가치를 높일 방법은 무엇인가?
- 농촌 마을 및 지역사회의 통합을 어떻게 이룰 것인가?

완주군은 그 해답은 '로컬푸드'에 있다고 보았다. 중소농 및 고령농, 다품목 소량생산체계, 근교 농업의 특징을 장점으로 살려 완주군만의 로컬푸드 유통시스템을 구축하고자 했다. 그래서 과감하게 '로컬푸드 1번지'를 완주군의 슬로건으로 내걸었다.

1) 지역농업 조직화 투트랙 전략을 구상하다

로컬푸드 성공을 위해서 투트랙 전략을 추진하였다. 투트랙이란

대농, 상업농과 다수 중소농, 고령농을 먹거리 시장 특성에 맞게 조직화하고, 차별화된 판매 전략을 세우는 것이다. 그래서 지역 전체의 소득을 높이고, 지역농업 및 지역사회 지속가능성도 담보해내자는 것이다.

단일 작목 중심 대농의 경우 공동사업법인 등을 통해 전국적으로 판매망을 갖추고, 다품목 소량생산을 특징으로 하는 지역 소농은 '관계 시장'을 개척하는 데 주력하자는 것이다. 특히 정책적으로 소외된 다수 소농이 참여하는 로컬푸드의 생산-소비 영역을 새롭게 구축함으로써 지역농업 전반에 걸쳐 안정과 활력을 불어넣는 것이 필요하다고 보았다.

2) 다품목 소량생산, 연중 공급 가능한 기획 생산체계를 구축하다

우리나라는 대부분 단일 종목을 대량으로 재배하기 때문에 농사가 잘될 때와 잘되지 않을 때 소득의 차이가 크다. 농사는 그 어느 산업보다 기후와 날씨의 영향을 받기 때문에 가장 불확실한 직업이다. 단일 품종 중심 대량생산을 할 경우, 병충해, 기후 등에 따라 문제가 발생할 수 있고 또 수확량이 많을 경우, 산지 가격 폭락 등의 영향이 크다. 농민들은 자신이 재배한 농작물이 어떤 결과를 가져올지 예측하기 대단히 힘들다.

소품종 대량생산 방식은 또 하나의 문제가 있다. 직매장에 취급할 수 있는 품목이 한정된다는 것이다. 소비자들은 직매장에 가서 본인이 찾는 물건이 없으면 차츰 발길을 끊기 마련이다. 소비자가 매장에 가서 장을 보려면 계절별로 최소 150가지 품목은 있어야 한다. 이 정도 품목을 확보하지 못하면 소비자는 호기심으로 한두 번 찾아갔던 발길을 끊는다. 대형 마트에 가는 이유도 한 매장에서 모든 것을 해결할 수 있기 때문이다. 전국 대부분 지역에서는 이 정도 개수의 품목을 확보하기 어렵다. 그래서 대개의 로컬푸드 직매장은 실패할 수밖에 없다.

그런데 완주군에서는 계절별 250개 품목에 가공식품 150개를 합쳐 약 400여 개 품목으로 직매장을 운영하고 있다. 계절과 상관없이 많은 품목을 매일 출하하니 수익성도 좋고, 건강한 먹을거리를 원하는 소비자들의 욕구도 충족시킬 수 있어 일거양득의 효과를 거두고 있다.

로컬푸드를 가능하게 하는 첫 번째 요건은 밥상에 필요한 300여 가지 이상의 다양한 품목을 지역 내에서 안정적으로 생산, 공급할 수 있는 기반을 갖추는 일이다. 그간 우리의 농업생산구조는 대규모·단작화 중심이었기 때문에 지역농업의 일정 영역을 다품목 소량생산이 가능한 체계로 재편하는 일이 무엇보다 시급했다.

그래서 완주군은 다품종 소량생산으로 연중 다양한 농산물이 끊임없이 생산될 수 있도록 시스템을 만들었다. 봄, 가을에 한 번씩 씨를 뿌리는 전통적인 방식, 100평에 한두 작물을 기르던 방식에서 벗어나 땅을 쪼개어 30일, 60일, 90일 단위로 씨를 뿌려 자주 수확할 수 있도록 유도하였다. 특히 겨울철에서 초봄까지는 다양한 품목 공급이 어려우므로 이를 미리 대비할 수 있어야 했다. 그래서 완주군은 소규모 비닐하우스(330㎡)를 지역의 소농에게 지원했다. 생산비 절감을 위해서 두레농장을 중심으로 토종작물 채종포를 조성하고, 저렴한 가격에 양질의 종묘를 공급할 수 있도록 공동 육묘장도 추진하였다.

기획 생산은 시장에서 팔릴 만큼만 농사짓는 것이다. 그러려면 소농의 생산비 보장을 가격에 연동하고, 이를 소비자가 인정, 지원하게 하는 사회적 신뢰 관계로 발전할 수 있도록 생산 조직화를 정밀하게 설계하는 일이었다.

3) 지속적인 학습 기회 제공과 설득으로 농민들을 조직하다

지역 소농에게 참여 기회를 제공하기 위해 완주로컬푸드 협동조합 기획생산팀이 움직였다. 보통 기획생산팀은 일찍 출근해 매장을 점검하고 농가 순회에 나섰다가 저녁 식사 후 다시 마을로 출근한다. 초기에는 1년 내내 매일 저녁 마을사랑방 좌담회를 조직하여 찾아다녔다. 농산물 재배 가능 면적과 품목을 조사하고, 출하 방법 등을 교육하고, 토론하였다. 이러한 조직화는 가장 시급한 도움을 필요로 하는 그룹, 즉 주로 자가소비 또는 농업소득이 거의 없는 고령농을 중심으로 진행하였다.

"로컬푸드가 타 지역에서 쉽게 성공하지 못하는 이유는 농민들을 조직하지 않고 사업을 벌이기 때문입니다. 농촌에 살고 있는 주민들은 조직화가 되어 있지 않습니다. 그래서 저희는 로컬푸드 준비단을 만들어 완주군의 347개 마을을 다 돌아다녔습니다. 연로하신 분들은 직접 매장에 나올 필요도 없게 하겠습니다. 농사만 잘 지어 깨끗하게 다듬어 마을회관 앞에 가져다 놓으면 수거해 가고, 매장에서 판매한 뒤 1주일에 한 번씩 각자의 통장으로 판매대금을 넣어준다고 설명했죠.

그러던 어느 날 면장 한 분에게 전화가 왔어요. 사기꾼이 돌아다니며 이상한 말을 하고 다닌다는 신고가 들어왔다는 거예요. 할머니들이 저희들 얘기를 들어보고선 '저 사람들 말대로만 하면 참 좋겠지만, 과연 이게 될 일이냐'라고 생각했던 것 같아요. 과거에는 없던 일이잖아요.

처음 설명을 들은 할머니들 상당수는 '나 낼 모레면 하늘나라 갈 텐데 돈 필요 없어'라거나 '나 농사 안 지어' 하며 시큰둥했어요. 시골 곳간에는 참깨며 호박 등 수십 가지 농산물이 쌓여있지만, 소량이기 때문에 판매할 생각을 하지 않았어요.

그런데 로컬푸드 매장이 가동되면서 할머니들 반응이 달라졌어요. 로컬푸드 매장에 참깨, 메주가루 등을 팔아 돈을 번 할머니들이 자랑을 하는 거예요. '나, 저번에 로컬에 거시기 냈더니 통장으로 20만 원 들어왔어' 하는 식이죠. 시골 할머니들에게 20만 원이면 큰돈이잖아요."[47]

4) 농민이 직접 가공하다

우리나라 농산물 가공 산업은 농민들이 배제되는 가운데 이른바 식품산업 자본에 의해서 주도되어왔다. 그래서 농산물 가공의 부가가치가 농민에게 환원되지 못했다. 지역 농산물을 원료로 하면서,

---

47 「완주로컬푸드 안대성 대표 "철저한 준비, 행정과 주민의 신뢰가 사업 성공 이끌어"」, 〈전북일보〉, 2015. 2. 4.

그 원료를 생산한 농민들이 직접 가공하는 시스템을 구축하는 것은 매우 중요하다. 이는 다양한 밥상 품목을 요구하는 로컬푸드 소비자의 바람을 충족시키는 일이기도 하다.

식품산업 자본이 아닌 농민이 직접 가공하는 시스템 구축을 위해 로컬푸드 기반의 6차 산업모델을 만들고 실행했다. 다수의 소농과 고령농이 다품종 소량 생산하여 밥상의 주요 먹을거리를 기획 생산하는 1차 산업, 농민이 직접 가공하여 유통하는 2차 산업, 로컬푸드 직매장 운영·농가 레스토랑·농촌체험 관광·인터넷쇼핑몰 운영과 같은 3차 산업으로 소농의 지속 가능한 농업생산을 위한 부가가치를 제고할 수 있는 모델을 정립하였다.

마을 기업이 자체 생산한 원료를 가공하여 상품으로 만들어 직매장으로 출시하는 마을공동체 사업을 추진하면서 다양한 농산물 가공 상품이 만들어졌다. 직매장이 활성화하면서 두부 만드는 마을만도 7개소에 이른다. 안덕파워빌리지의 죽염 된장, 수월마을의 콩버거, 비봉면의 평치 두레농장의 콩물 등 주민 아이디어에서 비롯된 신상품들이 소비자에게 좋은 반응을 얻었다.

전라북도 농업기술원의 지원을 받아 권역별 거점 농민가공센터를 설치하여 운영하고 있는데 고산면에 위치한 제1호 거점가공센터는 공장 495㎡, 폐수 배출시설 48.36㎡ 규모로 건립되었다. 이 센터는 밑반찬 가공실, 습식 가공실, 건식 가공실, 위생실, 전처리실, 포장실, 조리 실습실 등을 갖췄다.

"저희는 농산물 가공을 기업이 아니라 농민이 스스로 하는 시스템을 갖춰가고 있습니다. 농산물 가공으로 만들어지는 부가가치도 농민이 가져갈 수 있으려면 농민이 가공의 주체가 돼야죠. 농민이 가공 업체에 원료만 제공하면 정작 농민 호주머니는 덜 두둑해지잖아요. 완주군 마을 회사 정책이 농민 가공산업을 촉진할 수 있는 여건과 시스템을 만들었어요. 각자 마을의 농업 여건을 활용한 가공 공장을 소규모로 짓게 한 것이죠. '이 마을은 콩 농사를 많이 짓고, 두부 잘 만드는 할머니가 있으니까 두부, 청국장을 만듭시다.' 하는 식이죠. 여기 로컬푸드 직매장에 나와 있는 가공품들이 그렇게 마을에서 생산된 제품들입니다.

2011년도에 고산에 들어선 거점 농민가공센터 1호와 지금 구이면의 거점 농민가공센터 2호도 그런 시설입니다. 완주군 농민이라면 누구나 소정의 교육을 받은 뒤 자신이 생산한 원료를 가지고 거점가공센터에 가서 농산물을 가공 생산할 수 있습니다. 제조허가를 획득할 수 있게 군 차원에서 시스템을 만든 겁니다.

여기에서 만들어진 가공식품은 전량 '완주로컬푸드 직매장'을 통해 판매되고 있습니다. 농민이 밭에서 생산한 깻잎 40장을 한 묶음으로 포장해 판매하면 1,000원을 받는데, 깻잎 장아찌를 만들어 내놓으면 한 봉지에 3,000~4,000원 받을 수 있습니다. 엄청난 차이죠. 현재 완주 로컬푸드 매장 진열 상품 중 장아찌, 청국장 등 140가지 가공품이 그렇게 생산된 것들입니다. 저희 매장에 대기업 제품은 없습니다. 로컬푸드 매장 수수료 10%와 부가가치세 10%, 가공센터 사용료 3%를 더해 23%를 낸 나머지 77%가 농가의 소득으로 이어집니다."

5) 안전성 관리시스템을 구축하다

로컬푸드를 '신뢰를 통한 관계 회복'으로 인식할 때, 아무리 강조해도 지나치지 않는 것이 안전성 담보이다. 직매장 성공 요인은 신선, 안전, 안심, 대면 관계 4가지로 볼 수 있는데, '안전'이 최우선이다. 잔류농약검사를 비롯해 토양, 수질검사 등 일련의 생산 및 유통 단계 안전성 관리시스템은 큰 비용과 인력, 시간을 필요로 하더라도 반드시 갖추어야 할 전제조건이라 할 수 있다.

현재 완주군은 중층적인 안전성 관리시스템을 가동하고 있다. 첫 번째 단계는 각 직매장에서 진행하는 57개 항목에 대한 간이 잔류 농약검사다. 출하를 원하는 농가는 출하 전 반드시 샘플을 제출해 검사를 의뢰해야 한다. 유통단계에도 안전성 검사를 진행한다. 완주군 농업기술센터에 신설된 로컬푸드 인증계에서는 1주일에 두 번씩 직매장에서 10가지 품목을 무작위로 추출해 246개 항목의 잔류 농약을 검사한다. 세 번째는 안전성 관리의 객관성을 담보하기 위해 국립농산물품질관리원, 전북보건환경연구원과 업무협약을 체결해 정기적인 유통단계 안전성 검사를 한다. 잔류 농약 검사에서 문제가 생기면 삼진아웃제가 적용된다. 부적합 판정을 받은 농가는 1회 시 출하정지 1개월, 2회 시 출하정지 3개월, 3회 시 영구 퇴출 된다.

지역에서 함께 살아가는 경제 공동체

—

완주군의 로컬푸드는 단지 직거래에 바탕을 둔 가격경쟁에서 유리한 측면만 있는 것이 아니다. 지역경제 활성화에도 긍정적인 영향을 미친다. 대부분의 지자체에서는 지역경제와 산업을 발전시키기 위하여 대기업이나 공장 유치에 발 벗고 나선다. 그래서 지역주민이 그곳에 취업하거나, 기업으로부터 세금을 많이 걷어 지역경제를 활성화되기를 원한다.

물론 완주군도 이러한 정책을 쓰고 있다. 봉동읍의 산업단지나 과학단지 등에 대기업과 공장을 유치하려 노력하고 있다. 이 지역에는 실제로 현대자동차, KCC, LS 산전 등 대기업 공장이 들어와 있다. 여기로부터 해마다 수백억 원의 지방세도 걷고 있다.

완주군은 기업 유치와 함께 지역 내에서 일자리를 스스로 만들어가는 정책을 펼치고 있다. 로컬푸드를 비롯하여 푸드플랜, 협동조합과 사회적경제, 소셜굿즈, 쉐어하우스 등의 공동체 활동과 다양한 청년 지원 정책 등이 그것이다.

우리는 흔히 대형 마트나 백화점, 프랜차이즈, 온라인 배송 업체 등에서 물건을 구입하거나 생활에 필요한 서비스를 이용한다. 그런데 그곳은 우리가 물건값을 결재한 순간 대부분의 돈이 마을과 지역 밖으로 빠져나간다. 그 돈은 대부분 서울의 대기업이나 다국적 기업으로 흘러 들어간다. 반면에 로컬푸드를 구입하면 돈이 지역 밖으로 빠져나가지 않고, 지역 안에서 돌게 된다. 최근에 일부 소비자들이 대기업에서 운영하는 대형마트나 프랜차이즈 식당에 가지 않고, 다소 불편하더라도 동네에 있는 전통시장이나 동네의 작은 가게에 가는 것도 결국 같은 맥락이다.

이러한 경제활동은 우리 삶에 매우 중요한 가치를 가지고 있다. 자본주의 경제 시스템에서 일반적인 경제행위는 대부분 나와 우리 가족의 건강이나 안전만을 위한 것이다. 그러나 이러한 시스템에서는 상품 구입이나 서비스 이용이 나와 내 가족만을 위한 것에서 벗어나 이웃, 마을, 지역에도 도움을 주고 있다. 어찌 보면 가족 이외의 새로운 경제 공동체가 구체적으로 작동하는 것으로 볼 수도 있다.

'생산을 배려하는 소비, 소비를 생각하는 생산'은 완주 로컬푸드의 슬로건이다. 로컬푸드는 생산자와 소비자가 제품을 통해 만난다. 로컬푸드 상품의 포장지를 보면 생산자의 이름과 주소, 전화번호 등 주요 정보가 기재되어 있다. 자본주의 시장경제에서처럼 익명성을 바탕으로 하는 가격경쟁의 원리만이 작동하지 않고, 함께 살아가는, 신뢰와 연대의 사회적 관계가 작동하고 있다.

학교급식도 로컬푸드로

완주군에서는 지난 2017년도부터 전국 최초로 학교급식도 로컬푸드로 지원되고 있다. 완주 지역의 모든 초중고등학교 급식에 가족소농, 고령농, 귀농인이 생산한 신선하고 안전한 제철 농산물과 가공품을 급식 재료로 활용한다. 기존 학교급식은 지역농업과 연계되지 않은 데다 전자 조달시스템과 최저가 입찰로 질 좋은 식자재는 문턱을 넘기 어렵다. 그런데 완주군에서는 로컬푸드를 학교급식 재료로 사용함으로써 지역산, 신선, 안전, 적정가격이라는 공공성을 이뤄냈다. 대단히 획기적인 일이다.

그런데 정작 완주군의 학교에서는 로컬푸드 교육을 비중 있게 다루고 있지 않다. 아마 교육과정 운영 시간과 내용 면에서 다른 지역과 큰 차이가 없을 것이다. 교사들이 로컬푸드를 잘 모르기 때문이다. 완주에서 로컬푸드가 어떻게 태동하였는지, 어떤 과정과 어려움을 겪었는지, 그것을 누가 어떻게 극복하였는지, 다른 지역에서는 불가능했던 것을 완주는 어떻게 성공했는지를 알지 못한다. 당연히 아이들도 로컬푸드를 모른다. 학교가 마을과 지역과 어떻게 관계 맺어야 하는지 다시 한 번 생각해 볼 지점이다.

개인의 경쟁에서 공동체의 협동으로

로컬푸드에는 단지 경제, 산업적 가치만 있는 것은 아니다. 기본적으로 로컬푸드에는 신뢰와 공동체의 가치가 깔려 있다. 로컬푸드는 신자유주의적 시장질서와 글로벌 푸드 시스템의 원심력을 벗어나 지역 단위 순환·자립경제시스템을 만드는 실사구시 정책 수단이다. 로컬푸드는 철저하게 지역성에 기초하여 운영되고 있다. 로컬푸드는 기후변화와 환경오염으로부터 지구와 인류를 지키는 가교 역할을 할 것이다.

그런데 로컬푸드는 개인의 힘으로 불가능하다. 지역 단위에서, 지역의 많은 사람의 힘과 노력으로 선순환의 생산, 유통, 소비 시스템을 구축했기에 가능하다. 우리 사회는 개인보다는 공동체의 가치를 지키고, 지향하는 사람들이 많다. 전라북도 완주군에 그러한 사람들이 특히 많이 살고 있다.

세상을 바꾸는
사회적 경제와 협동조합

완주군에서 성공한 로컬푸드는 지역에서도 충분히 잘 살 수 있다는 것을 증명했다. 다만, 타인과의 경쟁을 통해서가 아니라, 모두가 함께 협동하고 연대하여 잘 사는 것이다. 특히 영세농민, 고령농민, 여성농민 등에게 지역에서 안정적인 일자리를 찾아주고, 기본소득을 보장하는 것은 사회적 취약 계층을 배려하는 차원에서 중요한 의의가 있다.

완주에는 로컬푸드만 있는 것이 아니다. 10여 년 전부터 경쟁보다는 협력, 개인보다는 공동체, 자본주의적 이윤보다는 함께 잘 사는 사회적 경제를 중시하는 정책을 지자체가 펼쳐왔다. 이에 따라 마을기업, 사회적 기업, 협동조합, 공동체 등이 사회적 경제를 지향하며, 함께 나누는 삶을 살아가고 있다.

그들은 협동과 연대의 방식으로 경제활동을 하고 있으며, 지역 내에서 일자리를 만들어 공유한다. 그러한 단체 약 400여 개가 완주에서 활동하고 있다. 이들 중 50개 단체는 적극적으로 학교 교육활동을 지원하거나, 마을에서 아이를 돌보는 마을교육공동체 활동에 참여하고 있다. 아이를 함께 키우고, 함께 살아가는 교육공동체와 마을공동체의 구체적인 실체를 보여주고 있다.

사회적 경제와 협동조합

사회적 경제란 경제적 이익과 사회적 가치를 모두 중시하는 경제 활동을 말한다. 사회적 경제는 자본주의가 발전하면서 나타난 경제 불평등이나 환경오염 등의 문제를 해결하기 위해 등장했다. 경제적 이익을 극대화하는 기존 시장경제와 달리 자본주의의 장점을 살리면서도 공동체 이익 실현, 노동 중심의 수익 배분, 민주적 참여, 사회 및 생태계의 지속가능성과 같은 가치를 중심에 둔다.

사회적 경제는 1800년대 초 유럽과 미국에서 처음 등장했다. 한국에서는 1920년대에 농민협동조합 형태로 시작되었으며, 1997년 외환위기 전후로 크게 발전했다. 당시 높은 실업률과 고용 불안정, 빈부 격차 심화 문제로 사회적 경제가 대안으로 등장했기 때문이다. 이후 2007년과 2012년에 각각 「사회적 기업 육성법」과 「협동조합기본법」이 제정되면서 사회적 경제와 관련된 법률적 근거가 마련되었다.

사회적 경제의 목적은 소수의 개인이 아닌 공동체 보편의 이익을 실현하는 것이다. 따라서 이윤 추구보다는 구성원들에게 서비스를 제공하는 것을 우선시하며, 자본이 아닌 노동을 중심으로 수익을 배분한다.

의사결정과정에서 구성원의 민주적 참여를 중시하고, 조직을 자율적으로 운영한다는 특징도 있다. 대개 지역 공동체를 기반으로 하는 만큼 경제활동이 지역사회와 생태계에 미치는 영향력을 고려해 지속 가능한 발전을 지향하는 경우가 많다.[48]

협동조합의 가치가 세계적으로 다시 한번 주목 받게 된 데에도 역시 시장과 국가의 위기가 있었다. 2008년 글로벌 금융위기가 그것이다. 2007년 미국에서 발생한 서브프라임 모기지 사태로 국제금융 시장에 신용 경색 바람이 몰아치며 1929년 대공황에 버금가는 세계적 경제 혼란이 발생했다. 그러나 유럽과 북미의 수많은 은행이 줄줄이 문을 닫는 상황에서도, 높은 수익보다는 조합원들의 필요에 의한 사업을 중히 여긴 협동조합 은행들은 크게 흔들리지 않는 모습을 보여주었다.

경제 위기를 타개하기 위해 많은 기업이 노동자를 해고하는 상황에서도 노동자 협동조합이 밀집해 있던 이탈리아의 볼로냐와 스페인의 몬드라곤 지역에서는 구성원들을 해고하는 대신 일자리를 나누거나 재배치했다. 수익만을 좇는 기업과 달리 협동조합은 외부 위기에 크게 영향받지 않으며 지역과 조합원을 위한 가치 생산을 해 나가고 있던 덕분이었다. 공동체를 통한 회복 탄력성을 잘 보여준 사례이다.

사회적 경제는 늘 공동체를 기반으로 한다. 대표적으로 협동조합은 사업체이면서도 결사체이다. 그 어느 경제 조직보다 공동체에 주목한다. 경제활동이 사회 구성원들의 삶을 영위하고 필요를 충족하기 위해 재화와 서비스를 생산하는 활동이라고 했을 때, 경제활동을 하는 조직

---

48   출처: 다음 백과사전(https://100.daum.net)

으로서 협동조합이 가장 우선순위에 두고 있는 구성원은 조합원이다. 이들은 일정한 규칙과 규범에 동의하여 협동조합에 가입한 사람들로 단순한 개인들의 집합이 아니라 공유된 규범을 가지고 있는 작은 사회, 즉 공동체이다.[49]

완주군의 사회적 경제[50]

완주군은 양질의 사회적 일자리 창출과 사회 서비스 제공을 목적으로 '완주 소셜굿즈 2025 프로젝트'를 추진하고 있다. 이 프로젝트는 부문별 사회적 경제 조직을 통합적이고 체계적으로 육성하여 지역 자립과 순환 경제를 이루는 것이다. 로컬푸드를 넘어서는 지속 가능한 사회적 경제 기반 지역발전 전략이다.

완주군은 이 프로젝트에 8년간 1,000억 원을 투자할 계획이다. 5,000개의 지속 가능한 일자리 창출, 500억 원의 신규 소득 창출, 군민의 30% 사회적 경제 조직 참여, 협동경제 도시 기반 구축을 목표로 한다. 지역순환경제 시스템 구축으로 글로벌 경제위기 등에 대비해 경제적, 사회적 안전망을 강화하여 자족도시 실현을 꿈꾸고 있다.

자족도시는 지역의 필요(주변 이웃들을 보살피기 위한 돌봄 서비스, 아이들을 안심하고 건강하게 키우기 위한 보육과 교육, 건강한 100세를 보장하는 보건·의료 서비스, 주민들에게 안전한 먹을거리를 제공하는 농업과 식품 산업, 수준

---

49   주수원, 「마을교육공동체와 사회적경제」, 2018.
50   2018 완주 사회적경제네트워크 사업계획서에서 발췌 인용함.

높은 문화 향유 등)를 지역이 보유한 인적, 물적 자원을 활용한 협동의 방식으로 재조직함으로써 실현 가능하다.

완주에는 약 400여 개에 달하는 사회적 경제 조직의 성장을 지원하기 위하여 '완주 사회적 경제 네트워크'가 활동하고 있다. 이 네트워크는 사회적 경제의 내실화, 자립화, 협업화를 목표로 설립된 민관 거버넌스 성격을 띠고 있다.

완주군에서 추진하는 사회적 경제는 최근 전국적으로도 주목받고 있다. 보건복지부가 주관하는 2019년 지역복지사업 평가 '사회적 경제 활성화 분야'에서 전국 1위 격인 대상을 수상하였다. 사회적 경제 활성화 기반 구축, 사회 서비스 분야 활성화 노력, 우수사례 실적 3가지 항목 모두에서 최고 점수를 받았다. 군(郡) 단위로는 전국에서 유일하게 사회적 경제 친화 도시로 선정되기도 했다.

특히, 농업 문제를 로컬푸드를 통해 사회적 경제 방식으로 해결한 경험을 바탕으로 교육, 복지, 문화, 관광, 에너지 등 군민 삶의 질 영역까지 사회적 경제가 스며들 수 있도록 하는 '완주 소셜굿즈 2025 프로젝트'가 역할을 톡톡히 하였다. 또한, 중간지원조직과의 원활한 협력을 위해 지자체에 사회적 경제 전담부서 신설, 87개 사회적 경제 조직이 참여한 '완주 사회적 경제 네트워크' 출범, 민관협치를 위한 소셜굿즈 TF 사업단을 구성해 기반을 마련한 것이 큰 호평을 받았다.

"아직 지역의 시대는 오지 않았습니다. 자본이 주도하는 무한 경쟁과 승자독식이라는 게임의 법칙에 저당 잡혀 자치와 자립으로 떨치고 나아가지 못하고 있는 까닭입니다.

　우리의 선택은 사회적 경제입니다. 지역자원을 활용하고 사람을 키워 그동안 충족되지 못한 지역의 필요(need)를 사회 구성원의 협동을 통해 풀어나가는 것이 핵심가치이자 방법론입니다.

　사회적 경제는 지역사회에서 길러집니다. 주변 이웃들을 보살피기 위한 돌봄 서비스, 아이들을 건강하게 키우기 위한 보육과 교육, 주민건강을 위한 보건 의료 서비스, 안전한 먹을거리를 제공하는 로컬푸드, 주거와 에너지, 환경과 문화 등이 사회적 경제의 영역입니다. 다름 아닌 우리 이웃들의 필요를 조직하는 일입니다. 배려와 협동의 지역사회로 가기 위한 지름길은 없습니다.

　'사회적 협동조합 완주 사회적 경제 네트워크'는 사람, 협동, 공동체에 가치를 둔 새로운 삶의 양식을 만들고, 다음 세대에 지역의 따뜻한 유산으로 물려줄 것입니다. 우리가 이 자리에 손을 맞잡은 분명한 이유입니다." [51]

완주 로컬푸드 협동조합

—

　완주 로컬푸드는 처음에는 완주군과 용진농협 등 9개 지역농협과 지역축협이 공동 출자하여 설립한 농업회사 법인이었다. 그러다 협동조합형으로 전환 필요성이 제기됐다. 주주총회를 통해 협동조합 전환이 결정됐고 2014년 1월 20일 협동조합 기본법에 따른 '완주 로컬

51　완주사회적경제네트워크 홈페이지 자료.

푸드 협동조합'이 창립됐다. 그리고 참여 농가와 직원이 직접 주인이 되고, 자주와 자립을 기초로 민주적 의사 결정이 가능한 구조로 만들었다.

완주 로컬푸드 협동조합의 조합원 수는 지난해 말 기준 1,221명으로, 농가와 마을공동체에서 출자해 조합원으로 참여하고 있다. 이러한 성장을 발판으로 지난해 매출액은 300억 원, 누적 매출액은 1,040억 원에 달하고 있다. 또 정규직 직원 90명을 고용하고 있어 지역 일자리 창출에도 크게 기여하고 있다.

완주 로컬푸드 협동조합은 '완주 로컬푸드 해피스테이션'이라는 이름으로 효자점 등 6개의 로컬푸드 직매장을 운영하고 있다. 그리고 이와 별도로 6개 지역은 각 농협 하나로마트 매장을 통해 만나 볼 수 있다.

이곳 직매장에는 농가가 생산한 농산물과 거점농민가공센터에서 가공한 제품을 직접 진열한다. 이 직매장은 기존의 농산물 유통구조에 대한 고정관념을 깨뜨렸다. 당일 팔리지 않고 남으면 수거도 농가에서 직접 한다. 판매액의 10%는 수수료로 뗀다. 원거리 농가의 제품은 3대의 순회 수거 차량이 수거한다. 이 수수료는 3%다. 1일 고객이 모악점 700명, 효자점 1,500명, 하가점 650명 정도다.

완주 로컬푸드 협동조합에 가입하려면 조합원 여건을 갖춘 후 기본 교육을 이수해야 한다. 생산품은 농약잔류검사와 함께 완주 로컬푸드 인증을 받으면 출하가 가능하다. 직매장은 지역 농민들은 물론 초보 귀농·귀촌인들의 안정적인 판로에 도움을 주고 있다. 또 이곳 직매장에서는 농가에서 재배한 건강한 식재료를 소비할 수 있는 '행복 정거장'이라는 이름의 식당(농가레스토랑)을 운영하고 있기도 하다.

완주 로컬푸드 협동조합은 농축산물의 복잡한 유통단계를 줄이면서 소비자들에게는 저렴한 가격으로 공급하고, 유통 소요 비용을 생산자에게 돌려 상생할 수 있는 관계 맺기로 지역사회의 상생 구조를 만들었다. 또, 지역에서 생산된 농산물을 그 지역에서 소비하는 지역 순환형 생산·유통·소비구조도 만들어가고 있다.

완주 로컬푸드 협동조합은 우리 농업의 다수를 이루고 있는 소농인, 가족농, 고령농, 여성 농업인 등이 고루 잘사는 방법을 찾았다는 면에서 높게 평가할 수 있다. 또한, 지역 중심의 로컬푸드 활성화를 꾀함으로써 지속 가능한 지역에 대한 화두를 제시하였다는 점도 의의가 크다.

완주군의 이러한 로컬푸드 협동조합은 생산자와 소비자와의 직접적인 관계 맺기를 통해 사회적 거리를 좁히고 있다. 그 본질적 가치에 비추어 볼 때 도농을 잇는 가장 치유력 높은 협동경제 모델이며, 동시에 사회적 경제 모델이다. 이러한 사회적 경제 모델은 지역 공동체가 활성화되는 데에 중요한 역할을 하고 있어 전국의 이목을 집중시키고 있다.

협동조합교육은 민주시민교육과 같다

—

사회적 경제와 협동조합이 자본주의와 시장경제의 폐해를 극복할 수 있는 대안으로 새롭게 등장했다. 완주군에서 로컬푸드, 협동조합과 사회적 경제 조직, 다양한 형태의 공동체 등이 활발하게 활동하고 있다. 정부 각 부처에서도 핵심 정책으로 추진 중이다. 이에 따라 관심을 가지고 참여하는 사람들도 많아지고 있다.

학교도 이러한 사회 흐름에 관심을 가지고 동참하는 것이 필요하다. 학교에서 협동과 연대를 기본 정신으로 하는 사회적 경제와 협동조합을 배우는 것은 중요한 의의가 있다. 여기에는 학교교육에서 지향하는 가장 근본적인 가치가 작동하고 있기 때문이다.

학교교육의 최종 지향점은 학생이 민주시민으로 성장하는 것이다. 민주시민이 갖춰야 할 역량에는 어떤 것이 있을까? 타인의 권리와 존엄성을 존중하는 것, 다원성을 인정하는 시민적 관용, 공공생활에 적극적으로 참여하고 실천하는 시민적 효능감, 사회정치적 문제를 객관적으로 파악하는 비판적 사고력, 대화와 토론으로 문제를 해결할 수 있는 능력과 기술, 약자를 보호하고 정의와 상생의 원칙을 따른 협력과 연대이다.[52] 이러한 민주시민의 가치가 협동조합 원칙에 모두 들어있다.

협동조합 7원칙

1원칙 : 자발적이고 개방된 조합원 제도(Voluntary and Open Membership)

2원칙 : 조합원에 의한 민주적 관리(Democratic Member Control)

3원칙 : 조합원의 경제적 참여(Member Economic Participation)

4원칙 : 자율과 독립(Autonomy and Independence)

5원칙 : 교육, 훈련 및 정보제공(Education, Training and Information)

6원칙 : 협동조합 간 협동(Co-operation Among Co-operatives)

7원칙 : 지역사회에 대한 기여(Concern for Community)

협동조합의 7원칙에는 기본적으로 민주주의 원리가 담겨있다. 따라서 학교에서 협동조합을 배우고, 만들고, 활동해본다는 것은 민주주의

---

52   교육부, 민주시민교육 활성화를 위한 종합계획(2018)

원리를 배우고, 익히고, 실천한다는 말과 같다.

학교에서 경제활동을 직접 경험하는 것도 중요하다. 사회적 경제와 협동조합은 경제활동에 있어 경쟁의 방식도 필요하지만, 협력의 방식으로도 돈을 벌 수 있다는 것을 알게 해 준다.

학교교육의 목적은 결국 아이들이 삶을 잘 살아가도록 돕는 것이다. 아이들의 삶을 중요하게 여긴다면 삶에 필요한 수업은 결국 아이들이 살아가는 삶의 현장에서 찾아야 한다. 아이들이 살아가는 삶의 현장은 마을과 지역이다. 아이들이 학교에서 배우는 것을 마을과 지역에서 직접 몸으로, 삶으로 실천하는 사람들을 만나야 하는 이유이다. 어려서부터 로컬푸드, 협동조합과 사회적 경제 등에 대하여 이해하고, 참여하는 경험이 있어야 어른이 되어서 공동체적인 삶에 관심을 가질 수 있다. 그러한 방식으로 자신의 삶을 설계하고, 그렇게 살아갈 수 있다.

'나도 조합원이다' 프로젝트

—

2020학년도 1학기에 우리 학교에서 사회적 경제와 협동조합에 대한 수업을 일부 진행하고 있다. 이미 우리 학교는 2019학년도에 자치 활동 속에 협동조합 개념을 일부 도입하여 간식 판매 및 구매를 아이들 손으로 직접 하게 하였다. 올해는 여기서 더 나아가 본격적으로 협동조합을 배우고 경험하게끔 정규 교육과정으로 들여왔다.

코로나로 상당 부분 멈춰선 학교에서 얼마만큼 실행할 수 있을지는 모르겠다. 그러나 학교가 이런 수업을 구상하고 실행하는 것이 얼마나 중요한 일인지 알기에 첫발을 내디뎌보려고 한다. 이 수업을 위해 완주군으로부터 다중지능계발 프로그램 예산 380만 원을 지원받았다. 아이들은 이 수업에서 협동조합을 배우고, 낮은 수준이나마 협종조합을 실제 만들어 활동해볼 예정이다. 우리는 이 프로젝트에 '나도 조합원이다'라고 이름을 붙였다.

'나도 조합원이다' 프로젝트 교육과정
- 로컬푸드, 협동조합과 사회적 경제 이해 교육
- 협동조합 결성, 임원 선출, 조합원 가입, 회의 진행 방법 훈련
- 지역의 협동조합과 사회적 경제, 공동체 현장 탐방
- 실제 품목을 선정해 협동조합 활동 진행
- 협동조합 사례 나눔 발표회 및 평가회

1학년 2개 반 학생들이 자유학년제를 활용하여 17회기, 34차시 동안 사회와 기술·가정 주제선택 통합 수업을 진행하고 있다.[53] 이 프로젝트 초기 기획 단계에서 완주군의 협동조합과 공동체 활동가와 여러 차례 협의를 진행하여 대략적인 교육과정 운영계획을 수립하였다. 마을의 축적된 경험과 전문성을 적극적으로 활용하기 위해서였다. 이 자리에서 협동조합 및 사회적 경제 이해, 완주군 및 다른 지역의 실천 사례, 실제 자신의 문제 해결을 위한 협동조합 구성, 모둠별 품목을 정해 협

---

53   코로나19로 실제 활동 시간은 절반 정도에 그치고 있다.

동조합 활동 등을 중심으로 하는 교육과정을 편성하였다. 특히 학생들이 처음부터 끝까지 이 프로젝트에 주체적으로 활동할 수 있도록 방향을 잡았다.

그러나 코로나19로 등교수업이 늦어지면서 계획한 대로 진행할 수 없었다. 그래도 마냥 손 놓고 있을 수는 없어 담당 선생님이 협동조합 관련 동영상 등 각종 자료를 확보하여, 원격수업을 진행했다. 또한, 관심사가 비슷한 친구들끼리 모둠을 만들고, 명칭(이름)과 정관(회칙)도 일부 논의하고, 모둠별로 어떤 품목을 선정하여 활동할 것인지 등에 대하여 활발하게 토론했다. 아이들은 비록 온라인이었지만 그 어느 수업보다 관심이 많았다.

등교수업 후 1~2차시에 완주군에서 활동하는 안대성 (전)로컬푸드 협동조합 이사장이 아이들을 만나서 특강을 해주었다. 그는 아이들이 협동조합 개념과 가치, 방법을 이해할 수 있도록 최대한 쉽게 설명했다. 그리고 3~4차시에는 모둠별로 첫째, 조합원의 자격을 누구로 할 것인지, 둘째, 출자금은 얼마를 할 것인지, 셋째, 이익금을 어떻게 배당할 것인지 등을 토론하여 결정해오도록 과제를 제시하였다.

이 프로젝트는 학교 동아리 발표회와 마을의 협동조합 포럼에서 아이들이 물건을 판매하는 것으로 마무리될 것이다. 그때까지 어떤 일이 있을지 모르겠지만, 일단은 그 어느 수업보다 아이들이 활발히 참여하고, 완주군에서 활발히 펼쳐지고 있는 협동조합을 아이들이 접해봤다는 측면에서 작은 의의를 찾을 수 있을 것이다.

표14 '나도 조합원이다' 모둠별 활동 계획

구분	1모둠	2모둠	3모둠
지도 교사	유**(교내교사)	이**(마을교사)	송**(마을교사)
조합원	학생, 교직원	학생, 교직원, 학부모	학생
품목	타이다이, 티셔츠, 마스크	과일주스	팔찌
출자금	10,000원	10,000원	20,000원
이익금 배당	– 협동조합에 적립(15%) – 출자금에 따라 배당 (10%) – 이용률에 따라 비례 배당(75%)	– 협동조합에 적립(10%) – 출자금에 따라 배당 (10%) – 이용률에 따라 비례 배당(80%)	– 협동조합에 적립(10%) – 출자금에 따라 배당 (10%) – 이용률에 따라 비례 배당(80%)

로컬크리에이터,
도시와 지역을 살리다

서울이 희망을 담보하지 않듯이, 지역도 희망을 담보하지 않는다. 반대로 서울에 희망이 있듯이, 지역도 희망이 있다. 지역은 서울로 올라가지 못한 사람이 '남는' 곳이 아니다. 자발적으로 지역에서 '사는' 사람들이 있다.

최근 들어 서울에서 살다가 지역으로 '돌아오는' 사람들도 많이 늘고 있다. 귀농을 선택하는 사람도 있고, 서울에서 못다 이룬 꿈에 도전하는 사람도 있다. 그중에는 청년들도 다수 있다. 여러 이유가 있겠지만 '서울살이'가 기대와 다르기 때문이기도 하고, 일부는 좋은 직업을 가졌어도 재미가 없기 때문이기도 할 것이다. 그런 청년들이 지역에 내려와 꿈꾼 일, 재미있는 일에 도전하고 있다.

'대학내일20대연구소'는 이전 2년간 다수의 미디어에 회자된 트렌드를 중심으로 기존의 보편적 삶과 달리 새롭게 등장한 라이프 스타일을 2018년에 조사했다. 전국 20~39세 남녀 800명을 대상으로 조사한 결과, 1위는 GO 지방(82.1%, 서울에서 지방 도시로 이주를 선택하는 것)이다. 2위는 갭이어(79.6%, 학업이나 직장생활을 잠시 중단하고, 미래의 방향을 설정하기 위해 다양한 경험을 해보며 시간을 갖는 것)였다.[54] 두 단어 모두 우리 사회의 일반적인 흐름과는 거리가 멀다.

최근에 밀레니얼과 Z세대[55]를 중심으로 일과 직업에 대한 가치관이 급속히 바뀌고 있다. 그들은 돈을 벌기 위해 일을 하지만, 돈을 벌기 위해 아무 일이나 하지 않는다. 그들은 삶을 즐기려 한다. 자신에게 가장 맞는 일이 무엇인지 찾는다. 돈이 삶의 목적이 아니라는 것이다. 부모 세대와 같이 고소득을 올리는 안정된 직장을 잡는 것이 목표가 아니다. 회사에서 수단 방법을 가리지 않고 더 높은 직급으로 승진하는 것이 인생의 목표가 아니다. 어떤 이는 어렵게 들어간 회사지만, 자신의 적성이나 꿈과 맞지 않으면 입사와 동시에 퇴사와 이직을 꿈꾸기도 한다. 나와 맞는 일, 재미있는 일, 내가 하고 싶은 일을 찾아 나선다.

그들 중에는 특히 지역 즉 로컬에서 꿈꾸고, 도전하고, 연대하고, 그 과정을 즐기며 살아가는 사람들이 있다. 그러한 영역이 최근 주목받고 있다. 그 무대는 주로 로컬이며, 그들을 로컬크리에이터로 부른다.

---

54   전정환, 『밀레니얼의 반격』, 더퀘스트, 2019, 6쪽.

55   밀레니얼 세대는 1980년대 초반에서 1990년대 중반에 출생한 세대, Z세대는 1990년대 중반에서 2000년대 중반에 출생한 세대를 흔히 가리킨다. 이들은 디지털 환경에 익숙하고, 최신 트렌드와 개성을 추구하는 경향이 많이 있다.

도시와 지역을 살리는 로컬크리에이터

—

크리에이터는 창조자, 생산자, 개발자 등을 뜻한다. 흔히 자신이 직접 콘텐츠를 제작하여 유튜브에 업로드하는 1인 창작자를 가리킨다. 유튜브의 폭발적인 성장에 힘입어 초등학생의 장래 희망 1위가 크리에이터로 조사되었다는 결과도 있다. 이들은 대중에게 많은 영향력을 행사할 수 있어서 연예인 부럽지 않은 인기를 누리고 있다. 이름이 널리 알려진 크리에이터는 광고 수입도 막대하다. 요즘은 연예인들마저 크리에이터로 아예 이동하거나 겸업하는 경우도 다반사다. 크리에이터들은 특별한 경력이나 학력이 필요하지 않고, 누구에게나 기회가 공평하게 주어지기 때문에 많은 사람이 관심을 가지고 있다.

크리에이터에서 유래한 듯이 보이는 로컬크리에이터는 로컬, 또는 로컬의 다양한 자원, 문화, 역사 등을 기반으로 창조적인 일을 하고 있다. 지역의 자원과 지역성을 기반으로 독창적인 콘텐츠를 만들어 지역의 가치를 창출하는 혁신적인 창업가로 거칠게 정의할 수 있다.[56]

로컬크리에이터라는 용어가 생긴 지는 불과 2~3년 전이다. 개념과 의미가 아직은 낯설다. 일반인에게도 낯선 용어니 학교나 교사에게는 더욱 그럴 수 있다. 그런데 로컬크리에이터라는 용어는 이미 중앙 정부가 공식적으로 사용하고 있다.

2020년 중소벤처기업부에서 '로컬크리에이터 활성화 사업'을 추진하고 있다. 이 사업은 지역의 자원과 특성을 활용해 지역경제 활성화

---

56   로컬크리에이터에 대한 정의는 아직 구체적으로 확립되지 않았다.

에 기여하는 로컬크리에이터에게 사업 자금을 최대 5,000만 원까지 지원해준다. 올해 지원 규모는 140개 사이다. 일반 트랙 130개 사에 최대 3,000만 원, 투자 연계 트랙은 10개 사에 최대 5,000만 원까지 지원된다. 선정된 로컬크리에이터는 성장 단계에 필요한 시제품 제작, 지적재산권 취득, 마케팅 등으로 사업비를 사용할 수 있다.

그런데 최종 접수 마감 결과 3,096명의 지원자가 몰려 22:1의 경쟁률을 기록했다. 이는 중소벤처기업부가 주관하는 창업지원 사업 평균 경쟁률이 5:1인 것으로 볼 때 매우 높은 수치이다. 연령대별로는 20~30대가 1,955명으로 전체의 63.2%를 차지하고 있다. 젊은 창업자들의 관심이 가장 높았던 것이다. 로컬크리에이터가 젊은이들 사이에 상당히 빠르게 확산하고 있다고 평가할 수 있다.

『골목길 자본론』의 저자인 연세대학교 모종린 교수도 지역의 도시가 "해외테마파크 등 지역 문화와 동떨어진 관광시설 유치보다는 지역 자원 개발로 승부해야 한다"고 말한다. 최근 '감성과 경험을 중시하는 소비자'가 늘고 색다른 체험과 공감 여행을 찾아 떠나는 로컬 여행이 뜨고 있는 만큼 "지역의 생활 문화로 삶의 질을 높이고, 인재와 여행자를 유치"해야 한다는 것이다. 그러면서 지역 커뮤니티와 로컬크리에이터의 역할을 강조하고 있다.

그가 쓴 도서『골목길 자본론』과 전정환의『밀레니얼의 반격』을 보면 혁신적인 소상공인들이 낡고 오래된 지역을 활기차고 운동성이 강한 지역으로 만들어가고 있다. 전국에서 다양한 로컬크리에이터들이 등장하여 도시와 지역을 살려내고 있다.

특히 서울 강북, 지방 소도시의 골목길, 강원(커피, 서핑)과 제주(화장품,

IT)의 지역 산업이 활기를 띠고 있다. 양양 서피비치에는 해마다 70만 명이 찾아가고, 속초 칠성조선소에는 연간 50만 명의 인파가 몰린다. 강원, 충북, 제주 창조경제혁신센터를 통해 발굴 육성된 소상공인들이 함께 모임을 가지기도 한다.

로컬크리에이터들이 가지고 있는 가능성과 역할에 주목해야 한다. 지금까지와 같은 천편일률적인, 제조업 중심의 산업도시로는 더 이상의 성장은 힘들다. 각 도시가 가지고 있는 특성을 살려 다른 도시와 차별화를 시도해야 한다. 도시의 정체성을 분명히 해야 한다. 도시에 사람들이 모이려면 사람들이 찾아올 수 있는 매력이 있어야 한다. 이곳에서 로컬크리에이터들이 도시의 고유한 자원과 특성을 바탕으로 새로운 콘텐츠를 만들어내고 있다.

밀레니얼 세대를 중심으로 개성과 다양성을 추구하는 문화가 자리 잡아가고 있다. 도시 재구조화와 발전도 이러한 방향에 따라 진행되어야 한다. 획일적인 사업이나 도시개발로는 살아남기 힘들다. 전국에서 로컬크리에이터들이 낡고 오래된 건물과 공간을 리모델링 해 사람들이 즐겨 찾는 공간으로 바꾸어 가고 있다. 로컬에서 로컬크리에이터들이 연대하여 함께 살아가는 모습과 장면 자체가 도시 발달의 가장 유력한 수단이다.

최근 들어 지방자치단체도 이들에 관심을 가지고 정책으로 반영하기 시작했다. 구도심 활성화와 지역경제 발전에 도움이 되기 때문이다. 창업진흥원은 "지역으로의 인재유입을 촉진하고, 지역경제를 활성화하기 위해서는 지역의 골목 상권을 비롯해 지역의 지리·문화·커뮤니티 등을 연결해 새로운 가치를 창출하는 로컬크리에이터들의 역할이 매우 중요하다"며 "앞으로도 이들이 지속 가능한 성장을 이룰 수 있도록 지역과의 연계·협력도 강화하겠다"고 밝혔다.

페이스북과 인스타그램을 비롯해 정보통신기술의 발달로 지역은 공간의 한계를 넘어 사람들을 불러 모을 수 있다. 동네에 명소가 생기고, 골목으로 확대되면 도시의 상권이 살아난다. 로컬 고유의 특성을 살려 그것을 문화와 취향으로 공유하면서 창업하는 청년들은 지역의 소중한 자산이며, 지역의 정체성을 유지해주는 촉매제와 같다.

로컬크리에이터의 특징 몇 가지
—

로컬의 가치와 밀레니얼의 특성이 만나 로컬크리에이터가 탄생했다. 그들은 지역에서 자유를 추구하고, 창조적인 삶을 살아가고 있다. 로컬크리에이터들이 공통적으로 갖고 있는 몇 가지 키워드가 있다. 그것은 지역, 밀레니얼, 도전과 혁신, 연대와 공유이다. 이 네 가지는 학교교육 또는 혁신교육에서 공통으로 추구하는, 추구해야 할 가치이다.

1) 지역 가치의 재발견
그들이 주로 활동하는 공간은 지역, 즉 로컬이다. 그들에게 로컬은 열패감을 주는 지방, 변두리, 골목이 아니라 기회와 가능성의 공간이다. 더는 새로울 것이 없는 도시의 모습이 다양하고 아기자기한 이야기를 품고 있는 로컬로 눈을 돌리게 하는 요인이 되고 있다. 평생을 벌어도 서울에 집 한 채 마련하기 어렵고, 임대료를 매달 내야 하는 주거 방식으로 인해 삶이 풍요롭지 못한 상황도 로컬을 뜨게 하는 요인으로 작용하고 있다.

서울과 비교하면 지역은 가진 것이 부족하다. 기반 시설과 교통, 문화, 여가 활동 등에서 부족한 것이 많다. 일자리 역시 1차 산업이나 단순 노무직, 서비스 직종이 많아서, 쉽게 마음이 가지 않는다.

그러나 부족하다는 것은 기회와 가능성이 있다는 말로 해석할 수 있다. 역설적으로 아무것도 없으니 뭐든 할 수 있다. 로컬에서 새로운 것을 찾아, 꿈을 찾아 도전할 수 있다. 지역에서 서울살이와는 다른 재미를 찾으며, 사람들과 연대하며, 자신의 꿈을 실현할 수 있다.

유튜브 사용이 늘어남에 따라 공간의 제약은 그리 큰 변수가 되지 못한다. 지역 간의 경계와 장벽은 사라지고 모든 산업에서 모바일을 자유롭게 쓰는 세대가 주요 구매층으로 떠오르고 있다. 멋과 맛을 선호하여 찾아다니는 젊은이들을 지역에서 쉽게 볼 수 있는 것도 같은 맥락이다. 이들은 휴대폰을 들고 다니면서 전국을 누비며 소위 '뷰'가 좋은 곳을 사진으로 찍어 공유한다. 인스타그램에 올려진 아름다운 사진 한 장이 수많은 사람을 찾아오게 만드는 것을 보면 그들에게 '멋'이 얼마나 중요한지 새삼 실감한다.

코로나19도 지역과 지역의 삶에 중요한 전환점이 될 것이다. 국가 간, 지역 간 이동이 위험해지면서 생활의 중심이 마을과 지역으로 이동하고 있다. 멀고 낯선 곳에 가서 낯선 사람과 소통하기보다는 내 주변에서 의식주를 해결하고, 내 주변 사람들과 관계를 맺는 것이 일상이 되어 가고 있다. 고립과 단절을 넘어 마을과 지역 내에서 사람들끼리 소소하게 관계를 맺고 경제활동을 한다. 낯선 곳보다는 내가 살고 있고, 내가 알고 있는 곳이 안전하다고 생각하기 때문이다. 현재의 로컬을 넘어 앞으로 지역의 가치는 더욱더 새롭게 부상할 것이다.

2) 밀레니얼과 Z세대를 기반으로 한다

정보통신 기술과 모바일의 발달로 삶의 양식이 빠르게 변화하고 있다. 밀레니얼 세대는 디지털을 자유롭게 사용하되, 아날로그를 사랑한다. 라이프 스타일과 개성, 문화를 중시한다. 그들은 생각이 분명하고 가치관이 뚜렷하다. 자신의 삶에 의미가 있는지 그렇지 않은지 냉철하게 판단한다. 오랜 시간 동안 고민하되 결정의 순간은 빠르다. 그리고 가차 없이 행동한다.

젊은이들 상당수가 로컬크리에이터에 도전한다. 로컬의 가치와 밀레니얼이라고 하는 새로운 세대의 감성과 창의성이 만나고 있다. 그들을 중심으로 개인의 가치와 자유를 존중하는 문화가 형성되면서 자기를 둘러싼 지역에 관심을 가지게 되고 주변에 갈 만한 곳이 어디인지 찾게 되었다. 그들은 로컬의 문화, 역사, 자연, 환경 그리고 의식주를 새롭게 해석하고, 의미를 부여하여 콘텐츠로 만들어가고 있다. 내가 하고 싶은 일을 찾아, 좋아하는 일을 찾아 마음껏 도전해보고 싶어 로컬에 찾아온다. 그들은 단순히 지역자원 활용에 그치지 않고 문화를 만들어가고 있다. 지역에서 남들과는 다른, 새로운 라이프 스타일을 만들어간다.

3) 도전과 혁신이다

로컬에서 새로운 꿈을 꾸고, 그 꿈을 현실로 만들어가는 사람들이 늘어나고 있다. 자신이 좋아하는 일을 찾아 자유롭게 살기를 원한다. 취업에 실패해서가 아니라 자유롭게 살기 위해 창업한다. 로컬크리에이터의 도전은 무척이나 어렵고, 모험이라고 볼 수 있다. 성공보다 실패할 확률이 높다. 어떤 이는 창업할 마음가짐으로 취업에 노력을 기하면 충분히 뜻을 이룰 것이라고 한다. 그만큼 창업이 어렵다는 것이다. 그런데도 사람들이 모인다. 로컬의 무엇이 그들을 끌어들이고 있을까.

젊은이들은 부모 세대처럼 한 직장에서 평생 근무하길 원하지 않는다. 부모 세대와 같이 돈 많이 벌어서 자식에게 물려주는 것을 꿈꾸지 않는다. 돈과 명예 등 경제적 안정보다는 자신이 하고 싶은 일에 더 관심을 가진다. 개성을 중시하고, 자유롭게 살며, 새로운 일에 도전하고, 문화를 즐기며 살아간다. 자기의 개성을 한껏 드러내면서 다른 사람과 연대한다.

그들은 세상의 주류에 편입해 살기를 거부한다. 다른 사람과 같이 평범하게 살아가는 것보다 새로운 일에 도전한다. 자기가 하고 싶은 일을 살고 싶은 곳에서 실현한다. 서울의 대기업에서 퇴사하고 지방에 내려와 숙박업을 차리거나 카페를 차린다. 그 일을 하며 자신의 개성과 정체성을 찾아 나간다.

공기업이나 대기업 취업, 의사와 변호사 등 고소득 전문직 등이 기성세대의 지상 과제였다면 이제는 '로컬에서 창업'이라는 전혀 다른 새로운 길을 걸어가는 청년이 많아지고 있다. 어느 선택이 옳은지는 모른다. 이것은 가치의 문제이다. 어른들의 눈으로 보면 답이 훤히 보이겠지만 청년의 눈으로 보면 도전할 만한 일일 것이다.

4) 연대와 공유이다

로컬크리에이터는 개인의 자유와 독립을 한껏 추구한다. 자기만의 색

깔을 찾아 나선다. 그러나 고립되지 않는다. 다른 사람과 온라인과 오프라인에서 소통하며 연대하며 네트워크를 만들어가고 있다. 비슷한 가치와 취향을 지닌 사람들이 모이면서 그들 사이에 일종의 동질감을 느끼고 커뮤니티를 형성하게 된다.

연대와 네트워크 기반이 있어야 로컬에서 가치를 발휘하며 1인 창업이 갖는 한계를 극복할 수 있다. 나의 취향과 관심 분야를 나누고 함께 해야 한다. 지역에서 지지받지 못하는 가게는 절대 성공할 수 없다. 그래서 대부분의 로컬크리에이터는 마을과 지역 주민과 연대하며, 소통하며 살아간다.

로컬크리에이터, 학교와 교사는 무엇을 해야 할까?
—

전국적으로 로컬과 로컬 기반 경제, 로컬크리에이터 등이 중요하게 대두되고 있다. 정부를 비롯한 지자체도 많은 관심을 가지고 있다. 그런데 학교에서는 이들에 대하여 아이들에게 거의 정보를 제공하지 않고 있다. 선생님들에게는 너무나 낯선 이야기이기 때문이다. 그러다 보니 당연히 아이들도 이러한 세상이 있고, 그곳에서 사람들이 어떻게 살아가고 있는지 모른다.

아이들에게 로컬은 대부분 서울에 가지 못하는 실패자가 남는, 그럭저럭 살아가는 부정적인 공간으로 여겨진다. 이 생각을 바꾸지 않는다면, 교육도 지역도 삶도 그리 낙관적이지 못하다. 학교 교육과정과 수업의 변화를 통한 지역과 로컬에 대한 전면적인 인식 전환이 필요하다.

산업화 시대의 인재 교육 방식은 더는 유효하지 않다. 서울에서 유명 대학을 나온 사람들도 기업이 원하는 인재가 아닌 시대이다. 마이크로소프트 이소영 이사가 2,000명의 소프트웨어 전문가를 분석해 출간한 책 『홀로 성장하는 시대는 끝났다』에서는 마이크로소프트 인재는 명문대 출신 외에 지방대, 전문대, 고졸 출신 등으로 다양하다고 말한다. 마이크로소프트가 채용과정에서 중시하는 것은 학력보다 지원자의 경력과 역량이다. 특히 자신과 공동체의 성장을 위해 끊임없이 공부하는 '커뮤니티 리더십'을 갖춘 인재를 최고의 인재로 본다.[57]

국·영·수 등의 교과 공부가 전부인 시대는 지나갔다. 교과 공부와 더불어 여가를 즐기고 노는 것에도 익숙한 사람이 새로운 세상에 잘 적응하고, 문화와 가치를 창출할 수 있다. 아이들은 잘 놀 수 있어야 한다. 놀아봐야 노는 것의 의미를 알 수 있다. 그래야 어떻게 놀 수 있을지 고민하고, 그것을 콘텐츠로 만들어 개발할 수 있다.

사회의 변화와 달라진 아이들에게 맞는 교육은 시대적 요구이다. 학교와 교사는 이러한 요구를 반영한 교육을 해야 한다. 새로운 교육으로 아이들이 새롭게 자라면 그 아이들이 사회의 주역으로 살아갈 무렵 세상도 바뀔 것이다.

로컬크리에이터들이 아직 우리 사회의 주류는 아니다. 어떤 역할을 할지도 미지수다. 산업으로 가치를 부여하기도 쉽지는 않다. 그런데 학교교육이 지향하고, 가르쳐야 할 많은 덕목을 가지고 있는 것은 분명해 보인다. 지역성, 도전과 용기, 변화와 혁신, 공동체와 네트워크 등이 그것이다.

---

57   전정환, 제주창조경제혁신센터장 브런치

지금 이 순간에도 지역에는 자신의 꿈을 현실로 만들어가는 사람들이 많이 있다. 지역은 그들에게 많은 가능성과 기회를 주고 있다. 유투브 등 콘텐츠 플랫폼이 성장한 덕에 장소에 구애받지 않고 고급 정보를 접하고 학습할 수 있게 되었다. 누구나 콘텐츠를 생산하고 지역의 경계를 뛰어넘어 유통하고, 향유할 수 있는 기반을 제공하고 있다. 학습을 위한 지역 간 장벽이 지속적으로 낮아지고 있다.

글로벌 온라인 디지털 플랫폼의 발달은 역으로 다른 지역에서 복제가 불가능한 오프라인, 아날로그, 차별화된 로컬 고유 콘텐츠의 가치를 높여주고 있다. 로컬크리에이터들이 로컬 콘텐츠 자원을 발굴하고, 새로운 경쟁력을 만들어내고 있으며, 지역에 다양한 오프라인 실천공동체나 학습공동체가 생겨나면서 기존의 대학이 해내지 못한 교육과 학습의 장 역할을 한다.

대한민국이 수도권에 집중된 압축 성장으로 경제선진국을 달성한 이후 다음 시대로 전환해야 할 시점에 우리의 교육과 학습은 어떻게 변화하고 있을까? 그 길을 개척하고 있는 교육스타트업, 로컬크리에이터를 주목하자.[58]

로컬크리에이터들이 운 좋게 지역에 찾아온 것이 아니라 그들을 키워내는 곳이 학교이고, 지역이어야 한다. 그러려면 로컬크리에이터를 비롯하여 지역에서 활동하고 있는 다양한 직업인과의 만남이 필요하다. 지역에 학생들이 선호하는 직업군이 많지 않은 것이 현실이다. 한계도 분명하다. 각자의 학교와 마을에서 이를 어떻게 극복할지 치열하게 토

---

58   전정환, 제주창조경제혁신센터장 브런치

론하는 것이 좋겠다.

우선 학교에서 제대로 된 진로교육을 해야 한다. 학생들에게 어떤 사람이 될지 물으면 의사나 변호사라고 말한다. 그러나 그것은 직업이지 진로는 아니다. 교사가 되는 것이 아니라 어떤 교사가 될지를, 바리스타가 되는 것이 아니라 어떤 바리스타가 되어 무엇을 할지 꿈꾸게 해야 한다. 직업에서 장인이 되어, 전문가가 되어서 어떻게 살아갈지 생각하는 것도 중요하다. 즉 무엇이 될지가 아니라 어떻게 살아갈지 고민해야 한다. 이제 학교에서는 새로운 세상에서 직업인으로 살아갈 아이들이 배우고, 갖추어야 할 것은 무엇인지 토론하고, 성찰하고, 대안을 마련해야 한다.

로컬푸드, 협동조합, 로컬크리에이터를 연결해보면 어떨까?
—

완주에서 시작한 로컬푸드는 우리나라 농업의 생산과 소비 구조 및 유통을 획기적으로 바꾸는 데 성공하였다. 단순히 직거래에 의한 가격경쟁력 확보를 넘어 지역에서도 잘 살 수 있다는 것을 증명했다. 협동과 나눔으로 지역경제를 선순환하는 방식은 자본주의 시장경제에 대항하여 우리 삶의 대안으로 작용할 것이다.

그러나 로컬푸드는 현재의 생산과 소비, 유통 구조와 시스템만으로 학생과 청년의 관심과 호기심을 자극하기는 어렵다. 완주군에서 운영되고 있는 로컬푸드 직매장, 시니어레스토랑, 꾸러미밥상은 의미 있는 시도이지만 청소년이나 청년의 눈길을 끌기에는 아무래도 역부족이다. 다수의 가족농과 소농, 고령농을 살리는 로컬푸드 정책에서 청소년의 관심을 끌고, 청년이 참여할 수 있는 정책으로 확대되어야 한다.

로컬푸드를 혁신적으로 재해석하여 콘텐츠로 만들어 로컬크리에이터의 영역으로 편입시키는 도전이 필요하다. 전국의 이름난 맛집과 핫 플레이스, 대안적인 스페이스가 그 시사점을 제공하고 있다. 가격, 신선, 안전, 나눔에 젊은이의 취향과 문화를 곁들여야 한다. 그러려면 무엇이 필요할까.

지난 해 소양면에서『골목길 자본론』저자인 모종린 교수를 초청하여 강연을 한 적이 있다. 이 자리에 소양 마을 사람들을 중심으로 약 20명이 참여했다. 도시와 지역을 살리고 있는 전국적인 명소에 대한 정보와 함께 소양 거리에 대한 조언도 들었다.

그 자리에서 나온 이야기다. 완주 로컬푸드를 주재료로 하여 자연과 문화가 살아 있는 거리를 만들어보면 어떨까 싶다. 모종린 교수에 따르면 젊은이들이 자주 찾는 곳으로 만들려면 '앵커 스토어'가 필요하다. 활성화된 상권에서 볼 수 있는 대표적인 앵커 스토어는 베이커리와 까페다. 로컬푸드 팜투테이블 레스토랑·베이커리·카페와 한옥 마을 호텔·소양 철쭉·한지 체험 등 다양한 농촌 체험 프로그램 등으로 확대하면 좋겠다.

전국의 핫 플레이스는 대개 이름난 맛집과 아름다운 뷰를 끼고 있다. 소양도 그렇다. 소양의 아이들이 아름다운 자연을 배경으로 신선한 재료를 가지고 창업에 도전해보면 어떨까. 아이들이 창업할 수 있도록 공간과 시설을 마을과 지역에서 협동조합 방식으로 마련해주고, 힘을 실어주면 어떨까. 그곳에서 아이들이 꿈을 실현하기 위해 도전하며 살아가려면 무엇이 필요할까. 그 과정에서 나는 무엇을 할 수 있을까.

간다 세이지, 『마을의 진화』, 류석진 외 옮김, 반비, 2020.

강민정 외, 『혁신교육지구란 무엇인가』, 맘에드림, 2018.

강영택, 『마을을 품은 학교공동체』, 민들레, 2017.

교육부, 「2015 개정교육과정」, 2015.

김영철 외, 「마을교육공동체 해외 사례 조사와 정책 방향 연구」, 경기도교육연구원, 2016.

김옥순, 「혁신학교를 통해 본 교육혁신 연구」, 강릉원주대학교 대학원, 2019.

김용련, 『마을교육공동체: 생태적 의미와 실천』, 살림터, 2019.

김정현, 「'마을교육공동체' 사업 네트워크 구조와 성격에 관한 연구: 경기도 S시 혁신교육지구사업을 사례로」, 서울대학교 대학원, 2018.

김태정, 『혁신교육지구와 마을교육공동체는 어떻게 만들어지는가?』, 살림터, 2019.

김환희 외, 「마을교육공동체 사례 연구를 통한 협력적 거버넌스 구축 방안 연구」, 전북교육정책연구, 2017.

류민수, 「중간지원조직의 거버넌스에 관한 연구」, 고려대학교 대학원, 2019.

박영란, 「마을교육공동체 운영사례분석: 고산향교육공동체 사례를 중심으로」, 전북대학교 교육대학원, 2018.

박일관, 『혁신학교 2.0: 혁신학교를 넘어 학교혁신으로』, 에듀니티, 2014.

박종석, 「지역혁신을 위한 사회적경제 중간지원조직 연구」, 연세대학교 행정대학원, 2017.

박호성, 「거버넌스를 통한 교육자치와 지방자치의 협력적 관계 모색: 경기도 혁신교육지구사업 중심으로」, 한국외국어대학교 교육대학원, 2016.

백윤애 외, 『마을로 걸어간 교사들, 마을교육과정을 그리다』, 살림터, 2020.

서근원, 『칼날처럼 읽고, 봄바람처럼 말하라』, 교육과학사, 2020.

서근원, 『풀뿌리 교육론: 교육과정과 수업 그리고』, 교육과학사, 2016.

서용선, 「외마을교육공동체 개념 정립과 정책 방향 수립 연구」, 경기도교육연구원 수시연구, 2015.

서용선 외, 『마을교육공동체란 무엇인가』, 살림터, 2016.

손문숙, 「마을교육공동체 운영사례 연구: 인천광역시 미추홀구온마을교육공동체를 중심으로」, 한국교원대학교 교육정책전문대학원, 2019.

아마이아 안테르 인차우스티, 『학교와 마을을 잇는 교육공동체 이카스톨라 이야기』, 주수원 외 옮김, 착한책가게, 2019.

오정란 외, 「전북혁신교육특구 운영 현황 및 발전방안 연구」, 전북교육정책연구소, 2016.

완주교육지원청, 「완주혁신교육특구운영계획서」, 2014.

유선미, 「교육청과 지자체의 협력적 교육 거버넌스 모델에 관한 연구: K혁신교육지구를 중심으로」, 한국교원대학교 교육대학원, 2015.

이은미, 「시흥시 시민교육에 대한 사례연구」, 중앙대학교 대학원, 2015.

조현, 『우린 다르게 살기로 했다』, 휴(休), 2018.

채희태, 「교육거버넌스를 둘러싼 갈등 사례 연구: 서울형혁신교육지구를 중심으로」, 서강대학교 공공정책대학원, 2018.

최창의 외, 「혁신교육지구사업 비교분석을 통한 협력적 교육거버넌스 발전 방안 연구」, 경기도교육연구원, 2016.

추창훈, 『로컬에듀: 지역교육을 위한 희망로드맵』, 에듀니티, 2017.

한용진 외, 『일본의 지역교육력』, 학지사, 2017.

헬레나 노르베리 호지, 『로컬의 미래: 헬레나와의 대화』, 최요한 옮김, 남해의봄날, 2018.

헬레나 노르베리 호지, 『오래된 미래: 라다크로부터 배우다』, 양희승 옮김, 중앙books, 2007.

헬레나 노르베리 호지, 『행복의 경제학』, 김영욱 외 옮김, 중앙books, 2012.

홍제남, 「지역사회협력 청소년 자치배움터의 학습과 실천에 대한 의미 분석: 학습자 배움 중심교육과 학습권 실현 조건 탐색을 중심으로」, 한국교원대학교 교육정책전문대학원, 2019.

홍지오, 「마을교육공동체의 효율적 구축을 위한 주민자치 실천방안 탐색연구」, 한국외국어대학교 교육대학원, 2017.

후지요시 마사하루, 『이토록 멋진 마을: 행복동네 후쿠이 리포트』, 김범수 옮김, 황소자리, 2016.

로컬이 미래다

초판 1쇄 발행 2020년 9월 10일
초판 4쇄 발행 2022년 5월 30일

지은이 추창훈

발행인 김병주
COO 이기택 **CMO** 임종훈
뉴비즈팀 백헌탁, 이문주, 백설
행복한연수원 이종균, 이보름, 반성현
에듀니티교육연구소 조지연 **경영지원** 박란희
주간 이하영
책임편집 박주희 **디자인** 디자인붐

펴낸곳 ㈜에듀니티(www.eduniety.net)
도서문의 070-4342-6114
일원화 구입처 031-407-6368 ㈜태양서적
등록 2009년 1월 6일 제300-2011-51호
주소 서울특별시 종로구 인사동 5길 29, 9층

ⓒ 추창훈, 2020
ISBN 979-11-6425-070-7 (13370)